JN193807

パウロの神秘論

他者との相生の地平をひらく

宮本久雄［著］

東京大学出版会

Mystical Philo-Theology of Saint Paul
Hisao MIYAMOTO
University of Tokyo Press, 2019
ISBN978-4-13-010414-2

凡例

一　本書がパウロ研究と筆者子の聖書哲学的な探求を含むので、文献表もパウロ研究関係と他の神学的思想的文化的そして現代的な危機意識を提示する文献から成っている。文献選択は必要最小限とした。

二　本書で用いた聖書、殊にパウロ書簡の邦訳は、フランシスコ会聖書研究所の新・旧約聖書である。ただし、筆者子のテキスト解釈によって改訳したり、別の訳を用いた箇所もある。

三　聖書の書名の略名については、上記のフランシスコ会聖書ではなく、主に新共同訳聖書のそれに拠る。

四　表記などについては、次のように統一した。

1　章・節は、漢数字とアラビア数字を用いる。例「創世記」二十三章5―16節→「創」二十三5―16、「コリント人への第一の手紙」六章12―18節→「一コリ」六12―18。書名は本文中においては「　」に入れて表す。

2　本文中で、四章―八章、3―4節、5節などの表記は、単に四―八、3―4、5とする。ただし、読者の注意を求める場合、章や節といった漢字を補うこともある。

3　ある主張の証明として本文中の（　）の中に引用される書名は、（創一3―4、申十三23a―24b、マタ二十三3…）のように表記される。15ab―16aは、15ab―16aのようにアルファベットを数字につなげる。

4　ヘブライ語は、簡単なアルファベットの表現か、カタカナ表記とする（ヘエミーン、heemîn）など。ギリシア語はローマ字化した。ギリシャ語母音の音写では、aeoに関してはその長短を区別したが、iyuに関してはその長短を区別しないことにする。

五　文献表は、邦訳文献を示すが、必要と思われる場合、原著名をも載せている。

目次

第二章 キリスト論

第四章

第五章

第六章 聖霊論(Pneumatologia) …… 211

第七章 変容論

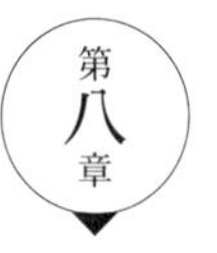
第八章

むすびとひらき

本論の目的と筋立て

1——なぜ、今、また、パウロなのか

始めにわれわれの生死に関わる根本的な問いから始めたい。この宇宙は始まってから一回限りの膨張的生成を遂げつつある。その生成は反復を基とする確率を超える。この宇宙の歴史全体があってこそ、その全体エネルギーが今・ここに収斂する。それは一本の花の開花であり、一人の嬰児の誕生といえよう。これを逆に言いかえれば、その開花、その誕生は、宇宙全体のエネルギーを各々吸収したかけがえのない出来事であり、確率計算を超える唯一回的生起なのである。それでもこの唯一回的な出来事、誕生は宇宙的エネルギーを共有する意味である交流、縁において結ばれている。つまり関係性、さらに言えば相生[1]の下にある。

これはわれわれの日常底においても観（み）られる不思議である。というのも、花や人などは種としては反復生成するにしても、個体としてはやはり唯一回的である。ところがこの唯一回的でかけがえのない生は、他者と絆をもち、各々がその生命を分かち合い、他者の生命と関わらないでは成り立たない。家族の中に生き、あるいは生命連鎖の中に生きる。人は、ノを乀が支える形であるとも、人間はじんかんと読むともいわれる。人間到る処に青山あり、である。だから人間が自閉する孤立とは、例えばギリシャ神話におけるナルキッソスが陥った自己陶酔であれ、絶対的権力者の他者排斥であれ、そのままではやがて死滅に到る。この他者の拒みを悪と呼ぼう。こうして人間に限れば、かけがえのなさと交わり（相生）、唯一回性と関係性との矛盾的間（あわい）を生きるよう招かれているといえる。この矛盾した間の成り立ちゆくすがたは生命の本質であり、それを神秘と呼ぼう。人は一人ひとりが自ら生きる限り、この生命的神秘を体現しているわけである。われわれはこのようにして間（あわい）を生きる人と相生しようとする時、その人と他の人間を横に並列させて、いわば客観的に見てそこから選ぶという風に対象化できない。そうした客観的アプローチによっては、われわれが関わろうとする相手との間に入り絆を生きることはできない。本論においてわれわれがパウロとの交わり、間に入ろうとするのも、パウロこそがイエス・神の子と異邦人さらに敵対者との関係を身（ソーマ）を張って生き抜いたと観るからであり、その間にわれわれも参入して「生きる術（ars）」を学ぼうとするからである。このことをさらに語ろうとする時、そこに「なぜ、今、また、パウロなのか」という問いが出来する。

2――それでは「なぜ」なのであろうか

端的に言えば、それはパウロがイエスと出会い、正にこの問いを生きたからである。一方で彼は、神の子キリストがパウロ（わたし）とその友人たちが罪人であるにも拘らず犠牲となって死んで下さったと述べている（ロマ五6-10、ガラ二19-20）。それは神とイエスにとってパウロがかけがえのない存在であったことを示す。またパウロの福音に拠って信という形で神やイエス・キリストにその身（ソーマ）をうち任せた人々も神やパウロにとってかけがえのない子なのである。そして人々はパウロと共に相生的な協働体を形成し、そこに深い兄弟愛が絆をしっかりと創る。このようにパウロは、神と友人キリスト者に対するかけがえのなさと交わりの間を生き、彼らキリスト者もその間に生きる。この間は、神がその御子を遣わして、神への不聴従（parakoē）、そして人間間の断絶を癒した神の愛の証しである。そ

---

1 相生は相生かされ、相生かし、相生くという意味。conviviality の邦訳として、本論では共生の代わりに用いる。

れは、歴史開闢以来隠されて、今イエス・キリストを通して開示された神の愛のプランなのである。パウロ自らそれを神秘（mystērion）と呼んでいる（一コリ二1、7）。

他方でこの神秘を軽蔑し、各人の唯一回性と関係性との間を、教条的律法や偶像崇拝的幻想の下にからめ捕ろうとしたユダヤ教的全体主義とその手先である扇動家がパウロの福音に挑んだ。それは根源悪・原罪の噴出と言えよう。パウロはこの間の神秘に生きるため彼らと闘った。こうした神秘の先駆者パウロにこそ、われわれが参究しようとするわけである。

3――それでは「今」とはどういうことか

今・現代においてわれわれは深刻にこの間の破綻に見舞われているという終末的危機の只中にある。その危機意識が、パウロの直面した彼の「今」の終末論的危機意識とかさなるからである。その危機は今の根源悪の問題と深く関わる。すなわち、われわれ現代人の終末的危機意識は、二〇―二一世紀における両大戦、原爆投下、大量難民、異文明間の対立などが示す根源悪の現象によっていよいよ深刻になっていると思われる。根源悪そのものは底なしで把握できないが、それは多様な形で現象する。本論においてその現象は、ナチス・ドイツ支配下の強制収容所アウシュヴィッツ（絶滅の檻・Vernichtungslager）、原子爆弾を生み出した巨大科学、エコノ＝テクノ＝ビューロクラシー（経済技術官僚制）支配として考察される。

今はその一例としてアウシュヴィッツを瞥見したい。全体主義の象徴ともいえるアウシュヴィッツでは、ユダヤ人を始め、反ナチ的キリスト者、共産主義者など何百万人もの人々が「生きる資格のない人間」というカテゴリーに入れられ絶滅・抹殺された。その意味でアウシュヴィッツは、他者の他者性を奪うことだけを遂行する装置であった。この他者性を奪うだけの何ら積極的意味をもたない虚無は、自ら内容空虚な虚無の装置と言えよう。その虚無に対してアドルノが「アウシュヴィッツ以後は何ら詩を書けない」と悲観した。このアウシュヴィッツ的虚無において西欧の啓蒙主義的理性が営々と築いてきた諸価値（ヒューマニズム、民主主義、自由市民、学知の真理探求など）が没落した。加えてエコノ＝テクノ＝ビューロクラシーに支えられた全体主義的国家が、アウシュヴィッツ的精神で他の少数民族の文化や伝統を暴力によって抑圧したり、また核エネルギーを開発し核爆弾を創った巨大科学は上述の国家によってハルマゲドン的な最終戦争の危機を呼び込んでいる。こうした無機的な物理科学的世界像に汚染された人間は、不安や神経症に悩み他方で自然はエコロジー的破綻に呻いている。この大国支配に対して非西欧圏、特にイスラム圏が挑戦し、文明間の対立が厳しさを増す。大略以上のような終末的危機意識をパウロはすでに生きたと思われる。

だからパウロは終末的切迫感において、天上のサタン的諸霊が人々を異教的偶像崇拝や教条的律法主義を通して支配している黙示録的危機を語った。その粗筋は以下の通りである。

今や根源悪の力である罪は「貪るなかれ」という掟を利用して逆に人々の心に神に背反する貪りの心をひき起こし、人間を神から離反させ人に精神的死をもたらす。そのような神と人、人と人、人と自然の間(あわい)を破壊さす旧(ふる)いアイオーン（世）の力である罪は、神愛なき絶望的世界に「わたし」（実存的でありかつ集合人格的な両義的存在者）を閉じ込め、その結果肉（サルクス）なる弱き人間は死に至る病の淵を彷徨する。他方でパウロはこの病と絶望が逆転される愛なる神の救いのプラン（神秘）を語る。すなわち、神の子・イエス・キリストの到来である。イエスは十字架と復活の死生を通して神と人、人と人、人と自然の罪悪的背反を贖って、絆・間を世界に呼び込んだ。その間の再生は、彼の（聖）霊を受け義化されたキリスト者が、その霊の変容力に拠って聖化され、神の養子と成り行くプロセスを内実とする。このプロセスには人間だけでなく、ソーマを贖われた人間の自由に参与する宇宙自然も含まれる。従ってこのプロセスはエコロジー的意義をもつ。このようにパウロは、われわれの時代の閉塞と危機を突破しうる鍵としてイエス・キリストの神秘を示した。その神秘は一体どのような内実と性格をもつのだろうか。その究明は本論全体の核心となる。

4――それでは「また」とはどういうことなのであろうか

パウロは異邦人キリスト教、ひいては後代のキリスト教の創始者とみなされ、教義や釈義学あるいは宣教司牧などの領野で様々な教義が生み出され、研究が蓄積される契機となり、彼についての実践的な多様なモデル像が形成されてきた。本論でも時々言及するが、例えば教義上では、ドイツ・プロテスタントの伝統においてパウロ神学の核心とする信仰義認論が際立つ。すなわち、M・ルターは当時のカトリック教会の贖宥状の販売における業績主義を批判した(一五一七年にヴィッテンベルク城教会の扉にはり出された九十五ヵ条の提題)。贖宥状はそれを販売すると死後の罪罰が免ぜられるという正統神学を逸脱した業績主義のしるしだったからである。ルターはただイエス・キリストへの信仰に拠って義とみなされるという義認論を掲げた。これが後に教義的伝統となった。また釈義的見地からすると、ルカが「行」で描くパウロのダマスコへの途上における栄光のイエスとの出会いや回心は、文学上の創作に過ぎないとする解釈が挙げられよう。この点は本論第二章でふれたい。

われわれはこのような教義学や先行研究およびパウロ像の提示の多義・多彩をかいくぐり、パウロの実相に参入しようとするわけであり、誤り易いパウロ解釈に関する「二ペト」三15-16の警告を念頭に入れて究明を深めていきたい。いずれにせよ、本論の目的は、パウロにおける神と人、人と人、人と宇宙自然との関係、間の創造的結びをパウロ神秘論として参究することである。その際、パウロ解釈が本論の出発点かつ中心となるので、予めその全体的ヴィジョンと筋立てを読者の便宜のために大略紹介したい。

5——筋立て

第一に、われわれはパウロに関する古くからの教義史や釈義史を詳細に辿ることはできないので、本論の核心をなすパウロの神秘主義的解釈、義認論、そのユダヤ教的前提（covenantal nomism、定訳なし。契約規範主義とか契約的律法論とでも訳しうるか、本論では以下C・Nと表記する）などに関する現代のドイツと英米系の先行研究を主に瞥見する（第一章）。次に、その先行研究をふまえ、いわゆる回心以前のファリサイ派パウロ像を考究しよう。それに拠って彼のキリスト教徒迫害の理由が明らかになると思われる（第二章第1節）。次に、そのパウロの生の大転換を惹起したといわれる復活のイエスとの出会い（ダマスコ体験）の真相に迫りたい。それが初代教会やルカの単なる文学的虚構か、あるいはケリュグマかが問われる（第二章第2節）。第三に、それでは彼の出会ったイエスとは誰か、そのメッセージの核心とは何か、復活とはどのようなことかというキリスト論的ヴィジョンに問いは集中する（第三章）。第四に、このキリストがその死と復活を以て新しい信仰のアイオーン（世）を切り披いた時、イスラエルに神から与えられた旧いアイオーンに属する律法（トーラー）の意義をパウロは問わざるをえない（第四章）。第五に、そのイエス・キリストによる罪悪からの解放について参究され（特にロマ七）、その解放の端緒としての義化、そしてその根拠である神の義が考究される（第五章）。第六に、新しいアイオーンを披くキリストの到来は同時に彼が父なる神と共に霊（プネウマ）を与え、信ずる者一人ひとりに、そしてその協働体に新生・聖化の活力を与えたことが参究される（特にロマ八）。その際、歴史神学の分野において世界で初めてのハヤトロギア（ヘブライ的思考）を樹立した有賀鐵太郎博士の聖霊論が取り上げられ、西欧的神学や思想をさらに広くかつ別のヴィジョンで検討する方位

[2] パウロによるエネルゲイア（働き）関連の用法は多い。エネルゲイアに関しては、エフェ一19、三7、フィリ三21、コロ一29、二12、動詞エネルゲインに関しては、一コリ十二6、11、ガラ二8、三5、有名な「愛に拠って働く信」の文として五6、エフェ一11、20、フィリ二13、コロ一29、一テサ二13などの用法を参照。これらのエネルゲイア用法群の主語は、神、イエス・キリスト、聖霊である。ギリシア教父はこのエネルゲイア論を継承している。例えばG・パラマスは、神の超越的不可知の本質（ウーシア）とその世界への働き（エネルゲイア）を区別し、そのエネルゲイアによって神が歴史に創造的に介入し今日に人々のうちに働く。他方で人間はウーシア面で神に一致し関与し得ず、ただそのエネルゲイアの善美に参与しつつ変容・神化できるとした。このエネルゲイアおよび人間神化に関しては、（ロースキィ）、（テオーシス）を参照されたい。

が論究される（第六章）。この点は本論の「むすびとひらき」の重要な参照点となる。第七に、霊に拠る各信徒および協働体の聖化は、パウロにおいては必ずやソーマ（身体）と受難の道行きとなって現成する。この聖化は変容として終末に向け時熟し展開する。そこにはまた宇宙自然の変容も同時に語られ、パウロの終末論的宇宙論的ヴィジョンが参究される（第七章）。第八に、如上の変容論は、神と人、人と人、人と自然の間（あわい）を生きるパウロ的神秘論に結実する。その神秘は神の新しいアイオーンのプランの下にキリストの栄光の身体（ソーマ）、つまり復活体との同形化として参究される（第八章）。

最後に「むすびとひらき」において筆者子は、一―八章から神秘論に関わる諸テーマ、つまり神の義、ソーマ、受難、霊、変容聖化、宇宙論、相生、新しいアイオーン、同形化などに注目し、それらがどのように神秘論に結晶化しうるかを論ずる。その後にこの神秘論が現代の危機に発信しうるメッセージと他の宗教的文化的伝承と対話する可能性について考究したい。その粗筋は「序」の始めと重なるが三部の流れとなる。

第一部では、先述の神秘論を構成する諸テーマについて、造語や特別な用法も用いられているので概説する。その際、第一―八章が総合的に再見される。

第二部では、第一部をふまえつつ、さらに神秘主義、他の神秘論の諸類型をとり上げ、パウロ神秘論の独自性を明らかにしたい。それに拠って神秘主義と神秘論との相違が際立たせられるであろう。

第三部では、筆者子独自の思想的展望にも関わる諸問題がパウロ神秘論を通してさらに問われ展開される。以上から本書は、純粋な意味で、パウロの専門的研究書ではなく、当然伝統的なパウロ研究の枠をはみ出る事になる。予め読者の御寛恕を請いたい。

その問題とは第一に、現代の根源悪の諸現象から、前出のアウシュヴィッツ、巨大科学、エコノ＝テクノ＝ビューロクラシーに絞って考察し、その全体主義的イデオロギーを超克しうる可能性をパウロ神秘論を参照しつつ探りたい。次に、如上のように可能性を実現するためパウロ神秘論の根拠を歴史神学の泰斗有賀博士のハヤトロギアを参考に、ヘブライ的脱在（エヒイェ）の方向に求めていく。ここで見慣れないハヤトロギアや脱在（エヒイェ）について大略予示的に説明しておきたい。ハヤトロギアは有賀が、実体的超越的存在を特徴とするギリシャ的神学に対して、旧約ヘブライの動詞ハーヤー、あるいは不断に他者に向けて自己から出て関わり相生するハーヤーの未完了一人称動詞エヒイェに基づいて構想したヘブライ的思想である。このハヤトロギアに基づいて、われわれは奴隷を解放する旧約の「出エジプト記」のエヒイェ、同様にバビロン帝国から捕囚のイスラエルを解放する「われはそれなり」（アニー・フー、イザヤ）という神、さらに新約のヨハネ福音書にあって受肉し、罪人と相生するイエスの自己啓示名「わたしはある　egō eimi」を参究し、全体主義の超克と他者との相生の思想エヒイェロギアを提示したい。因みに、エヒイェ、「われはそれなり」、「わたしはある」は、他者と相生すべく自己を超え出てゆく動態を示す意味で、元来、同根源に根差す。こうした参究を通してエヒイェがパウロ神秘論の根拠として根源的エネルギー源となることをさらに解明しよう。またこのエヒイェを体現した人格が全体主義とそのイデオロギー（存在神論など）の告発・超克に自ずと働く点にも言及する。他方で、パウロ神秘論が世界の諸民族の宗教的文化的伝承とどのように対話し、二一世紀にどのような新しいアイオーンと相生の地平を披きうるかが参究される。こうしてパウロ神秘論がわれわれの思索と生にとって霊気・霊発となることを祈念したい。しかし今はまず本論に跳入する時である。

本論で用いるパウロの資料は、今日真正と認定されている6書簡（一テサロニケ、一コリント、二コリント、ガラテヤ、フィリピ、ロマ）を中心とするが、エフェソ、コロサイなども勘案したい。[3]

3 （何を） 五―六頁。

第一章

現代におけるパウロ解釈の二動向

本論に着手するにあたって、まず現代におけるパウロ解釈の動向について概観しておきたい。その解釈動向は、どちらかと言えば伝統的なドイツ的ルター的解釈と英米系の「新しい眺め」(New Perspective) 解釈に大別できる。本論はこの動向を一節「ドイツ系研究者」、二節「英米系研究者」に分けて各々に際立つ解釈や概念、言語用法などを吟味し、それをふまえて、われわれに固有なパウロの神秘論の方位を提示したい。

1——神秘主義と義認論をめぐって　ドイツ系研究者

1—1　A・シュヴァイツァー

A・シュヴァイツァー（一八七五—一九六五年）によれば、パウロには直接に神—神秘主義はない。神—神秘主義は、例えばヘレニズムの宗教におけるように神との究極的一致を目指す。その一致は絶対者に併呑されたりする融合的な性格をおびる。この一致は、儀式を通じての秘儀参入に拠るので、非歴史的静的な密儀となる。これに対してキリスト神秘主義こそ、パウロの精華である。信徒はキリストの内に在る。キリストはメシアとして神の国の到来において罪の権力である天上的諸力を滅ぼし、死を滅尽したので、信徒は復活を先駆的に生きる。そしてキリストはこの国を父なる神に返し渡す（一コリ十五26－27）。これらの終末論的出来事は、キリストの磔刑死と復活に基づき、信徒は洗礼以降、キリストの死と再生を不断に生きる。こうしてキリストに内在し神の国に属することによって、キリスト者は終末時に初めて現実に神に属する。その意味でパウロにあってキリスト神秘主義は、神—神秘主義に媒介的に先行する。

シュヴァイツァーは、ここでパウロにおける三つの並存する贖罪の教えを示す。第一に、如上の終末論的な贖罪の完成とその贖罪完成としてのメシア的栄光へのキリスト者の参与である。第二は、信仰による義認で、それは贖罪的法廷的な性格をもつ。その根拠はアブラハムがトーラー以前に信仰によって義化されたことに拠る。第三は、「キリストにおいて在る」というキリスト神秘主義がもたらす贖罪で、これが中心である。[4]さらに言えば、パウロの神秘主義の外的特徴が終末論的世界観であり、その内的特徴は、神の国への信仰の領域におけるキリストの贖罪である。シュヴァイツァーはさらに続ける。カトリシズムや宗教改革時のプロテスタンティズムは、贖罪をイエスの和解的死に基づかせ、神の国との結びつきを重要視せず、その結果、イエスへの信仰による義化と救いは個人的性格をおびた。しかしパウロにあっては、キリストのプネウマを授与されたキリスト者は、愛のエチカを生き協働体的一致を深めおし進める。[5]

以上からシュヴァイツァーのパウロ観を大略督見すると三つの特徴が挙げられよう。（一）パウロは神の国の到来という終末論的ヴィジョンと旧約からイエスの死生をとらえる。（二）信仰による義化よりも「イエスにおいて在る」ことを強調し、それをパウロは神秘主義の中核とする。（三）キリストのプネウマによる罪やトーラーからの解放とそのプネウマの実で

4　これまでの論については（MP）pp. 3–25を参照。

5　この点については（MP）pp. 381–396を参照。

ある愛のエチカ的肯定的生とを説く。

1—2　R・ブルトマン

R・ブルトマン（一八八四—一九七六年）は聖書研究に様式史的方法を用いた。それはテキストを文学的諸類型に分類し、その類型がどのような「生活の座（Sitz im Leben）」に由来するかを歴史的に探求する方法である。聖書の場合、その「生活の座」は大略原始キリスト教であり、だから聖書テキストは原始教会の宣教のメッセージ（ケリュグマ）に他ならない。ブルトマンは、歴史研究によってはこのケリュグマの彼方に史的イエスの言葉自身やイエス自身を把握できないとする。従ってキリスト者は、聖書のケリュグマをとり出し、そのケリュグマが示す実存理解に応えて主体的決断をして信仰の道を生きるのである。この実存論は、ハイデガーの実存哲学の影響を受け、さらにキルケゴールの単独者的信仰にさかのぼるもので、実存と個はカテゴリー的に相違するとしても、やはり個人主義的なカテゴリーに収まるといわねばならない。ところでケリュグマをとり出す際に、聖書は古代の神話的黙示文学的表象に満ちているので、現代に合ったケリュグマを生き実存するためには聖書の非神話化が必須とされる。他方で筆者子は現代人にとってはむしろ今日の物理科学的世界像が孕む一種の神話的表象の非神話化も必須であることを付記しておきたい。如上のブルトマンの聖書のケリュグマに対する実存的応答の具体例はその著『イエス』に窺われよう。

以上の一般的なブルトマン聖書神学の瞥見をふまえて、今は彼のパウロ論に言及したい。第一に「神の義（dikaiosynē theou）」[6]に関してみると、ブルトマンの弟子のケーゼマンは属格「神の」を主格的属格にとって、「神の義」とは信仰者に贈与される義ではなく、神の救済的行為あるいは神が施す「救いを実現する力」と理解する。これに対しブルトマンは、この属格を「原行為者を示す属格」ととって「神の義」を神が信仰者に贈与する賜物として理解する。他方でパウロは「神の義」を多義的に語るとする。その例としてロマ三26をとり上げたい。というのも、三26では「今この時に（en tōi nyn kairōi）神が義を示されたのは、御自身が義しい方（dikaios）であり、イエスを信じる者を義とする方（dikaiōn）であることを明らかにするためです」と述べられ、一方で神が「義しい方」、つまり神がもつ審判上の義と他方で「義とする方」、つまり信仰者に対する賜物としての神の義という二様の意味が語られているからである。

ブルトマンは旧約にもユダヤ教にも「神の義」に関する用法があるが、パウロの用法は決定的に終末論的性格をおびる点で異なるという。すなわち、キリストの磔刑死と復活を通して神が義を宣言するという点で異なる。その終末論的な救いの具体性は、nyn（今）（ロマ三

[6] 以下（ブル著9義）を参照。

21、二コリ五16、六2など）で表現されている。ブルトマンは、このnynを、今日信仰者が実存的に答える現代のnynともしているようである。ところでブルトマンが「神の義」という場合、「神が義とすること（dikaioun）とは神が信仰者を義と宣言すること」を意味するという。さらに彼は「義なる者とは、ここでは倫理的な質をさしているのではなくて、むしろ神の判決によって彼の罪から免罪された者を示している」[7]としている。他の論文でも彼は「義（dikaiosynē）とは、ここでは倫理的な性格を表示しているのではなく、むしろ（法的・終末論的な概念として）神に対する関係を意味している。信仰者は、神の審きの宣言によって罪なき者とされたものとして義なる者なのである」[8]と同様に述べている。[9]

ブルトマンのパウロ論は「ローマ人への手紙第七章とパウロの人間論」において頂点に達する。というのも、「ローマ」第七～八章では対比的に律法（トーラー）、罪、死に対してプネウマ、命、復活、義、信仰などのテーマが集中的総合的かつ重層的に、議論されているからである。

ブルトマンはまず余りに有名な「ロマ」七24「わたしはなんと惨めな人間なのでしょう。死に定めされたこの体（ソーマ）から、誰がわたしを救ってくれるのでしょうか」における「わたし」の規定から始める。すなわち「ここでは律法の下にある人間一般の状況の規定がなされている。しかもそれは、キリストによって律法から解放された者の目にはそれがどう映るか、という仕方でなされている」と。

次にブルトマンが問題にするのは「ロマ七14以下に描かれた、律法の下にある実存の分裂の本質は何か」ということである。この分裂は、律法への意志の同意と行為による律法違反の間の分裂ではない。なぜならパウロやユダヤ教徒は「フィリ」三6にあるように「律法の義については非の打ちどころのない者だ」と自認するからである。それでは、上述の実存の分裂とは何か。ブルトマンの「ロマ書」解釈の展開を要約すると次のようになろう。すなわち、律法は、生命（zōē）に導く神の要求である。そもそも人間は生命を欲求する（thelein）、つまり個の本来性を問題にする。そして自らを神に引き渡す聴従（hypakoē）においてこそ、本来性を見出しうる。しかし人間は自分で自由に処理しようとする不聴従（parakoē）、つまり「神のようであろうとする（Sein-wollen wie Gott）」。それが罪であり死をもたらすのである。こうして人間は本来性に向かって呼びかけられているのに、自分の力で自己実現しようとして非本来性を結果する。それが律法の下にある人間実存の分裂に他ならない。以上のようにブルトマンは、ハイデガー的な実存、本来性などの概念を用いて、パウロの絶望的悲嘆の本質を釈き明かす。そして終末論的に具体となったイエスの死と復活への信仰とそれ

7　（ブル著9義）一六八頁、注4。
8　（ブル著9アダム）一一五頁。
9　（ブル著8ロマ七）を参照。

に拠る義化の宣言に基づき、日々ケリュグマに応え、神の義を我がものとする決断の道行き（終末論的実存）を辿る。ブルトマンにとって、その実存に生きるパウロ像は律法的ユダヤ教を超克し、加えて異邦人の使徒としてヘレニズム世界をヘレニズム的概念を以て生きるコスモポリタンということになろう。

1―3　G・ボルンカム

ブルトマンに師事したボルンカム（一九〇五―一九九〇年）は、師の「史的イエス」への接近不可能論に反対し、従ってケリュグマに応じる実存的決断を信仰者の至上としない。むしろすべては信仰から始まる。信仰は人間的倫理、人間主体の立場からでは定義できない。信仰はキリストという出来事（死、復活、高挙）を内容とする。パウロは「創世記」十五6のアブラハムの信仰をモデルとする。信仰は新しい実存の始めである。というのも、神は罪人で義しくない人間をその信仰により義とし、人間を死から解放し、神の生命へ導くからである。従って「神の義」における「神の」は、原行為者を示す属格である。神のみが裁判官として罪人である人間を彼の信仰を根拠として義と宣言しうる。

この相違にも拘らず、ブルトマンもボルンカムもルター的伝統に立ち、パウロ神学の中心を「信仰義認」と考える。[10]

1―4　E・ケーゼマン

ブルトマンは上述のように「神の義」を、主に信仰者に与えられる義の賜物と理解し、信仰者はケリュグマに応ずる信仰の決断によって、この義を自らのものにし、非本来性から本来的実存に移って救われると解釈した。これに対しケーゼマン（一九〇六―一九九八年）は「神の義」を主格的属格の意味にとって、世界および人間実存に対する神の支配力（Macht）と解釈した。というのも、「ロマ書」の背景には黙示的歴史的な世界との関係と共に律法主義および宗教的傲慢への批判が、神の義を中心に展開されているからだとされる。それはどのようなことか[11]。

この世界は、罪と死が支配する旧きアイオーン（世）の下にある（ロマ一18―三20）。その只中で神は、キリストを十字架に渡し、諸々の悪の勢力を滅ぼし、人間を肉（サルクス）、つまり罪と死から解放し、新しいアイオーンを披いた。その意味で人間は旧いアイオーンと

10　G・ボルンカム『パウロ その生涯と使信』（佐竹 明訳）現代神学双書44、新教出版社、一九七〇年、一八三―一八六頁。

11　以下（ケ・ロマ訳）を熟読されたい。

新しいアイオーンの狭間に在って、現在罪の支配下か、あるいは神の義の支配下か、どちらかに生きている。人間は神に拠ってその傲慢さが砕かれ、信仰義認を授与され、神の栄光へ参与する道行きを他の被造物と共に辿る（ロマ八18以下）。それは無から存在を創る創造主が、世界と人間に対し、その義（支配力）を授与することに他ならない。人間は、洗礼を通してキリストの霊をうけて、キリストの新しいアイオーンに生きるのである。

ブルトマンは、「ロマ書」におけるこの黙示録的世界的な次元が示す神支配を、非神話化を通して実存論的次元に還元してしまったわけであるが、ケーゼマンは「ロマ書」のアダム論（七7以下）や全被造物と人間の救いのテキスト（八18以下）を解釈し、神の支配力が実存にとどまらず世界と人間の上に実現することを指摘する。

ここでケーゼマンがブルトマンの「史的イエス論」に反論したことは、やはりイエスの反律法的で、貧しい人々と共に生きた受難の生涯を学問的にも信仰上からも自ら生きたことに深く関連しているためではなかろうか。この点を言い添えておきたい。事実彼がヒトラー支配の第三帝国において反ナチス運動のために投獄されたこと、また戦後も学生との連帯などのため教会を脱退したこと、それらは如上のケーゼマンの生の証しとなると思われる。

2——新しい眺め（New Perspective）の拓け　英米系研究者

2—1　E・P・サンダース

サンダース（一九三七—　）はW・D・デイヴィスに師事した。デイヴィスは、ラビ・ユダヤ教の研究者で、その成果は『パウロとラビ・ユダヤ教』に示されている。本論はデイヴィスの *Jewish and Pauline Studies* を大略紹介してみたい。[12] デイヴィスに拠ると、パウロはイスラエルの民の歴史を三相に区別している（ガラテヤ書、ロマ書）。第一の相は、アブラハムからモーセに至る四三〇年間である。この時期には律法はなかった。第二の相は、律法が授与されたモーセ期からアブラハムの唯一の子孫イエス・キリストの到来までである。第三は、イエスがもたらした新しい時期である。そこで自由における「神の子、新しい創造」（kainē ktisis, ガラ六15）が生じた。パウロはファリサイ人としてイエスこそ、メシアだと確信した。それはユダヤ教が待望してきた終末論的時代の到来である。イエスを通して聖霊が注がれ、キリストが「新しいトーラー」となり、信徒は新しいイスラエル・聖霊の協働体の成員とな

12（JPS）を参照。

る。だから、パウロにとってナザレのイエスのメシア性が出発点となる。

このような終末論的なキリストの現存において今やトーラーに代わって霊が働き、人々を導く（ロマ八）。しかし「ロマ」七では、一人称の「わたし」が、善を欲しても悪をなす自分を嘆いて叫んでいるのではないか？　デイヴィスは、この「わたし」には、すべての人々の体験としてのパウロ自身の体験が描かれており、その嘆く「わたし」はキリストの光において際立たされて、初めて自覚されているとされる。この議論の多い問題に関しては後述したい。

サンダースはその主著『パウロとパレスチナ・ユダヤ教』[13]のタイトルが示すように、デイヴィスの系譜に属することを意識している。サンダースはラビ文献だけでなく、死海文書から旧約の外典および偽典を研究し、ユダヤ教が covenantal nomism の類型に入る宗教であると結論づけた。それでは、C・Nとはどのような内容をもつ用語なのであろうか。要約すると、神は愛に拠ってイスラエルを選び、律法・トーラーを授与した。イスラエルの民が律法に従い遵守するなら神との契約の内に留まることができる。律法に違反すれば罰されるが、律法は贖罪の手段も指示している。こうして従順に拠って神の愛の契約に留まる者は、救われるユダヤ教の民に属し、やがて救われる。だからユダヤ教にあって、救いは人間の律法遵守という業にではなく、もっぱら神の愛に拠るのである。これがC・Nの内容である。それは従来のルターに発するプロテスタント神学のパウロ理解を逆転させる転換点となったとされる。伝統的なプロテスタント神学にあってユダヤ教は、律法主義的で業による義化、つまり自己義認に拠って神に義とされ救いをうる、いわばペラギウス的な自力宗教とみなされてきたのである。従ってパウロはこのユダヤ教を批判し、業ではなく信仰による義認論をその神学の中心としたとされるわけである。この信仰義認論は、主に「ガラテヤ書」と「ロマ書」を根拠において論ぜられている。

サンダースは、C・Nをふまえ、さらにパウロ思想を、シュヴァイツァーに似た仕方で「participationist eschatology（参与的終末論）」として特徴づける。終末論は、広義にはイエスが天の父から子として派遣され、死と復活、つまり高挙を通して、信仰者にプネウマを賦与し、信仰者はキリスト再臨までプネウマに拠るエチカ的な生、言いかえると栄光から栄光への変容の生を生きるという新しいアイオーンの時を意味する。サンダースはパウロにおいて神が審判者とされる限り法廷的タームを認めるが、しかし参与的タームの方が圧倒的に頻出すると考える。参与とは「キリストの内に在る」「キリストのソーマの一部」「プネウマにおいて在る」などの内在的な用語や、「罪の支配からキリストの支配へと移される」「義とされる」などの移行（transfer）用語で示される。そしてこの参与的終末論が、信仰義認論よりもパウロ神学の精華であるとする。

以上のようなサンダースのC・Nや参与的終末論の解釈は、パウロ神学の中心を信仰義認

13（PPJ）を参照。

論とするブルトマンやケーゼマンなどのパウロ解釈を大きく転換する流れを創ったと言っても過言ではない。

このようなルター派の伝統とは異なる視点は、サンダースの第二神殿時代のユダヤ教研究によって拓け、これを契機にパウロ研究に関するNew Perspective（新しい眺め）の世代が続々として興ってくるのである。[14]

2―2　J・D・G・ダン

サンダースによって披かれたニュー・パースペクティヴの旗手の一人がダン（一九三九―　）である。[15] 彼は、上述の2―1で示されたサンダースのC・Nを認める。つまり、ユダヤ教の自己理解には神が恵みとしてイスラエルを選び契約を結び救いを約束し律法を賦与した。この神の愛と恵みに応え、救われる集団に留まるためにユダヤ人は律法を遵守し、たとえ律法違反をしても償いの儀式や方策が与えられてあるというのがC・Nの内容である。ところがルター以来、ユダヤ教は律法遵守によって神の好意を得るという業を強調し、救いを善業の功徳に求めると理解された。そしてプロテスタント神学は、「不信心な者を義とする」（ロマ四5）信仰義認論を、ロマ書の解釈を通して主張した。ダンは、この業による義認と信仰義認との対比は、主に次の二点に依存していると考える。一点目は、「ロマ」四4（業の義認）

と5（信仰義認）の対比に示唆されている。二点目は、贖宥状は買うことができ、功徳は業績として積むことができるという当時のカトリック教会のシステムを宗教改革（者）が拒絶したことに基づくとされる。ダンは二点目を当然なプロテストだと認めた上で、そこに解釈学的過誤を指摘する。つまり、宗教改革は如上の業と信仰義認との対立を新約時代に読み込んだこと、そしてパウロがファリサイ的ユダヤ教にプロテストした如く、ルターが当時のカトリック教会に対してプロテストしたと解釈したことが解釈学的過誤を引き起こしたというわけである。しかしダンは、サンダースと同様、このプロテスタント的なユダヤ教解釈は、C・N説によってくつがえされたとする。

ここで因みにカトリックの外的規定システムではなく、その神学の恩恵論をトマスに拠って示しておきたい[16]。そのことはカトリック的行為論が、中世の教会的慣行やシステムとおよ

14 新しい眺めについては（インター75）に所収の次の論文の概説・批評がわかり易い。ブレンダン・バーン「ローマの信徒への手紙を解釈する——〈新たな視点〉とそれを越えて」（吉田忍訳）。

15 以下（D, JPL）を参照。ダンのロマ書解釈、特に律法と恩恵との対比的関係については（WBC, ローマAダン）を参究されたし。

16 トマスの恩恵論については以下の解説付邦訳と拙論を参照。トマス・アクィナス『神学大全』（第二—一部、第一〇六問題—第一一四問題）稲垣良典訳、創文社、一九八九年。拙論「恩恵的行為論の拔く〈存在と人間〉理解」（『宗教言語の可能性』勁草書房、一九九二年に所収）。

そ正反対の信仰の一端を示すと思われるからである。カトリックの神学者トマス・アクィナス（十三世紀）に拠れば、人は神が一方的に働きかける助力の恩恵（motio）によって心（自由意志）を開かれうる。開かれる場合、神への信仰を通して義化され、彼の魂の根底にまず成聖の恩寵（gratia sanctificans）が授与される。その結果、愛（caritas）が深められてゆく。この愛が隣人愛となってほとばしり出る。そこに善き本来的な行為が生まれる。神はそれを諾として永遠の生命に導く功徳とされるのである。従ってトマス恩恵論にあっては、どんな善と見える行為も功徳とされるわけではなく、かえって愛を欠き、名誉や金銭などを動機とする善行は、神によって否をつきつけられる。こうして人にあっては行為ではなく、神の恩恵がすべてに先行する。

ところでダンによれば、パウロの「ロマ書」における義認論は、例えば十6－8に見られるように旧約の申命記に根本的に影響されている。対してユダヤ教は、結局マカバイ記からラビ・ユダヤ教文書に至るまで、契約の選民として律法を中心として強く愛国的民族主義的同一性を確立しようとしてきた（一マカバイ一54－63、二マカバイ四1－2、エズラ九10、ベン・シラ十七11－17、ダマスカス文書、クムラン文書など）。ダンはこの律法によるイスラエルの選民的 distinctiveness（独自性）を、社会学的に解釈する。すなわち、社会学的タームを用いて語ると律法は「同一性のマークおよび境界（identity marker and boundary）」として機能し、イスラエルの独自性の感覚と他の諸国民との差異の意識を強化するのに大いに役立ったという。

ダンは以上の文脈において、パウロが「ロマ書」でどのように律法を扱っているかを見極めなければならないと考える。つまりパウロは如上のユダヤ教の契約概念や律法それ自体を批判しているのではなく、ユダヤ人の排他的民族主義の根幹であり、自らを異邦人と区別して傲慢の根源となる三つの掟（割礼、食物規定、安息日規定）を批判したのである。その批判は単なる批判ではなく、われわれが旧きアダムのアイオーンとキリストのアイオーンとの間の終末論的緊張に生きながら、ユダヤ人も異邦人も共に霊を受け、神の子として被造物全体と共に宇宙論的救いに向けて在るという希望に裏打ちされているのである。

2—3　N・T・ライト

ライト（一九四八―　）は新約学者でありかつ主教である。だから学と実践を身に体現してパウロ神学に肉迫している。

まず彼の「神の義（dikaiosynē tou theou）」に関する解釈の紹介から始めよう。[17] ライトは「サンダース革命」が示したユダヤ教解釈に従う。つまり、ユダヤ教徒は神の慈悲による選

17 「神の義」についてライト作成の要約的な図式は非常に参考になる。（何を）一九四頁以下。

びに応え、選ばれた救いの民に留まるため、律法を遵守する。だから従来のプロテスタント神学がユダヤ教を律法主義、業に拠る義認の宗教と見なし、対して信仰により神から義とされる、あるいは義と見なされる（imputed）信仰義認論を主張したことは最早支持できないとする。その結果ライトは、「神の義」を人間に神から与えられる義ではなく、自らの契約に誠実な神自身の義とする。ここで言う契約とは、神が世界を悪の力から解放し、正義と秩序を宇宙大で回復することを意味し、新約ではイエス・キリストの死と復活によってそれが終末論的に決定的に成し遂げられているとされる。だからライトにおいては「神の義」は、実行を含む神自身の契約への誠実さを意味する。この点で彼はE・ケーゼマンのいう契約にふれない「神の義」の定義、つまりイスラエルを超え全世界に及ぶ救いをもたらす「神の力」に、テキスト解釈上の問題も含め反対する。ライトに拠るとこの「神の義」は使徒パウロたちに受肉して働くのである。その点を理解するために「二コリ」五20－21を吟味してみたい[18]。

「わたしたちはキリストの使者の務めを果たしています。キリストに代わってお願いします。神と和解させていただきなさい。罪と何の関わりもない方を、神はわたしたちの代わりに罪とされました。それは、わたしたちが、この方にあって〈神の義〉（diskaiosynē tou theou）となるためです」。

この文脈ではパウロが自らの使徒的な奉仕を述べており、義認が問題なのではない。この使徒的奉仕は、キリストの使者の務めであり、そこで契約に誠実な神が働いている。従ってパウロと協働者たちは、苦難を通し、神の誠実を具現化しているわけである。こうして神の義は、キリストにおいて働くパウロたちに生きた仕方で体現されている。彼らは「神の義」の具体例なのである。だからこの「神の義」をルター的に転嫁された（imputed）義として解釈することもできないし、ケーゼマン流に契約と切り離された神自身の「力」としても解釈できない。

以上を踏まえてライトの「義認論」に言及したい。

ライトによると義認は三つの特徴をもつ。それはまず法廷的概念で、誰かを無罪とし、その人に義である立場を認める。次に義認は、誰が終末論的な契約の民のメンバーであるかということを法的に認める。つまり誰が無罪判決を受けて今や真のアブラハムの家族の成員として区別されているかを宣言する。さらにいえば義認とは、イエスの福音を信ずる人すべてが新しい神の家族の真の成員になることを宣言する教理である。第三に、以上の法廷的な無罪宣言と契約の民の成員の認定は、終末論的性格をもつが、すでにイエスの死と復活への信仰を通して現在的に現前している。こうして義認の根底には、神の義、契約に対する誠実が働いている。だから「ロマ書」全体の中心は、義認ではなく、むしろイエスの福音の宣言、

18　（何を）二〇〇―二〇二頁。

復活に導く聖霊の現在的働き、神の民へ入ることをめぐる神愛への証言なのである。義認はこの神愛の働きの一部に他ならない。

以上のようにライトは、契約概念によってパウロ神学の様々な要素をまとめている。従って彼は、サンダースのいうパウロにおける参与的表現と法廷的表現の二分法を認めないし、ニュー・パースペクティヴの流れを肯定するにしても、それからも距離をとってパウロに聴従しようとする手堅い研究者である。[19]

われわれはこれまでA・シュヴァイツァーからN・T・ライトに至る現代のパウロ研究史をいささか考察し、コメントも加え、われわれの立場を示唆してきた。そこでは信仰義認論を中心とするパウロ神学に関するルター以来の解釈（ブルトマン、ボルンカム、ケーゼマンなど）が「サンダース革命」（一九七七年頃）を経て、参与的終末論（サンダース）、社会学的解釈（ダン）、法的契約中心の解釈（ライト）など、新しい解釈の可能性の流れにおかれ、この流れがさらに異質で広い思想や分析法に拠るパウロ解釈を生み出しうることを瞥見した。筆者子は、サンダースのユダヤ教研究に関し、第二神殿時代のユダヤ教文献を分析して、その正否を問う力も余裕ももたないが、サンダースの研究がパウロ解釈にもたらしたニュー・パースペクティヴ以降の新しい研究動向は今日否定できないと考える。それはわれわれが一層広い地平において解釈する可能性を与えてくれる。

最後にわれわれが同意し本論立論上採択する本邦のパウロ研究の一端を紹介したい。欧米のパウロ解釈の流れとは別に、ここで本邦のパウロ解釈について、その歴史を細かく紹介することはできないので、新約聖書学、特に「ヨハネ福音書」およびグノーシス研究の泰斗大貫隆説を大略紹介しよう。

大貫氏によれば、パウロの神は「歴史の中で自由に行動する神」であり、モーセの律法授与以前にすでにアブラハムに救いの約束を語っていた。その約束とは神の言葉を信じて義とされたアブラハム（創十五6）のように、アブラハムの子孫キリストを信ずる人は義とされ、アブラハムの子孫に数えられるということなのである（ガラ三7、9、16－17）。しかしこの神は、その約束以降四三〇年後に、また自由にシナイ山でモーセに律法を授与し、奴隷の民と契約を結んだ（同上、三17）。その場合民が律法を遵守するのは、この契約の内部にとどまり、神との正しい関係を生きるためであった。しかしユダヤ人も異邦人も不義の下に生きるようになり、今や正しい者は一人もいない（ロマ一18－三20）。そこでこの自由な神はその御子を派遣し、磔刑死と復活を通して救いの地平を披いた（ロマ八3）。大貫氏は特に「ガラテヤ」三13を挙げて、この箇所が「申命記」二十一22－23の部分的引用であるので、両テキストを比較し、重大な相違を指摘する。すなわち、「申命記」では「木にかけられた者」は神、

19　ライトの義認論とサンダース批判については（何を）二三五―二六〇頁。

の呪いとされているが、「ガラテヤ」では律法の呪いと表現されているのである。それはイエスの十字架の出来事は、イエスが律法で呪われ「モーセ律法の枠の外」に投げ棄てられたことを意味する。言いかえると「神が律法の外側で起こした新しい行動」であることを示す。それはさらに神が独り子を律法の外に棄てた行動とは、神自らが自身を棄却した行動であることをも示す。このようにして神はイエスの福音に拠ってユダヤ教とその枠内で生きるエルサレムの原始キリスト教団とを超克し、「新しい創造物（kainē ktisis）」を律法の外に創造した。すなわちこのイエス（の福音）を信ずる人が義とされるのである。以上は大貫氏のパウロ論の一部の紹介に過ぎない。本論も以上のパウロ理解を立論の一部に用いたい。さらに研究されたい方は、原論文を参照されたい。（「苦難を用いる」『受難の意味　アブラハム・イエス・パウロ』、宮本久雄・大貫隆・山本巍編著、東京大学出版会、二〇〇六年に所収）。

本論は、以上のような状況を踏まえて、まずシュヴァイツァーとは異なる意味と次元で、「パウロ神秘論」の表題を掲げ、次に「序」に述べたように、パウロを西欧的解釈の伝統から現代的文脈にまで移し置いて解釈し、パウロ神秘論の消息に参究していきたい。

第二章

回心以前のパウロとダマスコ体験

われわれはまずパウロは誰であったかの問いから出発する。そのため第二章では、パウロの人生にとって主要な二つの相に参究したい。第1節は、ファリサイ派ユダヤ教徒・回心以前のパウロについて、第2節は、彼の生の大転換にとって決定的なダマスコ体験について参究する。

1――回心以前のパウロ

1―1　律法的義人パウロ――関連テキストから探る

本章第1節では、まずパウロの回心以前のユダヤ教徒としての生き方を示唆あるいは明言するテキストを要約的に列挙したい。

①「ガラ」一11‐18は、パウロに対するイエス・キリストの啓示および使徒への召命が全く神に由来することを述べている。その中で彼は自分がユダヤ教徒として神の教会を迫害し滅ぼそうとしていたこと、ユダヤ教の伝統保持に熱心な者（zērōtēs）として同年齢の同胞にはるかに勝っていたことを主張している（13‐14）。

②「ガラ」二15で、彼はキリストへの信仰以前に、「生来のユダヤ人で、異邦人のように罪人ではない」と断言する。この点は「ロマ」七23‐24との関連で後述するので、念頭に入れておきたい。

③「一コリ」十五8‐10で、パウロは自分へのキリストの最後の顕現（ōphthē）に言及し、自分が使徒の中で最も小さな者であるが、神の恵みによって使徒の誰よりも多くほねをおって働いたと伝えている。

④「二コリ」十一5－6で、パウロは「私は自分があの〈お偉い使徒の方々〉に比べても決して劣っていない」と語り、言葉は素人でも、知識の点ではそうではないと断言している。

⑤さらに続く「21－23」で、彼は「愚か者となって」ユダヤ教徒であった時の自らのキャリアを誇っている。すなわち、自分が真正で伝統的なヘブライ人でありイスラエル人であり、アブラハムの子孫であり、加えて他の誰よりもキリストに仕える者であると強調している。そして続く「24－33」で、彼は自分が蒙った余りに有名な、ありとあらゆる苦難を列挙する。牢獄、鞭打ち、難船、強盗、飢渇、諸教会に関する心配事や不眠など苦難にきりがない。この様に彼は生前のイエスと交流のあった使徒に対して、彼固有の使徒性の由来と受難に満ちた使徒の活動を示唆している。

⑥「フィリ」三4－6でも、パウロは肉（ユダヤ教の世間）において誇ろうとすれば大いに誇れるとし、次のように誇る。彼は生後八日目に割礼を受け、ベニヤミン族に属する生粋のヘブライ人である。律法の点ではファリサイ派に属し、熱心さ（zērōtēs）の余り教会を迫害した。ここでN・T・ライトを援用してパウロがどのようなファリサイ派に属し熱心であったかについて言及しておきたい。[20] パウロの時代のファリサイ派はシャンマイ派とヒレル派に大別される。ヒレル派の指導者は「使」五34－39においてキリスト教の新運動に対して

20（何を）四〇―四七頁。

寛容な者として描かれるガマリエルである。この派はトーラーの学習と遵守が許されるなら、ヘロデ大王、ローマ総督ピラトなどの支配に服従してもよいと考えていた。これに対しシャンマイ派は政治的宗教的に異邦人から解放され、トーラー中心のユダヤ教の自主独立を志向した。そのため、ヘレニズム化の政策をとったアンティオコス四世などと戦ったマカバイ家の独立運動を理想とし、ローマに対し聖戦を挑んだ。その際、剣をもって戦う革命的精神が前述の「熱心」と言われることの正体である。その意味でもパウロは過激なシャンマイ派のファリサイ人であったとされる。[21] 後に対ローマ第二ユダヤ戦争（一三二―一三五年）を指導したバル・コクバを支持したラビ・アキバもシャンマイ派のラビであった。

さてその熱心であったパウロはさらに語る。自分は「律法における義（dikaiosynē）という点では、非の打ち所がなかった」と。

1―2　パウロのイメージ

前節で明らかになった回心前のパウロ像の特徴を示すと次の三点に要約できよう。

第一に、血脈からするとパウロは生粋のイスラエル人、ベニヤミン族出身のユダヤ人であること、第二に、信仰上パウロは「熱心」なユダヤ教徒、つまりトーラー遵守を中核としたユダヤ教の自由独立な実践のためには剣をもって異教（特にローマ帝国）に聖戦さえも挑む宗教的革命家（zēlōtēs）であること、第三に、トーラー遵守において非の打ち所のない義人、つまりユダヤ教世界においてパウロは至上の価値を体現し、イエスの道に従う者を滅ぼすべく迫害した熱心な者だという点である。以上のようなパウロ像は、「ロマ」七14－24において自分の罪業を嘆くパウロ像とは余りに異質でかけ離れている。すなわち、如上のロマ書テキストにおいて彼は「自分が望む善をせず、望まない悪をしている」自己自身について「わたしは何とみじめな人間なのか。死に定められたこの体（sōma）から、誰がわたしを救い出せるのか」と悲嘆しているのである。それではトーラーの義に関して全き義人であると自認するパウロと対比されるこの罪深い「わたし」とは一体誰なのであろうか。この問いは信仰義認論にも関わる重大な問題である。われわれはこの問題を問題として担い深め、第五章でわれわれの解釈を提示したい。

21 ヘンゲルは〈回心以前〉においてパウロがヒレル派かシャンマイ派かという議論に決定的な結論を出しえないとした上で、「ユダヤ教の宣教の関心およびギリシャ的思考の影響はパウロをむしろヒレルと、〈律法に関する熱心〉はむしろシャンマイと結びつけたかもしれない」と述べている（七〇—七一頁）。

1―3　パウロのキリスト教迫害の理由

最後に残る重要な問いは、なぜパウロがナザレ人イエスの道に従う人々（キリスト信徒）を迫害したのかという問題である。

ここではユダヤ人当局（最高法院・サンヘドリン）がイエスを迫害した理由を詳細に分析する余裕はない。しかし「マコ」十四55‐65や並行箇所「マタ」二十六57‐66を見ると、大祭司の「お前はほむべき方（神ヤハウェを間接的に表現する婉曲法）の子であるか」との問いに対し「然り」と肯定したことが、神（の名）を冒瀆したととられ死刑に値するとの判決をもたらしたと言える（レビ二十四16）。つまり、イエスは自らをメシアとしたわけである。

当時のユダヤ教のメシア観を大略述べれば、ダビデのようにイスラエルを統一する政治的メシアが理想とされ、具体的にはローマからの宗教的民族的独立を実現する王が待望された。イエスの時代には如上の性格をもつメシアが現れたが、特に反ローマ帝国の乱、第一次ユダヤ戦争（六六―七〇年）と第二次ユダヤ戦争（一三二―一三五年）はメシア的性格をもつ。第二次の反乱指導者バル・コクバが、一世紀最高のラビと言われるラビ・アキバによってメシアと宣言されたことは周知のことである。またエッセネ派もサタンや異邦人の軍勢を破るダビデ王のような軍事的政治的指導者を待望していたのである。以上のメシアを「栄光のメシア」ということができる。イエスの弟子たちも、殊にユダはイエスを「栄光のメシア」と思い、その地上的権力に与ろうとしたのである（マルコ十35－45など）。

このような栄光のメシア待望の雰囲気の中でイエスが示したメシア像は全く逆のものであった。回心したパウロが「一コリ」一18―二2で強調している様に、彼の伝えるイエスは「十字架につけられたキリスト（メシア）」である。そのようなメシア像は当然ユダヤ人をつまずかせるものであった（一23）。さらにこの点でV・P・ファニッシュも指摘するように[22]「ガラ」三13は重要なテキストである。「キリストはわたしたちのために呪われた者となって、律法の呪いから私たちを贖い出して下さいました。〈木に掛けられた者はすべて呪われた者〉（申二十一23）と書き記されているからです」と。すなわち、ユダヤ人にとって決定的権威である律法は、十字架に掛けられたイエスを呪われた者とするわけである。このイエスがメシアであるなら磔刑の呪われたメシアを支持するナザレ人の輩・キリスト教徒は反律法的異端の徒で滅ぼすに値する。回心前のパウロは、ナザレ人の道が受難し呪われたメシアを信ずる教えであると知った。従って彼がその道を滅ぼそうとしたのも、熱心なファリサイ人として必然な行動であったと言える。そのようなパウロが突如このナザレのイエスを主（kyrios）としてその方に向き直り、そして受難のメシアに従った出来事は奇跡に近い。それは旧約文献の釈義と解釈の水平的な延上からは説明しえない。そこにはパウロの生の歴史を垂直的に

22（パ・イエス）二一〇―二一二頁。

断ち切るあるレアリティが現成したのではなかろうか。そのレアリティを次にダマスコ体験として究明したい。

2――パウロのダマスコ体験

第2節は、第1節で登場したファリサイ人パウロと彼の生の大転換をもたらしたダマスコ体験を参究する。

2―1　ダマスコ体験の虚構説および二つの位相

「使」九1‐19は、サウロ（パウロのユダヤ名）と復活した栄光のイエスとのダマスコ途上での出会い、サウロの回心そして異邦人の使徒への召命を物語っている。[23] われわれは、このサウロ（以後パウロと呼ぶ）が、ユダヤ教ファリサイ人で「イエスの名で語る人々」、つまりキリスト教徒を迫害し滅ぼそうとする程熱心であったことを読解した。しかし、このパウロ＝熱狂的ファリサイ派ユダヤ人という見解に対して、かつてしばらくの間、パウロは「ヘレニズム的なディアスポラのユダヤ人」であるとする説[24]が新約学者の間で認定されていた。M・ヘンゲルは、その点について次のように述べている。すなわち、これらの新約学者に拠ると、死して復活したイエスが、ヘレニズム的な宗教混交の世界ではヘレニズム的な神秘主義や祭儀の下で理解されたという。例えばブルトマンは、グノーシス的な共同体を前提として、そこでは「救済者がフリュギアの神秘宗教の神アッティスと同定されて」おり、そのグノーシス的運動がキリスト教に入り込み、すでに「パウロにおいて神秘主義的な思考とグノーシス的神話」との結合が認められるとする。そして回心したパウロはこのヘレニズム化されたイエス・キリスト像をダマスコあるいはアンティオキアで受容したとされる。この頃（三九年）のパウロはエルサレムに上京し（一回目）、ケファ（ペトロ）と主の兄弟ヤコブにしか会わず（ガラ一18－19）、シリアとキリキアで宣教し、かなりの後にエルサレムの会

23 「使」九1－19におけるパウロ描写とパウロ書簡との関連について、M・ヘンゲルは「使」とパウロの自己証言の驚くべき類似性を肯定している。彼の場合、回心以前のパウロ像については、（回心以前）第五章を参照。ダンはルカの如上のテキストとパウロの書簡との間の基本的表現の一致を認める（(D. Acts) pp. 119–125)。というのも、九4－6、二十二7－10、二十六14－16におけるキリスト・イエスの言葉が一致するからである。その言葉とは「サウロ、サウロ、なぜわたしを迫害するのか。〈主よ、あなたはどなたですか〉。わたしはお前が迫害している（ナザレの）イエスである」というものである。われわれは「使」のテキストの評価（小説風虚構、空想的産物など）に反してその核心の歴史性と真実に傾聴する。

24 （イとパの間）八二—九〇頁。

議に出席した（二回目）（使十五、四八—四九年頃）。その際ペトロは割礼を受けたユダヤ人の間で、パウロは異邦人へ使徒として派遣されることが認められた（ガラ二1-10）。従ってパウロの一回目と二回目とのエルサレム上京の間、彼は「キリストにおいて在るユダヤ人の諸教会では、まだ顔は知られていなかった」（ガラ一22）わけである。ところがパウロ像をヘレニズム枠で再構成しようとする如上の新約学者は、この「ガラ」一22だけを抽出し、そこに拠って熱狂的ファリサイ人パウロのキリスト教徒迫害のテキスト（使七58—八3）および彼の回心物語（使九1以下）をフィクションとし、シャンマイ派パウロを「ヘレニズム的なディアスポラのユダヤ人」とみなす。

われわれはすでに第1節でパウロのユダヤ教徒としての自己証言を示したが、後に「サンダース革命」の議論においてパウロ＝ヘレニズム的思想実践者との説を反駁したい。さしあたって迫害者パウロが復活した栄光のイエスとの出会いを示すテキストを挙げ、いささかダマスコ体験についての吟味に着手しよう。その前にこの出会いについて便宜上予めそれが含意する二つの位相を指摘しておきたい。テキストでは、この二つの位相が混在しているからである。すなわちその一つは、（イ）パウロの回心の位相で、二つ目は（ロ）異邦人への福音宣教の召命である。今はこの点を念頭に置こう。

2—2　ダマスコ体験をめぐって——関連テキスト

①「ガラ」一11-17

11兄弟のみなさん、あなたがたにはっきり言っておきます。わたしが宣べ伝えた福音は、
人間によるものではありません。12わたしはそれを、人間から受けたのでも、教えられた
のでもなく、イエス・キリストの啓示によって受けたのです。
13かつてユダヤ教徒として、わたしがどのように振る舞っていたか、あなたがたは聞い
ています。わたしは徹底的に神の教会を迫害し、滅ぼそうとしていました。14先祖からの
伝統を守るのに人一倍熱心で、同じ年ごろの同胞に勝ってユダヤ教に徹しようとしていま
した。
15-16ところが、母の胎内にある時からわたしを選び分け、恵みをもって召し出してく
ださった方が、異邦人に宣べ伝えるために、み旨のままに、御子をわたしのうちに啓示さ
れたとき、わたしはすぐに、血肉の助言を求めず、17また、わたしより先に使徒として召
された人々に会うためにエルサレムにも上らず、アラビアに退き、そして、再びダマスコ
に戻りました。

ここでパウロは自分が宣べ伝えた福音は、人間に拠るものではない、つまり福音を、人間

から受けたのでも、教えられたのでもなく、イエス・キリストの啓示を通して（di' apokalypseōs Iesou Christou）受けた（parelabon）と語っている。このテキストについて二、三説明しておきたい。第一に、パウロのいう福音は、様々に表現できるが「一コリ」十五3－5が典型的にその内実を伝えてくれる。すなわち、「キリストが、聖書に書いてあった通りにわたしたちの罪のために死んで下さったこと、葬られたこと、また、聖書に書いてあった通りに三日目に復活したこと、そしてケファに現れ、次いで十二人に現れたこと」である。ただしこの場合パウロは、彼以前に原始キリスト教で形成された福音を受け、それをコリントの人々に伝えたと語っているのであろう。第二に、これに対しパウロは「ガラ」一11－12の福音を「イエス・キリストの啓示」（12）によりいわば直接受けた（アオリスト形）としている。その限りそれはパウロ以前からの伝承を受領したというよりダマスコ体験の啓示を示唆すると思われる。それではその福音とはどのようなことか。[25] 同じ「一コリ」一－三のキリスト論を探ると、ヘレニズム思想やユダヤ教を超えたパウロ独自の信仰告白が窺える。それは「十字架につけられたキリスト（メシア）」（一22）、「イエス・キリスト、しかも十字架につけられた方」（二2）、「十字架につけられた栄光の主」（二8）などである。これらは啓示内容を受難・復活した栄光のキリストとしている。それゆえ「イエス・キリストの啓示」の属格は、イエスを対象とする対象的属格（objective genitive）と理解されよう。しかし三点目としてこの属格を主格的属格（subjective genitive）ととれば啓示の主は正にイエス・キリストである。この場合、イエスがなす啓示の次元が際立ち、「使」九1－7が描くダマスコにおけるイエスの啓示のシーンと対応すると言える。

②「ガラ」一15－16

ここでパウロは神が預言者たちを母の胎にいる時にすでに召したように（エレ一5、イザ四九1）、母の胎において彼をすでに選び、恵みによって彼にその子を啓示したこと（apokalyp-sai ton hyion autou en emoi）、それは彼が異邦人に福音を伝えるためであることを語っている。このテキストでは（イ）パウロとイエス・キリストの出会いおよび（ロ）異邦人への使徒への召命が語られている。

このテキストで注目すべき一点目は、子の啓示およびパウロの使徒への召命の主体は神だということである。この神がイザヤやエレミヤ預言者の召命にも関わったとすると、旧約の神と重なってくる。しかもこの新・旧約の神が子としてのイエスを派遣したことは、イエスをメシアとして派遣したことへの示唆となってこよう。その場合、パウロは原始キリスト教を超えて旧約をもその福音や神学に位置づけ吸収したことが窺える。

二点目は、en emoi（わたしに）の句の解釈に関わる。まずこの前置詞 en を「～の中に」

25（浅・ガ）一〇四―一〇九頁が本質的な福音の意味を際立たせている。

と内的に解すれば、神がパウロのうちに御子を啓示したと理解され、「ガラ」二20の「生きているのは、もはやわたしではなく、キリストこそわたしのうちに生きておられる」、さらに（四6）の「神がわたしたちの心に〈アッバ・父よ〉と叫ぶ御子の霊を送って下さった」とも重なり、パウロの内的な次元での回心とその後の霊による神の子としての生き方を示そう。[26] これに対してこの en emoi を、言語学的見地、つまりコイネー（共通ギリシャ語）では、en＋与格は単なる与格であるという見地から（ロマ一19、一コリ十四11、二コリ四3などを参照）、与格と解しうる。またH・N・リーダーボスも指摘するように、この啓示の内面的体験面だけでなく、同時にその客観的側面も強調されるべきである。というのも、栄光・復活のイエスとの出会いのような神秘的体験は、人間の内外の全心身的体験となるからである。このように御子の啓示の客観的側面を辿ると、パウロにおけるダマスコ体験をひき起こした出来事の歴史性が際立ち、それがパウロの体験が心理学的、心霊的経験でもない事を示すと共に、さらにルカの文学的虚構説の虚構を暴く結果となる。

③「一コリ」九1

「わたしは、わたしたちの主（kyrios）イエスを見たのではないか（ouchi heoraka）」。パウロはここで直接ダマスコ体験を名で示していないが、ダマスコでのキュリオス（栄光の主）イエスのヴィジョンを指している。この点はほとんどの釈義家の一致するところである。

ここでまず第一に、十五8－10のパウロへの復活者キリストの顕現とこのヴィジョンは重ねられることが確認される。[27] 次に、十五5－8で復活したキリストが外の多くの人々に顕現したと述べられるが、その誰もがパウロのように異邦人の使徒への召命を受けたわけではない。そのパウロ独自の使徒性は「ガラ」一15－16に述べられているようにパウロのダマスコ体験、つまりイエスのヴィジョンに伴う召命なのである。

④「Ⅰコリ」十五

パウロの復活論が最も詳細に記述されているテキストである。その中で彼が復活した人間の身体（ソーマ）について考察している箇所がある（35－54）。そこで彼は自然の命の身体

---

26 内在的解釈については（浅・ガ）一三四頁。（WBC, Gal, Long）p. 32.（フ聖）五〇七頁。注7を参照。外在的体験をも重視する解釈としては、（NICNT, Gal, Rid）pp. 63-64.

27 このようなヴィジョンは通常の肉眼には生じえない。こうした霊的体験を示唆する二つの例を今は挙げておこう。一つは「ヨハ」十九33－37が描くイエスの脇腹からの血と水の流出に関する体験証言である。これについては（聖愛）三七四―三八四頁を参照されたい。二つ目は、アウグスティヌスがキリストと出会った時、その出会いは霊的感覚（sensus spiritualis）に拠る体験だったことである。『告白』第十巻第六章8節に霊的感覚に拠る体験が感動的に描かれている。この点については「むすびとひらき」で参究したい。

（sōma psychikon）、つまり今われわれが生きている身体と復活の身体（霊に生かされた身体　sōma pneumatikon）とを比較している（44）。ところで、実は身体と霊とは相互に直接結合できない矛盾概念なのである。この矛盾を修辞学的にいえば、撞着語法（oxymoron）ということになろう。それではパウロはなぜ撞着語法を用いたのだろうか。それは修辞的次元に留まってそれとは別の現実から目をそらすためなのか。

撞着語法は日常的言語や論理的言語を破り、ある現実を開示するためにも用いられる。われわれはパウロが霊的身体と語るとき、「一コリ」十五の文脈から日常や学知を超えた身体、つまり復活した栄光の身体を指すと考える。しかしそれに留まらず、パウロのこの霊的身体の発想は、やはり復活した栄光のイエスの身体的現前に拠ると考えうる。つまり、その修辞の根底には、ダマスコにおける栄光の身体体験の現実が伏在していると指摘できよう。

⑤「一コリ」十二3－4

「誰も聖霊（pneuma hagion）においてでなければ、イエスは主（キュリオス）とは言うことはできない」と述べている。われわれはすでに「一コリ」九1でパウロが「われわれの主を見た」と語ることとの内容を吟味した。だからパウロが聖霊においてイエスは主であると語ることは、ダマスコ体験に拠って語っているわけである。従って十二3－4はパウロの聖霊授与に基づく信仰告白と見ることができよう。つまり、これは次にふれるように、ダマスコ体験の回心と聖霊との深い繋がりを証しているのである。

⑥「二コリ」三6―四7

三[6]神は、わたしたちを新しい契約に奉仕する資格、つまり、「文字」にではなく「霊」
に奉仕する資格のある者としてくださいました。「文字」は人を殺し、「霊」は人を生かす
からです。
[7]もし、石に刻みつけられた「文字」によって死に仕える奉仕が栄光に包まれ、モーセ
の顔にある、消え去るはずの栄光のために、イスラエルの子らは彼の顔を見つめることが
できないほどであったとすれば、[8]まして、「霊」に仕える奉仕がいっそう栄光に包まれ
ていないなどということが、どうしてありえましょうか。[9]人を罪に定める奉仕に栄光が
あるとすれば、人を義とする奉仕は、遥かに栄光に満ち溢れているのです。[10]実に、かつ
て栄光を受けたものも、この点からすれば、遥かに優れた栄光の前には栄光を受けなかっ
たことになっています。[11]もし、消え去るはずのものが栄光を帯びていたとすれば、まし
て、永続するものは、いっそう栄光に包まれているのです。
[12]これほどの希望を抱いているので、わたしたちは大いに大胆に振る舞っており、[13]ま
た、消え去って行くものの最後をイスラエルの子らに見られないようにと、モーセが自分
の顔に覆いを掛けたようなことはしません。[14]しかし、彼らの理解は鈍くなりました。実

に、今日に至るまで、旧い契約が朗読されるとき、その同じ覆いがまだ残っています。そ
こで、キリストにおいて旧い契約が破棄されたという事実が、覆いを取り除かれずに隠さ
れているのです。[15]確かに、今日に至るまで、モーセの書が朗読される時はいつでも、彼
らの心には覆いが掛かっています。[16]しかし、主のほうに誰かが向き直るなら、その覆い
は取り去られるのです。[17]この主は、霊であるので、主の霊がある所には自由があります。
[18]顔の覆いを取り除かれて、わたしたちはみな、鏡のように主の栄光を映し出しながら、
主の霊によって栄光から栄光へと、主と同じ姿へと変えられていくのです。

四 [1]以上のようなわけで、わたしたちは、神の憐れみによってこの奉仕の務めを受けて
いるのですから、気を落としはしません。[2]かえって、恥ずかしくて人目をはばかるよう
なことを捨て去り、悪賢い生き方をせず、また、神の言葉をゆがめず、真理を明らかにし
て、神の前ですべての人の良心の判断に、わたしたち自身を進んで委ねています。[3]なお、
わたしたちの福音に覆いが掛かっているとしたら、それは滅びる人々に対して覆いが掛か
っているのです。[4]彼らの場合、「この世の神」が信じない人たちの心の目を眩まして、
神の似姿であるキリストの栄光に関する福音の光が、輝くことのないようにしているので
す。[5]実に、わたしたちは自分自身を宣べ伝えているのではなく、イエス・キリストこそ
「主」であると宣べ伝えています。わたしたちは、イエスのためにこそあなたがたに仕え

る者なのです。[6]なぜなら「闇の中から光が輝き出るように」と命じられた神は、わたしたちの心の内に輝いて、イエス・キリストの顔に輝く神の栄光を悟らせるように、光を与えてくださった方だからです。

[7]ところで、わたしたちは、このような宝を「土の器」の中に入れて持っています。この上なく優れた力は、神のものであって、わたしたちに由来するものではないことが分かるためです。

このテキストにおいてパウロは「『文字』は人を殺し、『霊』は人を生かす」と述べた後に旧い契約・モーセの書（文字）への奉仕と霊・新しい契約への奉仕とを対比している（三6–15）。それはモーセ律法による救いとキリストへの信仰に拠る救いの対比ともいえよう。ところでかつて律法に仕えていたパウロがこの霊への奉仕に大転換しえた契機とはどのようなことなのか。その消息が続く三16–18に窺われる。つまり、「主の方に誰かが向き直るなら（単数）、その覆い（モーセの律法・文字）は取り去られる。この主は霊（to pneuma）である。主の霊があるところには自由がある」と。そこで主の方に向き直る回心に問題がある（16）。というのも、13では「イスラエルの子ら」、14では「彼らの理解」、15では「彼らの心」そして18では「わたしたちはみな」と主語主体は複数形であるのに、16の回心の表現では突如「向き直る」という単数形動詞が用いられているからである。それではこの単数形の主語は一体誰なのであろうか。

その参究のためには、この三6‐18の粗筋を理解する必要がある。この文脈では旧い契約・律法（文字）への奉仕が、キリストに向き直ることに拠って廃棄され、新しい契約・霊への奉仕が始まると説かれている。パウロはコリントの人々をキリストに導くために、旧約（七十人訳）の「出」三十四29‐35を用いる。すなわち、モーセは幕屋内で主の御前で主と語る時、顔のおおいをはずしていたが、イスラエルの民の前では顔をベールで覆い、旧約の栄光を隠したというエピソードである。パウロは、キリストに回心すれば、キリスト者はモーセのように覆いをすることなく、主の栄光を見る（18）と語る。パウロは「出」におけるモーセの御前への向き直りを、新約の文脈において解釈するわけである。この向き直るという動詞epistrepsēi（アオリストの仮定形）と取り除かれる（現在形periaireitai）の結合（16）が回心の「突如性」を意味するとされる。[28] 加えてE・ベストは、ここでパウロが「出」三十四34‐35を用いて、文字律法の消滅と霊の契約の拓けを確信的に説き得たのは、学者のようにテキスト（七十人訳）解釈の論理的延長上のことではなく、自らの回心体験に拠るとしている。[29] このように参究するとこの「向き直る」の主語はパウロであると考えられる。さらにP・バーネットは、このパウロは個人でもあり、また福音を聞いて回心するすべてのキリスト者を代表するとしている。一人称複数形表現「わたしたちはみな」（18）がその証左でもある。[30] つまり「向き直る」パウロは集合人格的なわけである。

⑦「二コリ」四6

「なぜなら、〈闇の中から光が輝き出るように lampsei〉と命じられた神は、わたしたちの心のうちに輝いて（elampsen）、イエス・キリストの顔に輝く神の栄光を悟らせるように（tēs gnōseōs tēs doxēs tou theou）、光を与えて下さった（pros phōtismon）方だからです」。このテキストの問題点を二点挙げ、その解明を通してパウロのダマスコ体験への示唆を窺ってみよう。

第一点は、「闇の中から光が輝き出るように」という引用が、旧約のどのテキストを指しているのかという問題である。大多数の釈義学者は「創」一1－5、特に3の「光あれ」からの引用だと考える。そこでは闇の中に光が現成したことが語られているからである。

これに対して「イザ」九1を挙げる釈義家もいる。「闇（SKOTOS）のなかを歩む民は、多いなる光を見、死の谷と暗闇（SKIA）の中に住むあなた方の上に光は輝くであろう（lampsei）」（七十人訳）。この輝くという動詞はパウロの引用文と同じであるが、「イザ」は

28（WBC, 二コリ M）p. 70.
29（べ・二コリ）六九―七〇頁。
30（NICNT, 二コリ B）pp. 196–199.

「命じられた神」という主語を欠く。

われわれとしてはやはりパウロの引用文を「創」からのものと考えたい。「創」では光は闇に輝くのであり、加えて「二コリ」五17に至るテキストでは、新しい契約、新しい創造(kainē ktisis)、福音の光、神・キリストの栄光が鍵語となっているからである。第二の問題点は、パウロが闇から光への移行の旧約テキストを引用した背景には、彼自身のダマスコにおける照明体験があるのではないかという点である。「二コリ」四1－6の福音宣教、語る神、光のテーマは、ダマスコ体験におけるパウロへの使徒職に招く召命、天来の声、光のテーマとも重なるからである。またR・P・マーチンが強調するように、アオリスト形「輝いた」はダマスコにおけるキリスト顕現(Christophaneia)を示唆しうる。[31] 他方で、バーネットは、「わたしたちの心のうちに輝いた」について、この「わたしたち」はまず単数として、次に複数として解釈する。単数とはパウロとして理解されるべきだと説く。パウロはダマスコでこの光を見たからである。次にパウロの福音によって照らされた人々の心のうちに神は輝くからである。[32] このようにパウロは、個人としても他の回心者の代表的パラダイムとしても理解され、その両側面は「わたしたち」という言葉に含意されているとみることができる。

⑧「二コリ」四7

「ところで、わたしたちは、このような宝を〈土の器〉のなかに入れて持っている」。「土の器」が弱くもろい価値のない人間の在り方を意味するとすれば、「このような宝」とは何を意味するのであろうか。「このような」という修飾語は、宝の意味を先行テキスト四6に求めるという指示に他ならない。そう考えると、「キリストの顔に輝く神の栄光を悟らせる光」と理解できよう。そしてパウロはダマスコにおいて復活した栄光のイエスの光において、この神の栄光を悟ったのであり、以来その光を力として使徒の活動に奔走したのである。この節でも「このような宝」は、6と共にダマスコ体験を暗示している。この体験に基づくパウロの宣教内容は、「イエス・キリストこそ〈主〉である」(四5)、さらに「神の似姿であるキリストの栄光に関する福音の光」であり、またその「福音の光が輝くことのないようにする」〈この世の神〉(四4)との戦いであるといえよう。

⑨「フィリ」三6-11

6熱心さにかけては、教会を迫害したほどであり、律法による義という点では、非の打
ち所がありませんでした。7しかし、わたしにとって有利であったこのような事柄を、キ
リストの故に損失と思うようになりました。8それどころか、わたしは、わたしの主キリ

31 (WBC, 二コリM) p. 80.
32 (NICNT, 二コリB) pp. 223–225.

スト・イエスの知の素晴らしさの故に、すべては損失だと思っているのです。わたしはこ
のキリストの故にすべてを失いました。しかし、それらのことなどはくそにすぎなかった
と思っています。それはキリストを得るためであり、9わたしがキリストに結ばれた者と
して認められるためです。これは、わたしが律法を守り、自分を義とするからではなく、
キリストを信じることによって、つまり、その信仰の故に、神によって義とされることに
よるのです。10キリストを知り、その復活の力を知り、また、キリストの苦しみにあずか
ることを知って、ますます、キリストの死に様（ざま）を身に帯び、11何とかして、死者の中から
復活するまでに漕ぎつけたいものです。

三7はユダヤ教におけるパウロの誇りを語った4‐6の転換となる節である。かつてパウロにとって生粋のヘブライ人性（割礼、ベニヤミン族など）やユダヤ教徒としての熱意などは大いなる価値・有利な点（kerdē）であった。その中でも、彼は6で律法の義における非の打ちどころの無さをその核心として挙げている。前述のようにサンダースに拠れば、神はその愛故イスラエルを選び契約を結び律法を与えた。この律法への従順は重荷でなく、喜悦である（詩編百十九）。律法が破られても神との和解の法も与えられている。だから律法遵守はこの契約に入る手段でなく、救われる神の民の中に留まるためである。しかも人には神の意志・契約に従う能力がある。サンダースは神とイスラエルの間のこのような契約関係を

covenantal nomism と呼んだ。この契約関係にあってパウロも含め当時のユダヤ人は、三5－6でパウロが挙げたような律法の義を実践し、非の打ちどころのない者であるのに違和感をもたなかったわけである。しかしユダヤ教徒パウロの至上の価値・絶対的な義を、彼は今やキリスト故に損失（zēmia）と見なした（hēgēmai. 完了形）。この「キリスト故に」（7）は、8の関係節で「わたしの主イエス・キリスト（の知の素晴らしさの）故に」と反復されて語られている。一体それはどのようなことを示すのであろうか。

三8では5－6の価値を超えて「すべてを損失と考えている」と現在形で書かれている。その表現は、「キリスト故にすべてを失った（ezēmiōthēn. この動詞は直接法アオリスト受動形）」を伴っている。以上の文脈でパウロは無意味で無価値なものを自発的能動的に棄ててキリストに回心したわけではないことがわかる。その回心の原因は「キリストの（知）故に」であり、その回心とは一回限りのパウロにとって受動的な（アオリスト受動形）すべてを失うに至ったこと、つまりキリスト顕現であったと言える。つまりそこにダマスコ体験が示唆されているといえよう。このユダヤ教的な最大の価値をキリスト故に奪われたパウロの生の大転換は、同じ「フィリ」二6－11のキリスト賛歌における、キリストの神から人間への転換、彼のケノーシス（自己無化）的転換に類比されるものであろう。さらにパウロは「キリストを得るためには、今すべてをくそだと考えている」と述べる。このくそは、損失よりも強い表現であり、そしてここではくそに譬えられる損失と（キリストの）獲得が対比されていることに注目したい。ところでこの8での「キリストのgnōsis（知）」とは何を意味するのであろうか。

この属格は二通りに理解されうる。

一つには、キリストを対象としたobjective genitive（キリストに関する知）である、この場合この知は命題的知のような学知になってしまう。もう一つは、subjective genitiveであり、キリストが有し恵みとして与える知を意味する。その場合キリストとパウロの関係は、旧約のyādaʻ（例えば、アダムとエバの親密な夫婦関係を表す知）のように人格的交わりを意味する。この関係は9aの「キリストの中に一致してあるため」という句によって証左されよう。同じことは9b以下のdia pisteōs Christou「キリストの信仰故に」においても見出される。

この属格形は二通りに解釈される。

一つには、キリストを対象として使徒パウロが向ける信仰である。フランシスコ会訳、新共同訳、TOB（la foi au Christ）、ロイマン（pp. 494-498）、ダンなどはobjective genitiveとして訳す。それがまた9cのepi tēi pistei（その信仰の故に）と符合するとされる。そしてこの解釈の伝統は長い。これに対しC・フォカンは、「キリストがもつ神への信頼」という風にsubjective genitiveをとる。そしてその理由を三つ挙げている。

一つは、パウロの作品中人称の属格に続く信仰（pistis）の24回の使用において、「キリストの信仰」を考慮に入れない場合、常に他の個人への信頼でなく、ある個人がもつ信頼が問題となるからである。第二に、この文脈において、特にキリスト賛歌（二6－11）のあとで、キリストの「死に至るまで、十字架の死に至るまで、へり下って従う者となった」（二8）という神への誠実と信は、神に由来する義（三9）の一源泉だからである。つまり神によって与えられる義は、キリストの神への誠実と信頼を通して与えられるということである。

第三に、もし「キリストの信仰」が「人間のキリストへの信頼」（objective genitive）として理解されるなら、9の二回目の pistis はいささか余剰となるからである。

いずれにしても、われわれは「キリストの中に一致してあるため」のキリストとの全人格的関係（知）において、神に信頼するキリスト故に神により義とされるという信頼に初めて生きうるのである。以上からわれわれは如上の人格的知と信仰の源泉をパウロのダマスコ体験に求めることができると考える。

⑩「ロマ」八15

八14－16でパウロは神との親密な関係を樹立する聖霊の役割について議論し始める。この文脈の中でパウロは語る。「あなたがたは、人を再び恐れに陥らせ、奴隷とする霊（pneuma）を受けたのではなく、神の子とする霊を受けたのです（elabete pneuma hyiothesias）。この霊によって、わたしたちは、〈アッバ、父よ〉と叫んでいます」と。

多くの注釈家はこの節に「奴隷の霊と子とする霊」とのアンチ・テーゼ、コントラストを見ている。われわれとしては、15ａは救いの歴史において覆いのかかった律法の闇であり、その闇に代わり今や15ｂの霊（光）の照射するアイオーンが拓けたと考え、その15ａと15ｂのコントラストに歴史的転換を見る。

信徒たちは回心の時、神の子となる霊を受けた（過去）。そして今や「アッバ、父よ」と叫んでいる（現在）。この「アッバ、父よ」の叫びとはどのようなことを示すのであろうか。この叫びは「マコ」十四36におけるゲッセマネでのイエスの祈りに見られるように、歴史的イエスに溯源（そげん）すると思われる。そしてパウロ時代には初代教会の信徒の祈りとなっていたのであろう（ガラ四６－７）。一般に、この叫び・祈りは、イエスと父との親密な交流を示し、さらにイエスに従う信徒と神との深い交流を表すとされる。ダンに拠るとこのような叫びは、ユダヤ教徒には見られず、むしろ彼らにとっては不敬虔とさえ見なされる。この祈りは聖霊を授かり、神の子となった者の叫びであり、その証左である。ところで八２では「キリスト・イエスにある命をもたらす原理（nomos）としての霊が、あなたを罪と死の原理から解放してくれた」と語られ、その流れの中に八15は置かれているのであるが、注目すべきは上述の「あなたを」の代わりに「私（パウロ）を」という写本群が存在することである。バートンなどは「あなたを」を採用するが、ダンなどは「わたしを」を採り、内容的にパウロを含めた回心者を指すとする。その場合、パウロのダマスコ体験が、八２の下地にあり、その聖霊の働きのダイナミズムが、過去の信徒の回心（あなたがた）から現在のアッバの祈り（わたしたち）に接続して働いていると見られる。この聖霊の授かりは特に洗礼時に限定する必要はないであろう（使一44－48）。

2―3　栄光のイエスによる回心と異邦人の使徒への召命

われわれは前節でダマスコ体験に関わる諸テキストを吟味した。今はその体験の内実についてまとめてみたい。

① ダマスコ体験は、パウロがユダヤ教的至高の価値である律法的義をく、そとみなす程の大転換・回心であり、それは栄光のイエスの働きかけに拠る受動的な転換であった。

② この転換は神およびキリストによる直接的なパウロへの啓示であり、生前のイエスの弟子たちとは異なるイエス体験であった。

③ そのイエスは神の栄光をその顔に映す栄光のイエスであり、ダマスコ体験の中心には光の輝きが溢れている。その光は、霊を示唆しよう。

④ その体験は、イエスを知るグノーシスという人格的な関係といえる。この人格的関係を通し、霊を与えられてパウロおよび信徒は、イエスが神に「アッバ、父よ」と叫んだように、神に「アッバ」と叫びうるのである。

⑤　パウロにとってイエスは十字架に掛けられた受難のメシアであり、復活した主（キュリオス）である。これが彼の福音の中心をなす。

⑥　彼はこの福音を異邦人に宣べ伝える異邦人の使徒となった。

⑦　「ロマ」八2の有力な写本「わたし」が示すように、聖霊によってわたしパウロは罪と死のノモス（律法あるいは原理）から解放された。彼の「イエスはキュリオスである」との告白とあわせると、ダマスコ体験にはやはり聖霊が働いていたと考えられる。その聖霊はその後のパウロの使徒職のエネルギー源となって働いたのである。

⑧　さてパウロがダマスコ体験において異邦人の使徒と召されたわけは何であろうか。前提としては当時のユダヤ教が、神の選びを曲解して安息日、割礼、食事規定などの律法を用いて他の民族を除外し自閉的自己同一性を保持しようとした情況が挙げられよう。この自閉性を破り、異邦人的他者にパウロが召された根拠は実のところキリストの受難と復活の生涯に見られる他者（人間）への愛の開示に基づくと思われる。つまり受肉・受難し復活したイエス・キリストがパウロに人間の他者性・アガペー（愛）という普遍的地平を開示したことに拠るのであり、異邦人とは正にその他者的普遍的地平そのものだったのである。これを聖霊論的に言えば、すべての人を神の子として「アッバ、父よ」と叫び、霊の実（愛）を実らせるように働く聖霊がパウロの使徒職にキリストと共に働いていたと考えることもできよう。

以上でダマスコ体験への参究はひとまず打切りとして、次にダマスコでパウロが出会ったキリストとは誰かを問い参究していきたい。そのキリストとの出会いは、予示的に語るならパウロ・イスラエルの救いの根拠であるトーラー（律法）への疑義をよび起こし、同時に新しいアイオーンを拓く義（義認や神の義）の問題をつきつけた。そこでわれわれの参究は、キリスト論（第三章）に続いてトーラー論（第四章）、そして神の義および信仰義認論（第五章）という流れをとることになる。

第三章 キリスト論

序──パウロから見たイエス

パウロの手紙を読む限り、パウロが生前のイエスに出会いその教えを受けたという確証はどこにもない。しかし初代教会に集められた口伝によって彼がイエスについて知っていたことは確実である。一方で、彼は「マタ」「マコ」「ルカ」などの福音書は読んでいないから、イエスの処女降誕や洗礼者ヨハネとの交流（受洗など）、サンヘドリンでの裁判風景、女の弟子たち（マグダラのマリアなど）などについては何も開陳していない。他方で、「肉によればダビデの子孫」（ロマ一3）、イエスの弟子としての「ケファとヨハネ」（ガラ二9）、エウカリスティアの制定（一コリ十一23-26）、「キリストは聖書に書いてあった通りにわたしたちの罪のために死んで葬られ、三日目に復活して、ケファに現れたこと」（一コリ十五3－4）などはパウロの手紙に記されている。これらは間接的な原始教会のイエス情報である。しかしそれよりも一層本質的な「キリストのグノーシス（知）」とは、神が彼に直接御子を啓示したその知である。それはすでに述べたようにダマスコ体験に他ならない。その体験からパウロは十字架に架けられたメシア（過去）、しかし復活し今霊を通して生きている栄光の主（現在）、そして主のパルーシア（未来の再臨）を異邦人への福音の内容としている。この神からのパウロへの啓示は、彼独自な唯一回的なキリスト体験であり、われわれのいわゆる時空的歴史的限定を超えている。それは教会教父の言葉を借りれば霊的センスによるレアルな体験ともいえよう。であるから、キリスト体験はいわゆる自然科学をモデルとした歴史的実証的方法や解釈学的分析では把握できない現実であるとの自覚が必要となろう。そのことをふまえて次にキリスト論的なテキストの読解に着手する。その際、キリストに関する全体的ヴィジョンを示す三類型（キリスト賛歌、復活論、アダム＝キリスト論）のテキストと、キリスト論に関わる個別的テキストの2つに分けて読解したい。

1――キリストに関する全体的ヴィジョン

1―1　キリスト賛歌　「フィリ」二6－11

このいわゆるキリスト賛歌と呼ばれるテキストは、パウロの手紙の文脈から切り離されて分析解釈されていたが、その端緒を切ったのはE・ローマイヤーであった。彼はこの賛歌がパウロ以前にすでに共同の典礼的な「生活の座」で用いられているとした[33]。この説の当否は今はおくとして、彼による賛歌二6－11の構造分析は、これからのわれわれのモデルとなるのでまずそれを示しておきたい。

(1)　6節　神の形（morphē）である者は
　　　神と等しくあることを固執（harpagmon）だと思わなかった
(2)　7節　かえって自分を無化した（ekenōsen）。
　　　奴隷の形（morphē）をとりながら、人間と同じ姿（homoiōma）となりながら。

33　(L.E. Ph. Z) 参照。

(3)　人のような姿（schēma）で現れ、
8節　自らへり下った（etapeinōsen）。
死に至るまで従順になりながら
〔十字架の死〕
(4)　9節　それ故神は彼をこの上なく高めた。
そしてすべての名に勝る名をお授けになった。
(5)　10節　天にあるもの、地にあるもの、地の下にあるものがすべてイエスの御名にひざまずく為に。
(6)　11節　そしてすべての舌が「イエス・キリストは主（kyrios）である」と告白し、父なる神の栄光を讃える為に。

ローマイヤーは「十字架の死（に至るまで）」の句をパウロの創作に帰している。彼はこの賛歌を二つの部分（6－8の第一部と9－11の第二部）に分け、各々の部分が三つのスタンザ（連）から成るというふうに歌の構造を分析している。第一部は、キリストのへり下り、謙遜、自己無化を強調しており、第二部は、そのキリストの高挙とキュリオス性を示しているとされる。そして第一部と第二部は存在論的性格をもち、全体が人間の生成の性格と神的なるものの存在の性格とのコントラストを含むが、しかし形（morphē）を共通として深く連結されている。そしてこの賛歌はキリスト教信徒に対してキリストの謙遜に倣って相互に愛と謙遜を生きるよう勧めている（二1－5）。つまり賛歌は倫理的規範になっているとされる。

このローマイヤーの倫理的解釈に対してE・ケーゼマンは、賛歌を前パウロ的なヘレニズムの神話・秘教に由来するとし、パウロは謙遜のモデルをキリスト教信徒に伝えようとしているのではなく、神話的救いのドラマを福音の使信（ケリュグマ）の言葉で示そうとしていると解釈する。であるから、原賛歌は神的存在の受肉と高挙の神話ということになる。9節の「それ故」は本来賛歌にはなく、9－11は人間一人ひとりの内における神の火花がその本質的在り方を見出し、自分を神的存在、救い主と区別しなくなること、つまり、人間の神格化がなされ、こうして受肉した従順な者は、宇宙の統治者となることを示す。[34]

ところでキリスト教協働体が、如上の「宇宙・世の統治者」をキリストと宣べ伝える時、新しいアイオーン（代）・世界が現成する。受肉の神話は、十字架の神学において頂点に達する。従ってパウロは初期キリスト教の言葉「死に至るまで」を8に付加するわけである。十字架こそが新しいアイオーンを披く新しいへり下りである。倫理という人間関係は、この新しいアイオーンを披く力をもたない。こうして旧いアイオーンを支配してきた諸力は神の

34 （KE. Ph. 2）参照。

前にひれ伏し、従順な者が神の座に着く。だからケーゼマンによるとこの賛歌は、救いの終末論的使信がもつキリスト論的性格を帯びるわけである。決してキリスト信徒の倫理的根拠ではない。ローマイヤーに対しパウロの手紙の文脈からこの賛歌を切り離せば、その倫理的性格さえ失われてしまうと批判する。他方でケーゼマンが賛歌を救済的終末論的神話としてわれわれを新しいアイオーン・キリストの内（en Christōi）に招いているとする時、それはブルトマンの非神話化の方法による神の言葉の実存的な実践・個人主義の傾向への反論であると思われる。

以上のローマイヤーとケーゼマンの対比的な賛歌解釈は、その後の解釈に多大な影響を及ぼしてきた。それをふまえ以下では、いくつかの現代的解釈を紹介し、筆者子の見解をいささか示しておきたい。

まず教会論的な解釈を採るF・B・クラドック説を紹介したい。[35] 彼は「フィリ」一27－30と二1－11は連続しているとする。なぜなら二1の「そこで」（oun）はすでに述べられた事柄と連続することを示す表現だからである。二1には「ei」が四回用いられる。この「ei」は一般的に仮定の「もし」を意味するが、ここでは事実を述べるギリシア語的用法と解釈できる。すると「〜であるので」と訳しうる。その場合、フィリピの信徒には、キリストによる励まし、愛の慰め、霊による交わり、慈しみの心があるので、パウロの喜びを満たすようにと促されている。そのパウロの喜びは信徒の喜びである。両者は一体なのであるから（一7、30）。

3－4は、2の信徒の一致への勧めを承け、協働体が利己心や個人主義を乗り超えるように命ぜられている。そのことは5に示されるように、キリスト・イエスにおいて可能となる。だからクラドックは5を次のように解釈する。「キリスト・イエスにあってあなたがたが思っているのと同じようにあなたがたの間でも思いなさい」と。そして二6－11のキリスト賛歌は、キリストにあるこの思いの内容を示すのであるという。

彼はこの賛歌をあくまで二1－11の枠内で解釈すべきだという。そして次に賛歌について、パウロが賛歌を用いて語ろうとする点について考究する。

彼によると賛歌は、キリスト物語りを「先在」「現在」「後在」の三層に分けてその展開を示しているとする。先在とはキリスト教徒が磔刑死を蒙った人間イエスの中で神に出会ったというイエスの超越性を示すために用いた観念だという。

「無になった」（7）は、「二コリ」八9が言う「貧しくなり」と同じ意味である。キリストは神意に従順である者として世の諸勢力・霊力（ガラ四3、9など）の支配下にこの世に到来し人間として隷属したが、今や死と復活を通し諸霊力に勝利して人間をそれら霊力から解

35 （クラ・フィリ）

放した（現在）。

9以下の賛歌は後在を示し、神によるキリストの高挙と「キュリオス」の名の授与がテーマであり、今やキリストは天、地、地下という世界宇宙の三層構造を治める。こうして救いのドラマの中心は、へり下った奉仕ということにある。

次にクラドックはパウロが賛歌を引用して、キリスト論を強調したのでも、単なる倫理を主張したのでもないと考える。パウロの付加した句「十字架の死に至るまで」さえ、パウロによる賛歌引用の意図解明の手がかりを与えない。そこで全体的文脈から解釈すると、パウロの主張の核心は報いを求めない奉仕こそが、神に嘉されるということであるという。そうするとキリストにおいて思う思いとは、信徒が報いを求めず互いに奉仕し、不一致と個人主義を乗り越えて、教会をキリストの教会たらしめる思いであり、一致の在り方であると結論づけられる。以上がクラドックの賛歌に対する教会論的解釈といえよう。

われわれは次にJ－N・アレッチの賛歌解釈をとり上げよう。彼は主に二1－11の文脈で賛歌を解釈する。われわれは彼の全体的神学的な結論を示す前に、各節に関するその考察の際立った点を指摘していきたい。

5について彼はパウロがフィリピの信徒にキリストの生をモデルとして従うだけではなく、phronein するように勧めていると解釈する。その際 phronein とは、へり下り（tapeinophrosynē）の精神で他者や自分を見ることだとしている。そして倫理的勧告である「ロマ」十五1－6と「フィリ」二1－11を次のように比較する。[36]

	「ロマ」十五1－6	「フィリ」二1－11
心の一致	6	2－3
相互関係	1－2	4
同じ思い	5	2、5
キリストに倣う	3、5	5、6－8
栄光の賛歌	6	11

こうしてアレッチは、5はキリストを倫理的モデルとして提示しているという。

続いて彼はキリスト賛歌の文化的宗教的背景に関わる主要な説を紹介する。E・ケーゼマンはすでに見たように賛歌の背景を天上的な贖罪主に関わるイラン系神話としている。多くの釈義家は、「フィリ」二6－8の背後に「イザ」五二―五三の主の僕（しもべ）の姿を想定する。このイザヤ背景説よりも最近では、アダム・キリスト論（ダンなど）があげられている。これは「ロマ」五12－21のアダム・キリスト論と重ねた解釈であろう。そして古典的な解釈とし

---

36 (Phil, A) p. 137.

て、われわれが紹介したローマイヤー説があげられている。アレッチは以上のような仮説は、解釈的方法としてテキストのレトリック、語の用法やテキスト構造の分析などを見落としてきているので、それらの方法を採用するという。そこでまずキリストが、「神の形（morphē）である」とする6の意味を問い、次のように結論づける。すなわち、パウロは「hyparkō、～である」という語を決して神に用いないこと、ギリシア教父は、6－7を受肉のキリストとして解釈したこと、morphē（形）は身体性を表現することなどの理由により、パウロは6以降でキリストの先在と受肉を語っているのではなく、すでに「受肉したキリストの神的条件」を語っているとする。これは反ローマイヤー説である。続けて7aの「自分を無化した（heauton ekenōsen）」の解釈にとりかかる。多くの釈義家はこの非常に稀な表現の背後に、「イザ」五二―五三が描く「主の僕」の自己無化・苦難を想定する。自己無化、へり下り／高挙という点では、フィリとイザヤのテキストに共通点もある。しかしアレッチは相違点をも強調する。すなわち「主の僕」の自己無化は神により担わされたことで、自己犠牲的性格をおびるが、フィリのキリストの自己無化は彼の自由意志により、またその無化が犠牲的性格をもつとは語られていない。

同じことは、「自らへり下った（etapeinōsen heauton）」にも言えるという。8bの「従順でありながら（genomenos hypēkoos）」についてはどうか？　アレッチはこの従順に目的語がないことから、全生涯をかけて死に至るまでの従順そのものの価値が描かれていると解釈し、「十字架の死」をパウロの付加として次のように述べる。つまりこれまでのテキストは受肉のキリストの道行きであり、神的状況にあって要求できた主（キュリオス）性と栄光を放棄してへり下り、全き従順の態度で十字架の死を蒙ったことを語っている。[37]

二9の「それ故に（dio kai）」は、6－8のキリストの自由な道行きに対し、今や神の働きが介入する新しい出発点を表すという。アレッチはローマイヤーと異なり、9－11を二分して解釈する。第一の9は「すべての名に勝る名」の無償な授与を、次に第二の10－11は、被造物全体による崇敬とキュリオス・キリストという告白を描いているという。

9において二回現れるhyperは、それ以上のことがない超絶を示し、8bの従順(hypēkoos）のhypo（下）にレトリック的に対比され、キリストの高挙が強調されている。特に注目されるのは10の「イエスの御名」の意味である。アレッチはこの「の」を説明の属格、つまり「イエスという名」との解釈に反対する。なぜなら、この10－11は「イザ」四十五23（七十人訳）の暗黙的引用であり、イザヤでは神が中心となっているので、ここでは神が自らと同じ至上な資格をキリストに与えたのであり、10と11の並行から神が授与した名は「主」であることが示されるのだからである。だから訳は「神によってイエスに与えられた御名」となる。

[37] (Ibid.) p. 167.

アレッチは以上から次のように結論づける。「フィリ」二6－11の前半は受肉したキリストによる自由な自己無化の道行きを示し、後半9－11は、神によるキリストの高挙を示す。前述したように受肉したキリストはその神的条件である栄光をすでに拒否していた（6－7）。その無の中に神は働き、主（キュリオス）性を彼に与えた。そして二1－18の勧めの文脈に6－11をおいて解釈すると、6－11はパウロが信徒にキリストに倣うことを勧めた手紙ということになる。この勧めはあらゆる時代の信徒の生の道行きにとって本質的な希望の灯となる。

われわれは次にC・フォカンの注釈[38]をとり上げたい。

フォカンはまず「フィリ」二1－11における5の位置付けを考察する。彼は5を「キリスト・イエスにおいてもあったこれらの意向（精神の状態）をあなたがたの間でもちなさい」と訳す。その際「これらの意向をもつ（touto phroneite）」は、2で二回用いられるphronein（意向をもつ）と関連し、またキリスト・イエスは6aの関係詞によって6－11のキリストと結合している。そこから5は、その前後のテキストのつなぎの役割を果たすという。1－4はフィリピの信徒が同じ愛に生き互いにへり下って仕えるよう勧める勧告文となっており、また6－11は、ナザレのイエスの教えではなく、キリストの磔刑死と高挙の物語りに基づき、キリストを模範とする倫理的生き方の勧告文となっているという。彼が二1－11を6－11の文脈とするというのも、いわゆる「キリスト賛歌」を典礼（Sitz im

Leben）に根差すとし、パウロ以前の賛歌の諸類型に関する仮説をたてる解釈（ローマイヤー、ケーゼマン、エレミアスなど）がいずれも決定的でないので、6－11を文脈的に吟味する以外にないと考えるためである。彼は6－11を詩的リズムをもつ賛辞（encomium）とし、新約聖書にも見られない語や表現を言語論的に分析し、さらに神学的に犠牲死や復活を含まない点をも考察している。その結果フォカンは、ローマイヤーのそれとは異なる6－11の構造を提示する。

そうすると訳文は次のようになる。「自分を虚しくして僕の形をとった。そして人間と同じ者に成り、人間の姿で現れた」（7）。

6bについて彼は、多様に解釈されるharpagmonを「自分の利益のために用いる何ものか」と解釈する。7－8も「成る」という二つの語によって括り構造を成しているとする。その中心的意味は、キリストが「死に至るまで」従順だったということである。7a「自分を無とする」と8a「自分をへり下らせる」は重ねられ、共に再帰代名詞が用いられ、キリストの自己無化、自己のへり下りが彼の自由意志によるものだとされる。[39]

後半部の9－11は、先述のように以上の受肉のキリストの自由な自己無化、何も報いを求めない奴隷の生き様、（目的語を示さない）死に至る従順などに対し、一転神がいわばキリ

38（フィリ、Fo）

ストの無に介入し、彼をこれ以上ない程に高め、キュリオスの名を授与したことが語られる。10－11の背景には明らかに「イザ」四十五23が窺われ、天、地、地下の三層が示す万物による賛歌がひびきわたっている。

以上のようにencomium 6－11は、前半の受肉したキリストの自由なへり下りの生き方と、後半の神によるそのへり下りのキリストの高挙というふうに、へり下り／高挙の対比で構成されている。フォカンは、そのencomiumのメッセージとして次のように語る。社会学的見地からすれば、キリストのように抑圧された人、獄中につながれている人、奴隷に近く仕えるように生き、決して社会的権力に与ろうとしないようフィリピ信徒に勧告されている。倫理的霊的見地からすれば、パウロはフィリピ信徒がへり下って他者を自分より高く見て尊敬し、相互に仕え合うことが勧められている。そのような勧告に従ってこそ喜びと希望の地平を生きうる（1－4、12－18）。

これまでパウロのキリスト論というテーマでいわゆるキリスト賛歌に参与してきた。それによるとローマイヤー、アレッチ、フォカンはおおよそ賛歌の倫理的解釈を主張し、その線でクラドックは教会論、互いに奉仕する協働体的一致を説き、対してケーゼマンは、原賛歌を救済論的神話と考える。いずれも、賛歌の背景に「イザ」五十二－五十三を想定しない。次にはパウロの別なテキストをとり上げ、そのキリスト論を違う次元で解釈・考究していきたい。

1―2　復活をめぐって　「一コリ」十五1‐28

[1]兄弟たち、かつてわたしが喜ばしい知らせとして伝え、あなたがたも受け入れ、また、それに基づいて現に生活している、あの福音を改めて説明します。[2]わたしがどのような言葉で、告げ知らせたか、しっかり覚えているなら、あなたがたはこの福音によって救われることにもなるのです。そうでなければ、あなたがたは信じても無駄だったわけです。

[3]わたしがまず最も大切なこととしてあなたがたに伝えたのは、わたしも受け継いだものです。すなわち、それはキリストが、聖書に書いてあるとおりにわたしたちの罪のために死んでくださったこと、[4]葬られたこと、また、聖書に書いてあったとおりに三日目に復活したこと、[5]そして、ケファに現れ、その後十二人に現れたことです。[6]それから、五百人以上の兄弟に同時に現れました。そのうちの大多数の人は今なお生き残っています

39　6‐8の背景に「イザ」五十二‐五十三の「主の僕」の受難と死と贖罪を洞察する釈義家もある。しかし「主の僕」の場合、神・主が彼を受難にわたしたのであり、それは僕の自由意志ではない。また6‐8には「人間のため」の贖罪・受難ということに言及されていない。従って「イザ」五十二‐五十三とはかなり異なると言える。なお、キリストのケノーシス（自己無化）については（聖愛）「『神の受難』の抜く地平」を参照されたい。

が、死の眠りについた人もいます。7その後、ヤコブに、次いですべての使徒たちに現れ、
8最後には、月足らずで生まれた者のようなわたしにも現れてくださいました。9実に、
わたしは使徒のうちで最も小さい者であり、神の教会を迫害したのですから、使徒と呼ば
れる資格のない者なのです。10しかし、わたしが今日あるのは神の恵みによるところであ
り、そして、わたしに対する神の恵みは無駄にはなりませんでした。それどころか、わた
しは使徒の誰よりも多くほねをおって働きました。わたしが、というより、神の恵みがわ
たしとともにあって働いていたのですが……。11それで、わたしにせよ、ほかの使徒たち
にせよ、以上のことをわたしたちは宣教しているのであり、そして、以上のことをあなた
がたは信じたのです。

12「キリストは死者の中から復活された」と告げ知らされているのに、どうして、あな
たがたの中の間に「死者の復活はない」と言う者がいるのでしょうか。13もし、死者の復
活がないとしたら、キリストも復活しなかったことでしょう。14しかし、キリストが復活
しなかったとしたら、わたしたちの宣教も無意味なものであり、あなたがたの信仰も無意
味なものとなるでしょう。15それどころか、わたしたちは、神について偽証した者という
ことになります。なぜなら、もし、ほんとうに死者が復活しないとすれば、神はキリスト
を復活させることもなかったはずなのに、「復活させた」と神に背いて言い立てることに
なるからです。16実に、もし、死者が復活しないとすれば、キリストも復活しなかったこ

とでしょう。17しかし、キリストが復活しなかったとすれば、あなたがたの信仰は馬鹿げ
ており、あなたがたは今なお罪の状態に留まっていることになります。18そうだとすれば、
キリストを信じて眠りについた人たちも、滅びてしまったわけです。19もし、わたしたち
は、この人生においてキリストに望みをかけて生きているだけのことだとすれば、すべて
の人の中で最も哀れな者です。

20しかし、今やキリストは死者の中から復活され、眠りについた人たちの初穂となられ
ました。21一人の人間を通して死はやって来たのですから、また、一人の人間を通して死
者の復活もやって来るのです。22アダムに連なってすべての人が死ぬのと同じように、ま
た、キリストに連なってすべての人は命あるものとされるのです。23しかし、これは各々
自分の順番に従ってのことです。つまり、初穂であるキリスト、次に、キリストが再びこ
の世に来られる時に、キリストのものとなっている人々というようにです。24その後、世
の終わりが来ます。その時、キリストは支配するものすべて、また、権力あるものや力あ
るものすべてを滅ぼし、国を父である神にお渡しになります。25すべての敵を踏みつける
まで、キリストは国を統治することになっているからです。26最後の敵として死が滅ぼさ
れます。27「神は、すべてのものをその足の下に従わせた」からです。しかし、「すべて
のものが従わせられた」という場合、すべてのものをキリストに従わせた方がそれに含ま
れていないことは明らかです。28そして、すべてのものが御子に従うその時には、御子ご

自身もすべてのものを従わせてくださった方に従われます。これは、神がすべてにおいてすべてとなられるためです。

まずわれわれは、G・D・フィーの釈義をとり上げよう。[40] フィーによれば、十五1-28は「死者からの復活はないという」コリント人の一部との論争の枠内で、パウロが復活論を述べるのだという。しかし論といってもパウロは復活を論証しようとするわけではない。彼は彼が受け継いだ（parelabon 一人称アオリスト形動詞）ことを、あなたがたコリント人に伝えた（paredōka hymin アオリスト形動詞）のである（1-3a）。そのパウロが伝える伝承とは同時に福音であり、その内容は初期キリスト教の信経（credo）である（3b-5）。この信経は構文上四つの「〜であること、hoti」と二つの「聖書に書いてあるように」から成り、以下のように四行に図式化できる。

1　キリストは、私たちの罪のために死んだこと、聖書に書いてあるように（3b）、
2　そして葬られたこと（4a）、
3　そして三日目に復活したこと、聖書に書いてあるように（4b）、
4　そしてケファに現れたこと（ōphthē）、次に十二人に現れたこと（ōphthē）（ōphthē はアオリスト形受動。見られた、現れたの意）（5）。

それではフィーの各行に関する解説を瞥見してみよう。

一行目。キリストが人間の罪のために死んだという使信は、キリスト教信仰の根本的教義である。その背景には、「イザ」五十三、特に8－10が見出される。だからこのキリストの死に関する言葉にはまたメシア的なニュアンスが含まれているとされる。この使信・福音によって「あなたがたは救われるだろう」(2)という。

二行目。この葬りの使信は、一行目を補ってキリストの死の現実性を示す。なぜなら当時、屍体は墓に葬られるので、そこからの復活は霊的ヴィジョン的な現象ではなく、客観的現実だからである。

三行目。この行はキリストの三日目の復活を語る。復活したという動詞は、完了受動形(起こされた、egēgertai)であり、完了形は過去の復活に続き今もキリストが生きていることを意味する。この受動形(起こされた)は起こす者が神であることを示している。

四行目。三行目で言われる復活が、ケファ(ペトロ)と十二弟子のグループによって見られたと証言することで、復活の身体的客観的現実性をさらに強調している。

6－7はパウロが信経以外の伝承から引用して付加したとされる。ヤコブとはエルサレム教会のリーダーとして六二年頃殉教した主の兄弟ヤコブ(小ヤコブ)のことである。

8は文字通りパウロのダマスコ体験を示す(九1)。パウロの体験が5－7の人々の体験

40 (NICNT, IC, F) pp. 713–763.

と同様、幻想やヴィジョンではなく、復活のイエスとの身体的客観的な出会いであったことが了解されよう。

12‐19は、死者からの復活はない、従ってキリストの復活もないとする反復活論に対するパウロの対決のシーンである。もし復活がないなら、パウロたちの宣教もコリント人の信仰も無意味となり、神がキリストを復活させたという証言も偽証となり、信徒は罪に留まったままになり、キリストを信じて眠りについた死者も滅ぶことになるという。以上はパウロが伝承を確認した上での反復活論に対するいわば信仰上の、実存的な反論と言える。

20‐28は、復活に対する肯定論となる。20ａは「今やしかし」と論が転換し、12ａを再録し、14と17に対比しつつ、1‐12の内容に連結していく。20ｂはキリストが復活の初穂(aparchē)となったと語り、彼に続く復活者の将来的出現を刈入れとして暗示する。

21‐22は、アダム・キリスト論(45‐49、ロマ五12‐21)で、第一のアダムに属する者は罪深い人間性に与ってみな死ぬが、復活した第二のアダム・キリストの新しい人間性に与った人々はみな生きることが示される。このようにキリストに始まる復活の連鎖は必然的であり、コリント人は最早死者からの復活はないとは言えない。

23は、キリストを初穂とする復活の連鎖の順(tagma)を示していく。すなわち、キリストの次に彼に属する人々の復活が語られる。

その後、世の終わりにキリストは諸々の霊的諸力を滅ぼし、最後の敵である死を滅尽し、そして彼の国を父である神に引き渡す（24‐28）。それは神がすべてにおいてすべてになるためなのである（28 a）。

以上のようにパウロは、メシア・キリストがその贖罪を完成させること、そのメシアの働きの背後に父なる神が常時働いていること、そしてそれらの最初の契機がキリストの復活にあることを強調し、「一コリ」十五を通して今日のわれわれにもその福音を伝えている。フィーは最後にその福音は今日まで復活祭という形で現成し、そこに人々は新しい生命を希望し与っていると締め括っている。

次にR・B・ヘイズの注解をとり上げたい。[41] パウロ書簡と新約聖書の倫理を専門とし、加えてユナイテッド・メソジスト派の聖職者であるヘイズの注解は、教会的体験に由来する味のあるメッセージとなろう。

ヘイズはコリント信徒のある人々が、パウロの復活論につまずいて「死者の復活はない」と主張する原因を次のように説明している。彼らは「あらゆるロゴス（言葉）と知識（グノーシス）」を豊かにもち、完成した者（teleioi）と自認している。アレクサンドリアのフィロンによれば、このteleioiとは霊的力や完成度の高さを意味するとされる。しかしパウロは、完成とはこの世の知恵ではなく、信仰の成熟、特に十字架に掛けられたキリストの神秘に関

41（一コリ・ヘ）

する知恵であると反論する（一18－二8）。コリントのある人々は、自らを霊的な者（pneumatikoi）として誇るが、パウロは彼らを肉の人（sarkinoi）と呼んで批判する（三1）。このような霊的エリートにとって「死者の復活」、文字通りには「死体が起きること（anastasis nekrōn）」（十五12－13）は、無知な人々の迷信あるいは流行語として響いたに違いない。

しかしパウロの言うキリストの死者からの復活宣言は、身体の栄光に満ちる変容であり、死への勝利なのである。

それではパウロの復活論およびそれが示すキリスト論に関してヘイズの所論を大略考究してみたい。

ヘイズは、死者の復活が福音の本質であると説く1－34を次のように分類する。[42]

(1) 宣教の使信（kērygma）はキリストの復活を宣言する（1－11）

(2) 死者の復活を否定すれば、福音が無意味になる（12－19）

(3) キリストは復活したのだから、キリストに属する者はみな復活する（20－28）

(4) そうでなければ、希望、苦難、信仰は無意味となる（29－34）

われわれの考究するテキストは、(1)～(3)に該当する。

(1)1－7は先述のフィーの解釈とほぼ同じであるので、ヘイズの注釈から注目すべき点を指摘したい。8－10はパウロへの「最後に（eschaton）」の顕現に関わる。「最後に」というのは、それ以降の幻や霊的なキリスト経験と決定的に区別する意味をもつ。しかもパウロは、

ektrōma と自分を呼ぶ。ektrōma とは、流産した胎児を意味し、人々がパウロの風采の弱々しさや醜さ（二コリ十10、ガラ四13－14、二コリ十二7b－10）を中傷して彼の呼び名にしたのであろうが、パウロは逆にこの呼び名を用いて神の恵みの尽大さを表現するのである（十五10）。

(2)コリント信徒の霊的エリートが「死体の甦り」につまずいたが、二世紀の教父ユスティノスも『ユダヤ人トリフォンとの対話』80において、死後魂だけが天に行くという異端を報告しているように、身体の復活は以降のキリスト教史においても「つまずきの石」となる。しかしパウロは死者の復活こそが、終末論的な信徒全体の復活の根拠だと強調するのである（14－19）。

(3)21－22はアダム・キリスト論である。それは45－49においても自然の身体（最初のアダム）と霊的な身体（第二のアダム・キリスト）との対比で再論されるが、21－22では死をもたらしたアダムと生命をもたらしたキリスト・アダムが対比されている。そしてキリストがすべての支配する者、すべての権力と力（宇宙の諸霊力、コロ二10－15など）を滅ぼし、最後の敵として死を滅ぼし、自らが治める国を父に引き渡す（24－26）。それは父がすべてにおいてすべてとなるためである（28）。ヘイズはここでパウロがローマ帝国の権威に挑戦していると言う。ローマ帝国の栄光ある植民地としてのコリントで新しい権威（父）を示している

---

42 （前掲）四〇八—四二六頁。

と。このようにして20－28は、死と復活を終末論的次元においている。

われわれはヘイズに続いて、J・A・フィツマイヤーの「一コリ」注釈の読解に着手し、これまでのキリスト論理解をさらに深めたい。[43]

フィツマイヤーは多くの釈義家と同様に、1－11をケリュグマ的な議論であり、3b－5aをパウロ以前の伝承とする。5b以下は、「～であること（hoti）」に代わって、「次いで」（5b）、「それから」（6、7）と言い方や内容が変わるので、パウロによる、前パウロ伝承への付加と解する。8は「最後に」から始まり、パウロへの顕現と彼の使徒性に関する弁証が続く（9－10）。11は再び1と括り構造をなし、復活したキリストに対するコリント信徒の信仰を確認している。

次にフィツマイヤーは、キリストの復活が、歴史的で客観的な事件であるのかという問いを立てる。多くの釈義家は、キリストの復活の現実性を主張するが、彼は問題は複雑だという。というのも、パウロの議論はケリュグマ・福音に拠っており、コリント人の信仰を喚起することを目的とするからである（11）。ケリュグマの歴史性は容認されるとしても、現代の歴史的批判の方法をキリストの復活に適用し、聖書の思想を疎遠な現代の歴史的カテゴリーで解釈するのは如何と疑問を呈する。何故なら聖書の救いの歴史観は、経験的で観察可能な事件と啓示による信仰上の出来事を区別するからである。

以上をふまえてこれから1－28に関するフィツマイヤーの釈義の重要な眼目をとり上げた

い。３ｂと４ｂにおける「聖書に拠れば」は、聖書の語が旧約から新約へのメシア・キリストを示す複数形ということもあり、キリストの死が神の計画の中で現成したことを表現すると言う。４ｂの「復活した」（egēgertai）は完了の受動形動詞で、神による復活だけでなく、高揚（exaltation. フィリ二9）をも含意するという。例えば「使」二32－33と五30－31は神による復活と高揚を描いている。５ａの「ケファへの顕現」は、福音書中唯一の、ルカ（二十四34）の言う「シモンへの顕現」と共に、古い伝承を想起させ、５ａが初期キリスト教信経に含まれていると推測される。ここで用いられる顕現の動詞 ōphthē（アオリスト受動形）の背景には七十人訳の翻訳に残っている wayyēra（ヘブライ語）が窺われるという。ōphthē は、「創」十二7、十七1、「出」三2、「士」十三3、「王上」三5などにも用いられ、人は神の啓示を通して神を見ることを示す。従ってこの５ａでもキリストによる啓示が示されているわけである。８ではパウロへの顕現が語られ「わたしにも（kamoi）」という終わりの句が、８の中での強調句となり、パウロのダマスコ体験を際立たせる（九1－2、ガラ一12、15）。この「わたしにも」は彼の福音と異邦人への使徒職との真正性を弁証する。そしてパウロが使徒として骨を折って働いた（二コリ十一5、23－27）のも、神の恵みの協働に拠る。

12以下の復活否定説に関してフィツマイヤーは三類型を挙げている。①「使」十七32に見

43（AYB, 一コリF）

られるように死はすべての終わりであり、死後の存在を否定する類型。この類型は哲学的（例えばエピキュロスの懐疑説）でここでは関係しない。②復活の身体的性格の否定で、魂だけの救いを説く類型。コリントの霊的エリートも身体の復活につまずいたことは上述した。③復活の未来性の否定。これは②とも関係するが、「二テモ」二18にも窺われる実現した終末を主張する。フィツマイヤーは、パウロが直面したのは②であろうという。以上のような復活否定説への論駁（13-16）の後でパウロは再びケリュグマをくり返す（20）。次に先述のようにアダム・キリスト論（21-22）が説かれる。すなわち、アダムに属するすべての人が死ぬように、キリストに属するすべての人が生命ある者とされるだろう（zōiopoiēthēsontai）と語られる。フィツマイヤーは、「ロマ」五12-21のアダム・キリスト論はこれと違うと述べる。すなわちアダムの神への不従順（罪）の故に罪が世に入り、その罪で死が入り、こうしてすべての人間が罪を犯し死ぬようになった。これに対し第二のアダム・キリストの従順の故にすべての人が義とされ、永遠の生命に導かれるという。「コリント書」では、罪に言及されず、すべての人の死に直接言及されるが、「ロマ書」では罪の契機が恵みと共に強調されている。また「ロマ書」のアダムは、人間の罪と死生を自らに体現しそして予型論的にその人間の運命の原型である意味で「集合人格（corporate personality）」として理解されるという。

フィツマイヤーをも含めた以上の考察をふまえ、最後にわれわれは「一コリ」十五キリスト論を次の六点にまとめてみよう。

① キリストの復活は、すべての信徒の復活待望の原点であるという意味で、福音、つまりキリスト教のケリュグマの中核をなす。今日では復活祭およびその神学を通して生かされている。

② アダム・キリスト予型論は、救済史全体を描き、人間の死の超克へ信仰上の希望を与える。

③ 宇宙的勢力の滅亡と死への勝利は、終末論的なヴィジョンをもたらし、キリストの復活のダイナミックな力の今日的浸透を示す。それはまた地上のローマ帝国などの権威や今日的な全体主義の超克に対し励ましを与える。

④ 復活の身体性は、霊的エリートの高慢と知識（グノーシス）を砕き、人間の身体の尊厳を今日に伝える福音となる。

⑤ 子の王国支配と父への王国の引き渡し、そして父への聴従は、父と子の関係に開眼させる契機となる。この関係性は特にヨハネ福音書において深められ開示されている（十四—十七章の告別説教）。

⑥ 現代の歴史批判的な研究手法は、復活、聖霊などの信仰的次元に在り、そして実証的歴史を超え検証できないことがらに対して、自己のある限界線を論理的に引く必要があ

ると思われる。

われわれはこれまでキリストを全体的に参究しうるテキスト（フィリのキリスト賛歌、「一コリ」十五の復活論、アダム・キリスト予型論）などをとり上げてきたが、次にはいくつかの断片的テキストをとり上げて上述のキリスト論を補足していきたい。

2——キリスト論的諸テキスト

予めテキストを示せば、次のような順でとり上げられる。

①「ロマ」六1-14、②「ガラ」三6-14、③「一コリ」十一23-26、十二1-31。

2—1　洗礼　キリストの死と生のあやかり　「ロマ」六1-14

[1]それではどうでしょうか。恵みが増し加わるのを期待して、罪の中に留まるべきだというのでしょうか。[2]決してそうではありません。罪に対して死んだわたしたちが、どうしてなお罪のうちに生き続けることができるでしょうか。[3]それとも、あなたがたは知ら

ないのですか。洗礼を受けてキリスト・イエスと一致したわたしたちはみな、キリストの
死にあずかる洗礼を受けたのではありませんか。4わたしたちはその死にあずかるために、
洗礼によってキリストとともに葬られたのです。それは、キリストが御父の栄光によって
死者の中から復活させられたように、わたしたちも新しい命に歩むためです。

5その死にあやかってキリストと一体となったとすれば、わたしたちはその復活にもあ
やかって一体となるのでしょう。6わたしたちの内なる旧い人間がキリストとともに十字
架につけられたのは、罪に縛られた体が滅ぼされて、もはや罪に仕える奴隷でなくなるた
めであることを、わたしたちはよく知っています。7死んだ者は、罪から解放されている
のです。8キリストとともに死んだのなら、また、キリストとともに生きることにもなる
とわたしたちは信じます。9死者のうちから復活させられたキリストは、もはや死ぬこと
がないと、わたしたちは知っています。死はもはやキリストを支配していません。10キリ
ストが死んだのは、ただ一度、永久に罪に対して死んだのですが、キリストが生きている
のは、神に対して生きているのです。11同じように、キリスト・イエスに結ばれてあなた
がたも罪に対して死に、神に対して生きている者であるということを弁えなさい。12あな
たがたの死ぬべき体を罪に支配させ、その欲望に屈服してはなりません。13また、あなた
がたの五体を、罪に仕える邪なことのための武器にしてはなりません。かえって、自分自
身を死者の中から蘇ったものとして神にささげ、また五体を救いの義に役立つ武器として

神にささげなさい。14なぜなら、罪があなたがたを支配することはないからです。あなたがたは律法のもとにあるのではなく、恵みのもとにあるのです。

われわれはまずP・J・アクティマイヤーのロマ書注解（一九八五年）の当該テキストをとり上げたい。[44]アクティマイヤーは新約聖書学者でありつつ、実践的に貧しい人々の友であろうとした人であり、この注解は学問的であるが、他方で教会の説教者の手引きとしても著わされた。またユダヤ教理解については、前述のE・P・サンダースの影響を受けている。彼に拠ると、六章は五章のアダム・キリスト論の続きで、五20に集約される律法、罪、恵みの三テーマを論じており、さらに四23－五21の文脈の続きである。[45]六章の冒頭を画す1－2は、六15、七7でも反復される典型的問いで始まる。1－2は三部分からなる。1a「それではわたしたちはどう言えばよいのか」と1b「恵みの増加を期待して、罪の中に留まるべきなのか」という可能的推定、そして2a「決してそうではない」という否定である。パウロの論敵の推論は、A原因たる罪→B結果たる恵みの増大、従ってBを得るためAをなすべしの形をとる。これに対してパウロは六2bで逆に「われわれは罪に死んだのではないか」と問う。そして3以下で1での問いに応答していくわけである。

アダム・キリスト論に拠れば、アダムの不従順に対しキリストは第二のアダムとして神への従順に生きた。この従順は贖罪の磔刑死を含意している。それでは死がどうして生命を導き出すのであろうか。アクティマイヤーはこの問いへの鍵語は「洗礼」であるという。洗礼によってローマ人はキリストの死に参与しキリストと共に葬られた（3－4a）。それ故キリストが死者から復活させられたようにローマ人も死者から復活するであろう（未来形、5b、8b）。今は洗礼によって新しい生命を歩むことになる（4b）。アクティマイヤーは、ここに倫理的勧告を見る（12－13）。

以上は黙示思想的な枠組で解釈されている。すなわち、洗礼による死と復活の現実は終わりの時に明らかになるからである。その時までは信仰によって死と復活の現実を見、そして生きる。何れにしてもこのテキストのキリスト論に関わる解釈上の鍵は洗礼にある。アクティマイヤーは洗礼について大略次のように述べている。洗礼の授受は、神がキリストにおいてわれわれの許に到来し、われわれを罪から解放したという信仰の表明である。この信仰から離れれば、洗礼は無意味な行為となると。

次にわれわれは新約学者の泰斗D・J・ムーの大部なロマ書注解（一九九六年）をとり上げ、キリスト論の考究を深めたい[46]。

ムーは六章全体からキリスト論と連動して現れる二つの重大な帰結を示しているので、ま

---

44 （ア・ロ）一七一―一八一頁。

45 （前掲）一七六―一八一頁。

ずその二点について考察しておきたい。

その一つは、義化と聖化の分離できない関係についてである。ムーはキリストの義とは罪が赦されることであり、聖化とはキリストの霊が恵みを注ぎ、いよいよ罪が減ってゆく状態であると解説する。そして六においても1－14は、罪からの解放という新しい在り方、つまり生き方を示すとしている。聖化においてキリスト教徒はいよいよ罪の力から解き放たれ、復活に向かって移行し（transfer）聖化の変容を生きる。

次にこのキリスト教徒の変容に関して彼は5をとり上げる。文字通りの訳にすると「もしわたしたちが彼（キリスト）の死の形（homoiōma）に参与したとすれば（symphytoi gegonamen）、その復活の形にも参与することになるでしょう」となる。ムーはhomoiōmaをコピーや似姿よりも形として理解し、われわれがキリストと共に死ぬことは彼の死と同じ形をとる同形化であり、この同形化はgegonamenという完了動詞が示唆するように持続していくのである。そして終わりの日にはキリストの復活の形との一致を実現する（5b）という風に解釈する。何故なら5bは省略形だから。以上の聖化および同形化は本論のソーマ的変容という中心的テーマに関わるので変容論の章で考究したい。

六章のテーマが罪・死の支配から復活への移行（transfer）にあるならば、このtransferはどのような契機で起こるのであろうか。

それは3－4で宣べられる「洗礼」を契機にする。ここでは勿論水の洗礼のことを言う。

人は洗礼によってキリストの死に与る（3）。その死への与りは、同時に罪に対しての死である（2）。ここでムーは「わたしたちはイエス・キリストへと洗礼を受けた（ebaptisthēmen eis Christon Iēsoun）」（3）の句をキリストへの合体（incorporation）と解釈する。それは空間的な性格をもつ結合合体である。というのも、この句は「ガラ」三27の並行句と考えられ、27では合体が「キリストを着る」と表現されているからである。さらに3のキリストの死への与りの次に洗礼によるキリストと共なる葬り（4a）が語られているからである。勿論埋葬は空間的表象である。以上のように洗礼は旧い人間（6）、罪の奴隷、罪の主性という旧いアイオーンからキリストと共に生き（8）、復活を希望しうる（5）新しいアイオーンへの移行契機なのである。

ムーは以上を要約して次のように語っている。「キリストの罪に対する死は、またわれわ

46 （NICNT, ローマ Mo）。われわれはムーの六章のテーマと構造分析を概観してみよう。ムーに拠ると、六章では罪支配・罪の主性からのキリスト信徒の解放と自由が主要テーマになっているという。六章全体は二箇所で分断されているとされる。一つ目は12で、1‐11の直接法に代わって命令法が支配する（12‐13）。では1‐23全体は、1‐11と12‐23の二部分に分けられるのだろうか。しかし12‐14は命令法と1‐11を括る直接法14の混合体なので1‐11と結合する。二つ目は15は1の再現であるから、15以降は全く新しいシフトとならない。こうしてムーは、1‐14を否定的な仕方での罪からの解放句とし、15‐23を肯定的な仕方での義への奉仕句とする。

れの罪に対する死である（2、6、9－10）、そして彼の新しい生命への復活は、われわれもそこに未来に〈与るparticipate〉のであるが（5b、8b）、それは今もわれわれが〈新しい生命に歩む〉（4b、11）ことを可能にすべく働き続けている」[47]と。

　これまでのムーによる「与り、結合、移行」などの参与的言語用法は、サンダースの系譜につながることを示していよう。

　ところでムーは、洗礼への言挙げが「ロマ書」中ではここだけで、信仰義認が救いの鍵としていたる処で強調されている点を指摘し、洗礼と信仰との関係を問うている。その際彼はダンを引き合いにだす。すなわち、ダンによれば、初代教会では信仰、聖霊の賦与、水の洗礼を一つの回心の手ほどき（conversion-initiation）の構成部分と考えた。従って洗礼は、信仰と聖霊賦与を前提にこの回心の手ほどきの体験を代表するというわけである。そして新しい生き方は聖霊賦与と共に始まる（七6）。次には先に5でキリストの死とわれわれが同形（homoiōma）になる点が示されたが、やはり彼の復活にもわれわれが同形になること（未来）を確認しておきたい（フィリ三20）。最後に罪に縛られたソーマ（身体）（6）をもつパウロの勧告に注目したい。11－12においてパウロは死すべきソーマや五体を罪に支配させないようにと強い命令形を用いている。その場合のソーマや五体はムーによると、この世界と交渉する人間（person）を意味し、五体もいわゆる身体的四肢ではなく、自然的な諸能力であるとされる。勿論ソーマや五体には自然身体的な現実性が考えられるべきである。そうでないと復活の身体的なある現実性があいまいになるからである。

最後に結論としていえば、1‐14は終末論的な枠組をもち、新しいアイオーンに生きる信徒はパルーシアまでアダム的な旧いアイオーンの習性を引きずって生きている。その意味で信徒は自らのソーマを罪支配に任せず、キリストの栄光のソーマに変容するようイエス・キリストと共に死し甦らされる道行きを歩むのである。

次は日本の西洋古典学の泰斗川島重成著『ロマ書講義』における六1‐14の解釈にあたってみたい[48]。彼はケーゼマンとヴィルケンス[49]に従って解釈を進めている点を指摘しておこう。まず川島はケーゼマンを参考に五12‐21のアダム・キリスト論と六1以下の関連を述べる。すなわち、五12が示すように一人の人アダムによって罪がこの世に入り支配し、すべての人に死をもたらした。その際ケーゼマンによれば、罪と死はこの宇宙世界を支配する神に敵対的な力なのである。この力を超克する福音は万物の主の力（マハト）に他ならない。

今や第二のアダム・キリストの従順によってこの旧いアイオーンが破られ、すべての人に神の恵み・生命が浸透する新しいアイオーンへと転換した。六1‐11ではこの宇宙的なアイ

47 (Ibid.) p. 355.

48 （川・ロ）

49 （U・ロ）

オーンの転換と個々のキリスト者の実存との関係がテーマ化されるというのである。六1は、このテーマの移行とそのための問いの提起となる。1bは五20bの「罪の増したところに恵みもさらに増した」を再録し、そしてパウロのいう律法からの自由が放縦を招くというユダヤ教的律法主義者の批判をも考慮しているとされる。2では恵みを増すため罪に留まることの拒否とその理由「罪に死んだ」が述べられている。それでは罪に死んだとはどのようなことなのであろうか。

ここにこれまでの注解で見られたように「洗礼」論解釈が登場する（3-4）。つまり、キリストの死とそれへと（eis）われわれが参与する洗礼がテーマとなる。ヴィルケンスの解説によると、正統的な解釈ではキリストの出来事（死と甦り）への参与は、洗礼によってサクラメント的にわれわれの身に生起する。その場合、われわれはキリストの出来事とは、原サクラメント（Ur-Sakrament）であり、水の洗礼はそこから力を授かり、キリストの出来事への信仰と相俟ってサクラメントとして働くと付言しよう。ところが川島は主にK・バルトの新しい洗礼論を紹介、解釈して次のように語る。水による洗礼は、神の恵みに対する人の応答・従順としてキリスト者の生の第一歩を画するが、それ自身は恵みの担い手・道具としてのサクラメントではない。洗礼は、サクラメントであるキリストの死をみつめつつ、人がキリストと共に葬られることなのだ（4a）と。次いで復活について述べる（4b）。すなわち、われわれが洗礼によってキリストと共に葬られたのは「キリストが御父の栄光によって死者の中から復活させられたように、そのようにわたしたちもまた、新しい命の中で歩むためです」。この4bは「新しい命を日常的具体的に歩むこと」が、キリストの復活の命によって規定された終末論的な生き方を意味するとされる。その際「〜のように」「そのように」の形でキリストの復活とそれによるキリスト者の生き方の区別が強調される。ケーゼマンはこの区別によって、自分たちがキリストと共にすでに復活しているとする霊的熱狂主義者に対してパウロが反論している（コロ二12、エフェ二5−6）と指摘する。

そのことは5b「（キリストの）甦りと似通った形（ホモイオーマ）に結びついた者にもなるだろう」の動詞が未来形であり、終末に向かって復活の希望の下に歩むキリスト者の生を示すことからも確証される。

12−13においてパウロは、人の死すべきソーマが解放されるのはパルーシアにおいての他にはないと述べている。それまでは罪の貪り・欲望の誘惑の中にある。ここで川島は関根正雄の貪り解釈を紹介している。それによると貪りとは、人の死すべきソーマにやどっている神に従わせぬ傾向全体を意味するという。14はこの勧告の根拠を示す。キリスト者は罪からの解放の途上にある。しかし律法の死の宣告は神の義を通して廃されている。だから人は救いの義にソーマとその五体をささげて生きるよう促されるのである。

ケーゼマンは如上の勧告をパウロの倫理として総括するのを疑問視する。その理由は義化と聖化に対する理解にある。従来プロテスタント神学も含めて、義化は信仰義認によるキリスト者の生の始まりであり、聖化はそれに続く実証としてキリスト者の精神的成長、モラルや倫理的生の完成としてうけとられがちであった。ケーゼマンはこのような聖化の人間論化を批判するわけである。彼は義化も義化による新しい生き方としての聖化も、神の恵みの業として、復活の主の力が地上に投影された恵みの働きとして考える。キリストと共に死に（義化）、キリストと共に生きる（聖化）のである（8）。川島はさらにこの義化・聖化を根拠づける「キリストと共に」を「キリストにおいて」（11）という絶対的恵みを通して再び根拠づけている[50]。

次はカナダ・モントリオール大学教授で聖書学者、A・ジニャックの『ロマ書注釈[51]』をとり上げ、特に彼に独特な六3－4の洗礼論に注目したい。

ジニャックによると、このテキストは「洗礼神学」としてサクラメント的な読解（特にカトリック側の読解）、あるいは全く洗礼への参照を排除した読解に真っ二つに分かれて読まれてきた。それに対してジニャックは、パウロが初代教会の浸礼（immersio）から成る本質的に入門儀式的実践から出発し、この浸礼イメージから信徒とキリストの関係を説いているという。すなわち、罪に死んでキリストに属して生きるというキリスト者の死と生を説くという。本テキストは、いわゆる洗礼において志願者が水に沈んでそこから再び浮き上がるという仕草を示していない。テキストは罪からの洗い・浄化という洗礼からキリストの死と復活に参与する〈水死〉的な洗礼への移行を示すのである。だからそこではキリストへの帰属が問題で、洗礼（とその神学）への言及はなくなっていく（5以下）。

次に6を考察したい。「私たちの旧い人間が（キリストと）共に十字架につけられたのは、罪の身体（sōma tēs hamartias）が滅ぼされて（katargēthēi）、もはや罪に私たちが仕える奴隷でなくなるためである」。ここで言われる旧い人間は前章のアダム・キリスト論を前提とすると旧いアイオーンに生きるアダムを指す。sōma は「ロマ」では13回用いられるが、そのうちの8回は六―八章に頻出する。sōma はブルトマン以来、世界内存在として関係性の下に見られた全パーソナリティを意味する。そこで「罪の sōma」とは、罪によって支配されたソーマ的人間を意味することになる。その際、罪は人格化実体化されている。故に七4（キリストの身体）との関係で罪の sōma から集合的な意味を排除できないという。パウロはそもそも sōma によって集合的性格をも示している（一コリ一二―一四）。ジニャックは、「ロマ」六1-14で身体は個人的エチカ的パースペクティブと集合的協働体的パースペクティブを兼ね備えるという（私たち、キリストにおいて、などの表現に注意）。その点からするとこの6は全体的に終末論的パースペクティブを示すという。一つはマクロコスモス的視点に立つと、罪に支配されるアダムが属する旧いアイオーンからキリストが治める新しい復

---

50 （川・ロ）一九八頁。

51 （ローマ Gi）

活に向かうアイオーンへの変容が示されている。二つにミクロコスモス的視点に立つと、罪の身体が滅ぼされ、身体はその五体と共に罪に隷属しない恵みに生きうる。いずれにせよ、6の katargeō（滅ぼす）は終末論的性格をおびる。

ジニャックは以上の洗礼や sōma や終末に関わる考察を次のようにまとめている。すなわち、受洗した人は、「キリストにおいて在る者」として、キリストの身体に結びつけられ、その個人的存在や本性的性格を失って、彼の新しい身体を治めるキリストの個性の一つの形（ホモイオーマ）となっているのである。

以上のようにアクティマイヤー、モー、川島、ジニャックといった解釈者は、「ロマ」六1－14のテキストの中心的なテーマを洗礼にみるが、洗礼のサクラメント的理解と「キリストと共に葬られる」という意味論的理解（K・バルト）に分かれる。ジニャックが、その間に立って浸礼的解釈を示している。いずれにせよ、洗礼（義化）を出発点として復活に参与してゆくソーマ的変容（聖化）が連動的に説かれている。

キリストを観想し参究するとき、パウロは旧約テキストを背景にする。われわれはその例をアダム・キリスト論（ロマ五12－21）においてみた。

今はアブラハムとキリストの関連を説くパウロのテキストに参究しよう。そのテキストは「ガラ」三6－14である。その際当然「ロマ」四章も念頭に入れるが、このテキストは後に義認を論ずる本論第五章で考究したい。

2―2　アブラハムとキリストへの信仰による義　「ガラ」三6-14

[6]このようにアブラハムも「神を信じた。そのことが、彼の義とみなされた」のです。
[7]したがって、信仰を拠り所とする者こそアブラハムの子である、と悟りなさい。[8]聖
書は、神が異邦人を信仰によって義とされることを見越して、「異邦人はみな、お前の故
に祝福されるであろう」とアブラハムに前もって福音を告げているのです。[9]そこで、信
仰を拠り所としている人は、信仰の人アブラハムとともに祝福されています。[10]律法に定
められた業に頼る者はみな、呪いのもとにあります。「律法の書に書いてあるすべてを守
り続けない者は、呪われる」と書いてあるからです。[11]律法によって誰も神の前で義とさ
れないことは明らかです。「正しい人は信仰によって生きる」からです。[12]律法は信仰を
拠り所とはしていません。しかし「律法の定めを果たす者は、律法の規定によって生き
る」のです。[13]キリストはわたしたちのために呪われた者となって、律法の呪いからわた
したちを贖い出してくださいました。――「木に掛けられた者はすべて呪われた者」と書
き記されているからです――。[14]それは、アブラハムへの祝福が、キリスト・イエスにお
いて異邦人に及ぶためであり、また、わたしたちが約束された霊を信仰によって受けるた
めです。

われわれはまずトロント大学教授で「ガラテヤ書」に情熱を注ぐR・N・ロングネッカーの注解[52]に拠ってアブラハム・キリスト論に参究して行きたい。その際まず、彼の描く三6－14の構造を大略まとめてみよう。

彼に拠るとテキストは、①6－9、②10－12、③13、④14に分けられる。①では「創」十五6－9に基づき、アブラハムの信仰と彼による異邦人の祝福がテーマとなっている。②は小辞(particle)に拠って三つの部分に分けられ、各小辞は叙述文とその叙述文を支持する旧約の引用をもたらしている。すなわち、10は二つの理由を示す小辞(gar)に拠って律法に頼る者はみな、呪いの下に在ることが述べられ、「申」二十七26がその支持テキストとして引用される。11は「しかし」など話題を変える小辞(de)と理由を示す小辞(hoti)によって律法によって誰も神の前で義とされないことが、「ハバ」二4の引用を伴って示されている。三番目の12は、上述のdeと「そうではなくて」という反論を示すallaによって、律法は信仰を根拠としないことが「レビ」十八5「律法の規定を果たすものは、律法の規定によって生きる」の引用によって示されている。13以降は突如として6－12と直接つながらぬ論理的飛躍(asyndeton)を見せている。つまり13aはパウロ以前のユダヤ・キリスト教徒の信仰告白(キリストが磔刑の呪いを担い、律法の呪いから〈わたしたち〉を贖い出したという〈交換呪詛 an exchange curse〉であり、「申」二十一23が支持テキストとして引用されてパウロの主張のハイライトを成していく。14は、上述の告白を通して異邦人へのアブラハムの祝福の適用が語られる。以上が全体の構造である。そこにパウロがその全体で信仰によるアブラハムの義化（創十五6）と異邦人への祝福に集中し、ユダヤ主義者がガラテヤ人に「創」十七9－14（契約のしるしとしての割礼の命令）に拠って説く主張を退けている背景も読みとれる。[52]

そして全体を信仰に拠る義化、霊の受容（2、5、14）などの古いテーマに加えて、アブラハムの真の子（7）、異邦人の義化（8）、律法の呪い（10、13）、キリストの交換呪詛（13）などの新しいテーマが貫いている。しかしロングネッカーによると、全体の中心的テーマは、信仰による義化というより異邦人をも含むアブラハムの祝福であるとされる。[53]

次にロングネッカーの各節の注解で特に注目される論点を挙げてみたい。

6について、神を信じたアブラハムが「義とみなされた（elogisthē autōi eis dikaiosynēn）」とあるが、そこでのelogisthē（logizomaiのアオリスト受動形）の意味が問題となる。この動詞は、ギリシャ語文法や新約では、計算する、評価する、見積る、考察する、みなすなどの多様な意味を示す。七十人訳では、考える、数える、credit（信ずる、帰する）という意

52 （WBC, Gal, Long）
53 以上の議論については（Ibid.）p. 109.

味をもち、ロングネッカーは、パウロが「創」十五6を引用してこの credit の意味に用いているとし、英語で「it（アブラハムの信仰）was credited to him as righteousness」と訳している。だからパウロはアブラハムの義化に何らの功績を前提としていないわけである。われわれはまたガラと同様にアブラハムの信仰を述べる「ロマ」四のテキストにおける logizomai の意味をも簡潔に考察しておきたい。テキストは四3、5、6、9、10、22である。

七十人訳ではこの語は、商業用語であって支払いのためある働きを「数える」ことを意味する。その場合アブラハムの信仰は働きを意味する。しかしパウロの「信仰によって義とされる」というテーゼでは、信仰は業績の如きではない。この点が、彼の手紙では根本的普遍的である。その点を念頭におこう。われわれの問題は logizomai が唯名論的（あえて言えばルター的な）意味で「義とみなすこと」なのか、あるいは実在論的、カトリック的に何らかの義を受容しその人格の内在的質とすることとなのかということである。ここで前述のライトの表現を借りれば、この義を人間に対して神が恵み与える義の意味にとる場合、人間のものであると「みなされる」転嫁された（imputed）義なのか、あるいは授けられた（imparted）義なのかが問題である。この問題は本論の義化論の箇所でよく検討したい。われわれとしてはこの logizomai に対する川島氏の見解について紹介しよう。氏は5で「不信心な者を義とする神」への信仰をとり上げ、不信心な者とはケーゼマンに拠って「神なき者」に他ならないと断ずる。この「神なき者」を義と認めることは、ある業績を数えて支払うような取引の世界を超える無償な神の恵みといわなければならない。そこに神なきアブラハムの神なき自分を義とする神への信仰の本義がこの恵みの応答、聴従として悟られる由縁がある。

われわれはさらに「ガラ」のキリスト論の探究を進める。今度は東京神学大学で教えられた新約学者山内 眞氏の注解書（二〇〇二年）[54]にとりかかりたい。氏はこのテキストに「律法の業に拠る人たち」が結局神の呪いをうけることをまず読みとる。なぜなら救済史的なパウロのヴィジョンに従えば、「律法の目的は人間を違反へと導き、神の怒りをもたらすところにあるからである」[55]。その呪いからの解放は、呪いを担って磔刑に処せられたキリストへの信仰に拠る以外にはない。そのキリストへの信仰とアブラハムの信仰とはどのように関わるのか。ここで氏は9に注釈し、信仰の人アブラハムの信仰と信仰による人たちの信仰の内容を、「ロマ」四17、22、23‐24を援用して説明する。すなわち、アブラハムは死人を生き返らせ、無から有を呼び出された神を信じたが故に義とされたことと「わたしたち」が主イエスを死人の中から復活させた神を信じる故に義とされることとの間の予型論的対応関係において、「信仰」の意味内容が明らかになるというのである。ここでわれわれが注目したいのは、復活のキリストに与って永遠の命に導かれゆくという筋が「ロマ」四―五21に見出され、

54 （山内・ガ）

55 （前掲）一八五頁。

この信仰はわれわれが吟味した六1－14で復活論につながっていく点である。

次は新約学で新進気鋭の学者浅野淳博氏の注解（二〇一七年）[56]を瞥見したい。

氏は本ペリコペーが信仰義認論をテーマとし、伝統的に重要視されてきたテキストであることを確認し、6における「アブラハムが神を信じた」という句で一般的な訳「信ずる」を「信頼する」と訳し変える。それはアブラハムが神の祝福の言葉を聞き、未来を神に委ね（heemin）ハランの地を旅立った出来事からも知られるように、信頼に足る神とその神に信頼する関係性を表現する訳し変えであるという。このアブラハムの信頼は現代的広がりをもつものである。ところがアブラハムの子孫イスラエルは神との契約とその約束である律法に不誠実で遂に神の呪いを蒙り捕囚の憂き目を招いた。その神の祝福に対比的な、捕囚に帰結する呪いが「律法の呪い」と呼ばれる。しかし律法自体は契約の民の生き方を示す道標として本来善いもの、「養育係」（ガラ三24）なのである。この律法の呪いをイエスが十字架に掛かり自ら呪いとなって担い、「わたしたち」を解放した（13）。そこにパウロの救済史的なヴィジョンが窺える。さらに浅野氏はパウロの聖霊観に言及する。すなわち14における「神の霊は契約の終末的成就という宇宙的な出来事に関与すると同時に」キリスト者を霊の実りを生み出す生に導く（ガラ五16－24）[57]。その意味でパウロの黙示思想的なヴィジョンが発露されているわけである。

他方で浅野氏は、ルター的ブルトマン的な実存論的信仰解釈を今日的生の観点から是とする。すなわち、律法遵守は自己義認を生み、神への信頼の代わりに自力的功徳を目指す神への背反である。これに対しこの実存論は今日のキリスト者が「自己本位的な生き方を吟味する機会」となる意味で評価されるというのである。

以上のようにわれわれは「ガラ」三6−14のペリコペーに関する注釈を手がかりにキリスト論を考究してきた。今その要点と重要テーマを示しておこう。ロングネッカーは、本ペリコペーは信仰義認より、異邦人を含むアブラハムの福音のひろがりを語るという。川島やケーゼマンは、信の義化とは神の恵みに対する応答と考える。山内は死者を生き返らせ、無から有を生む神への信とイエスを死者の中から復活させた神への信との間の予型論的対応関係を通して信の意義を明らかにする。それは復活に導く。浅野はルター・ブルトマンによる信仰義認を現代人の自己反省のモデルとして捉える。そしてパウロの契約の終末的完成とキリスト者の霊の実を結ぶ生との源動力としての聖霊観を示唆する。最後に今唯一点解釈上の問題が謎として残っている。それは13aにおける「キリストの呪いがどのような意味でわたしたちが呪われている律法の呪い」から贖い出したのかという問いである。ロングネッカーは、an curse exchange と説明したが、それは十分とは言えない。そこでわれわれは「ロマ」四

56 (浅・ガ)

57 (前掲) 二七五頁。

および先に解釈した六1‐14をも手がかりとして如上の問いに大略応答したい。キリストは十字架で呪われて死に葬られた。「ロマ」六1‐14では、そのキリストは神によって甦らされたと語られる。それは律法の呪いがキリストの復活によって完全に廃棄されたこと、加えてキリストに属する人々が復活の光に与って律法の呪いから解放されることを意味しよう。「ガラ」三13はこのように磔刑死と復活の文脈で捉え直したとき十全にその意味を開示するのではあるまいか。しかし一般の釈義がそこまで解釈しないのは、「ガラテヤ」そのもののテキスト中に、磔刑死と復活の連関にふれられていないことが要因であり、だから釈義はその方法・性格上そこまで語れないのであろう。この点はこれで措くとして、次に協働体・カリスマとの関係でキリスト論を考究したい。テキストは「一コリ」十一23‐26と「一コリ」十二である。

2―3　主の晩餐　「一コリ」十一23‐26

23わたしがあなたがたに伝えたことは、わたし自身、主から受けたものです。すなわち、
主イエスは、引き渡される夜、パンをとり、24感謝の祈りをささげてそれを裂き、「これは、
あなたがたのためのわたしの体である。わたしの記念として、このように行いなさい」と
言われました。25また、食事の後で、杯も同じようにして、「この杯は、わたしの血によ

って立てられる新しい契約である。飲む度に、わたしの記念として、このように行いなさい」と言われました。[26]だから、あなたがたは、このパンを食べこの杯を飲むごとに、主が来られるときまで、主の死を告げ知らせるのです。

われわれはまず司牧者であり新約学者でもある上述のR・ヘイズの注釈に拠ろう。「一コリ」十一23-26は「主の晩餐とその制定」に関わる。この点についてすでに多くの研究と議論が積み重ねられてきたので、われわれは以下の諸注釈の参照において大略テーマをしぼって考察することとしたい。

ヘイズだけでなく多くの注釈者は、ここでパウロは初期キリスト教の伝承を受けて伝えているという。それは23の「あなたがたに伝えた(paredōka)」ことは、「わたしが主から受けた(parelabon)」ことであるという表現によって確認できる(十五3も参照)。「主から受けた」とはこの伝承が主にさかのぼることを意味している。その伝承は冒頭で「主イエスは、渡された(paredideto)夜」から始まる。ヘイズは、そこで23のparadidōmiの二回にわたる使用「paredōka(伝えた)、paredideto(渡された)」に注目する。二回目のparedidetoは、一般にイエスがユダの裏切りによって権力者に「引き渡された」という意味で解釈されている。しかし「ロマ」四25では「イエスは、わたしたちの罪の故に死に渡された(paredothē)」と神的受動形が用いられ(つまり神がイエスを死に渡したことの婉曲的表現)、八32では直接に「神は自らの子を惜しまずに、わたしたち皆のために彼を（死に）渡した」とある。ヘイズはこれらロマ書に七十人訳の「イザ」五十三6「そのわたしたちの罪をすべて主は彼に負わせた（paredōken）」および五十三12b「多くの人のために、彼の魂は死へと引き渡された（paredothē）」の反響を聞くべきだとしている。そうするとパウロはイエスが神の意志に聴従して死んだこと、しかもそれは世を救う神の行為であることとして了解していたと解釈できる。

他方でこの最後の晩餐のテキストには、一般的にパウロ＝ルカ型とマタイ＝マルコ型の二形態が見出されるとされている。しかしヘイズはむしろ主の晩餐の総体的意味である記念（anamnēsis）に注目すべきだとする。すなわちパウロは教会にパンと杯という象徴を通してイエスの死を想起（anamnēsis）させようとする。それは「出」十二13‐14において過越しがイスラエルの民にとって記念すべき解放となったように、イエスの死（死から生への過越し）が人々にとって記念すべき罪からの解放になったことの想起に他ならない。こうして信仰協働体はイエスの死を人々のための新しい契約として理解し、エウカリスティアの祭儀を行いつつ、主の再臨（パルーシア）を待つのである。

2—4　カリスマ論　「一コリ」十二1-31a

ここでは「色々な賜物と一つの霊」をめぐってのパウロの神学的見解が窺える。テキストの引用は長くなるので、次に主要な部分の引用にしたい（一コリ十二1-13、27）。

[1]兄弟たちよ、「霊」の賜物については、ぜひ次のことを知っておいてもらいたいと思
います。[2]あなたがたは、自分が異教徒であったとき、惑わされて、口のきけない偶像の
もとへ連れていかれるままになっていたことを知っています。[3]それで、はっきり言って
おきますが、神の霊によって語る者は、誰も「イエスは呪われよ」とは言いませんし、ま
た、聖霊によらなければ、誰も「イエスは主である」と言うことはできません。[4]霊の特
別な恵みにはいろいろの種類がありますが、恵みをくださるのは同じ霊です。[5]奉仕には
いろいろの種類がありますが、仕えるのは同じ主に対してです。[6]働きにはいろいろの種
類がありますが、すべてのもののうちにあって、すべてのことを行われるのは、同じ神な
のです。[7]人それぞれに霊が現れてくださるのは、全体の利益のためです。[8]すなわち、
ある人には霊を通して知恵の言葉が、ある人にはその同じ霊によって知識の言葉が与えら
れ、[9]ある人にはその同じ霊によって信仰が、ある人にはその唯一の霊によって病気を治
す特別の恵みが、[10]また、ある人には奇跡を行う力が、ある人には預言、ある人にはいろ

いろな霊を見分ける力、ある人にはさまざまな異言、ある人にはその異言を解釈する力が与えられています。[11]以上すべては、唯一の、また同じ霊の働きであって、霊はお望みになるままに、人それぞれに恵みを分けてくださるのです。

[12]体は一つでも多くの部分があり、体のすべての部分は多くあっても一つの体であるように、キリストの場合も同じです。[13]実に、わたしたちは、ユダヤ人であれ、ギリシア人であれ、奴隷であれ自由な身分の者であれ、洗礼を受けてみな一つ霊によって一つの体に組み入れられ、また、みな一つの霊を飲ませていただいたのです。

[27]さて、あなたがたはキリストの体であり、一人ひとりその部分なのです。

①ヘイズは十二章全体のテキストの構造を次のように分析する。

(1) 導入部。聖霊がキリスト教の告白の根拠である（1－3）。

(2) 聖霊の現れ。一つの源、一つの目的（4－11）。

(3) 身体（ソーマ）の比喩。多様性と相互依存（12－26）。

(4) 適応。教会における賜物（charismata）と職務・働き（energēma）（27－31a）。

それでは以下で上述の分類項について特にヘイズ的解釈の特徴について参究したい。

(1) まず十二1でパウロが霊的なことがら(pneumatika)に言及する時、コリント人が自分たちこそ、礼拝における霊の現れ、天使の異言(十三1)などに関し霊的権威者だと誇り自認していたことを前提としているとされる。だからパウロは4でpneumatikaの代わりに、賜物(charismata)を用い、霊は自分の力に拠らず、神からの恵み(charis)であることを強調するわけである。コリント人はかつては偶像に仕える異教徒であったが、聖霊によって「イエスは主である」と言うことができる。今や特別な霊はなくとも、聖霊の力の領域に生きている(12－13のテーマへつながる)。

(2) 次にパウロは教会における神の三つの働きから三一的な神の経験をする。その第一は聖霊とその働きの現れである諸々のカリスマ(4)、第二はキュリオス・イエスの奉仕の働き・diakonia(5)、第三は父なる神の働き・energēma(6)である。ヘイズはしかしこの働きは相互に関係してあり、余り区別しない方がよいと注釈している。そして5で奉仕を語ることによって、4における霊的現れを特別視して誇るコリント人を謙虚へと招く。というのも各人に現れる霊の働きは、全体の利益に向けられているからである(7)。8－10ではテキストが示すように、同じ霊が各人に分ち与える霊の多様なカリスマが列挙されている(11)。

(3) 第三はキリストの身体とそこにおける部分である信仰者の多様と相互の絆に関するパウロのヴィジョンである。キリストは多くの信仰者からなる一つの身体である(12)。ユダヤ人やギリシア人、奴隷や自由人などは洗礼を受け一つの霊によってみな一つのキリストの身体に組み入れられている（13）。ヘイズによるとこの場合の洗礼は水の洗礼ではなく、協働体が霊の力に浸されて一つになるという象徴的な出来事を意味する。

身体の比喩は次の二つのテーマを告知する。一つは、身体は目や耳の違いがあるように多くの部分から成ること（14-20）、第二は協働体の強い人は、弱い人を軽んじないことである。ヘイズは、霊的働きの強弱が協働体を分裂させたのでパウロは相互の配慮・一致を語ったのであろうと言う。

(4) 第四はカリスマと職務に関連する。パウロはカリスマの中に「人の世話をする援助者(antilēmpseis)」と「管理する人(kybernēseis)」とを挙げている（28）。このことによってパウロはコリント人が誇る超自然的カリスマだけでなく日常底の働きを重要視し、すべての信徒が一つの霊で結ばれている絆の地平を際立たせている。霊の賜物はあくまで全体のため、教会という身体をつくり上げるためなのである。以上のようにヘイズの解釈の特徴は、協働体における霊的エリートの謙遜の強調と皆が一つの霊に浸されて働く一致の自覚とを際立たせている点に求められよう。

最後に「イエスは主である」（3）という告白は、キリスト者がこの世の皇帝、支配者、偶像（金力、権力、地位など）に属するのでなく、霊的な至高な価値をもつことの宣言であり、現代社会への福音的メッセージと言えよう。

②続いてR・F・コリンズの「一コリ」十一23-26の注釈を考察したい。[58] コリンズは、一九七〇—九三年にわたってベルギーのルーヴァン・カトリック大学の新約学の教授であった。

このテキストはそもそもコリント教会内での信徒の分裂を背景に、分裂を引き起こした信徒たちの個人的食事は主の晩餐ではないことを説き、主の晩餐とは何かを説明する。その際パウロは、ラビ的な表現が用いられている初期キリスト教の伝承を用いるわけである。

コリンズに拠れば、パウロ＝ルカ型の伝承は、マタイ＝マルコ型の伝承にはない五つの固有な特徴を含むという。それはイ．感謝の祈りをささげること（eucharistēsas, 24）、ロ．「あなたたちのために」（to hyper hymōn）、ハ．想起、記念（anamnēsis）の定式である「わたしの記念として」（24）、ニ．杯が「新しい契約」であること、ホ．「食事の後で」（25）の五要素である。このテキストにはパンの儀式に対し、杯の話しが儀式化されていないというバランスの欠如が見出される。「食事の後」に杯の話しが語られるのもその一つである。

これはこのテキストの歴史的伝承的性格を示すとされる。パウロの伝承への付加は、イエスとキュリオスとの同定である（23）。マタイ＝マルコ型ではイエスの名だけが語られている。パウロはキュリオスの権威によって分裂しているコリントの協働体に訴えたと思われる（十

58 (SP, 1C, C)

一17-22、27、32）。このいわゆる最後の晩餐は、新しい契約（エレ三十一31）の食事であり、主のパルーシアまで祝祭され、主の死を告知する記念（anamnēsis）なのである。

このアナムネーシス（記念）の定式は、ヘレニズム的性格というよりユダヤ教の想起（ZAKAR）の伝統に根差している。[59]「わたしの記念として」（eis tēn emēn anamnēsin）という形式は七十人訳に定冠詞はないが四回見られる（レビ二十四7、知十六6、詩三十七1、六十九1）。

この「記念として」はヘブライ語の l^e zikkārōn に対応する。この神の過去の救いの出来事の想起は神自身を想起することであり、それは現在の救いの根源であることを示す（例えばユダヤ人の家族は過越しの祭りにおいて「出エジプト」の過去を想起し、今現在自分たち自ら祖先の救いに与る）。だから想起・記念は心理学的なことではなく、過去の現在化に他ならない。こうした意味でパウロはキュリオスの死を告知する。この告知のエウカリスティアの祭儀は、福音的宣言、すなわち主イエスの死と復活を通しての新しい契約の民の救いの宣言なのである。だから主の死への言及は、十五章の復活論を予告している。またイエスは協働体の内の弱い人のために死んだ（八11）のだから、コリント人の個人的な食事における不平等は、主の晩餐の精神から逸脱していることになる。

実際パウロは、主の晩餐の制定において主の身（パン）と血（杯）に言及するが、それ以前にやはりエウカリスティアの杯とパンについて語っている（十14-21）。そこでは信徒がキリストの血を飲み主の身体を食べ、主と一致しつつ、相互に一つの身体となって一致することが強調されている。このようにエウカリスティアは協働体・教会の一致の根源であることがコリント人に明示されているわけである。この文脈においてこそ、十一17－34が解釈できる。そこで今予め断っておきたいことがある。それはこのキリスト論において、どうしてエウカリスティア制定のテキストをカリスマ論（十二―十四）の前に提示し考察するのかという問題についてである。

われわれの解釈は以下の通りである。すなわち、ヘイズも指摘したように、プネウマチカ（霊的な賜物・現われ）についてコリント人の中には自分たちを霊的エリートとみなして目立たない平凡なカリスマ、例えば「人の世話や世話人の配慮」のカリスマ（28）、「励ましたり、施したり、主宰的活動をしたりする」カリスマ（ロマ十二8）を軽視する信徒がいたからである。それは協働体の分裂と混乱を招く。最高のアガペーの賜物（十三）に反する。従ってパウロは罪人である人間のためアガペーに拠って自らを磔刑に委ね、復活し、そして弟子たちを一体としたイエスの生涯と新しい契約であるエウカリスティアとを、カリスマ・プネウマチカが発揮され、協働体全体が建てられる根源としてまず語ったのだと思われる。以上を念頭において次に十二1－31ａに関するコリンズの解釈に参究していきたい。

59 （記憶）を参照されたし。

コリンズは十二1-31a全体の構成をキアスムスとする。キアスムスとは、交差軸対応配列法とも訳される聖書の修辞的表現法である。例えば、A、B、C、B′、A′という順の五つの文章をもつ文において、AとA′、BとB′が対応し、そして交差する中心のCが作者のメッセージを表す表現法といえる。この十二1―31aの場合のキアスムスは、A（1-11）、B（12-26）、A′（27-31a）である。Aは1-3における聖霊により「イエスは主（キュリオス）である」と告白できるという原則的な神学的示し、4-11のカリスマのリストになっている。Bは多様な部分をもつ一つのソーマ・協働体に関するパウロの中心的議論となっている。A′はキリストの身体における多様なカリスマの働きと統一を述べる。ただしカリスマのリストはAのそれと異なっている。

まずAのカリスマに関するコリンズの特別な指摘を紹介しよう。それは霊の識別に収斂する。当時のコリント人は特別に霊の識別をしていなかったか、霊の識別を直感的になしえなかったであろう。だからパウロは、キュリオス告白を通してしか霊を識別せざるをえないとしたのであろう（2-3）。すなわち、「イエスは主である」と告白する人は聖霊をもつ。これに対して「イエスは呪われよ（anathema）」という人には聖霊が宿っていないのである。コリンズによるとU・ヴィルケンスとJ・D・G・ダンなどは、この呪いは霊的グノーシス的エリートが地上のイエスを誹謗中傷するために用いたと考えた。果たしてそうだろうか。2を見るとかつてコリント人が異教徒だった時、「口のきけない偶像の許に連れていかれるがままだった（apagomenoi）、惑わされて（hōs an ēgesthe）連れていかれた」と言われる。コリンズによると、コリント人たちは「口のきけない偶像」によって「driven」された、つまり「陶酔の状態にあって駆り立てられ言うがままとなった」ということであった。この自己陶酔はある種の霊による。そうである以上ここでの文脈においては呪いを口にするコリント人は、偶像的デーモン的霊の支配の下で「イエスは呪われよ」と言うことが解る。[60]

次にはAにおけるカリスマの分配の問題に移ろう（4－11）。4－11は4と11の各々が「同じ霊」「配分 diairesis」という表現を含み括り構造によって一つの文学的単位をなしている。注目すべきは4－6に見られる三一的定式である。すなわち、4は同じ霊が多様なカリスマを分配するとされ、このカリスマのリストは7－11に列挙される。5は同じ主キリストが多様な奉仕（diakoniai）を分配するとされ、12－26でキリストの身体における各肢体の奉仕が述べられる。6は同じ神がいろいろな働きを分配し、キリストの身体のすべてにおいて働くという。その働きは28－32で述べられる。以上霊・キュリオス・神の言挙げは三位一体論ではない。むしろ協働体の交わりを強調する三一的定式と言えよう（二コリ十三13）。

実際に7では、霊の現れ（phanerōsis）は教会の共通善のためであるとし、霊的エリート（三1など）を批判している。8も知識（グノーシス）で傲る信徒（八1－7a、五）に対し、

---

[60] (SP, 1C, C) pp. 446–447.

知識のカリスマをカリスマの列挙に組み入れて相対化している。そのことはコリント人が特に尊重する異言（glossa）をそれを解釈する力と共にカリスマのリストの最後に置いたことからも明らかであろう。

次にBのソーマ論について、特に「洗礼」の意義について考察したい。ダンやフィーなどは、13ａ「一つの霊において私たち皆（pantes）は、洗礼を受けた」と13ｃ「皆（pantes）は一つの霊を飲ませていただいた」との並行関係から、この洗礼は信徒皆の霊の共通体験のメタファーだと解釈する。しかしコリンズは、洗礼には霊の力が働いており、13ｂでパウロは一つのソーマ（身体）に合体させる行為としての、霊に触発された祭儀的洗礼に言及していると解釈する。というのも、まず13での「皆、飲む、霊」は、十4の「皆同じ霊的な飲み物を飲んだ」ことと岩であるキリストから飲んだことを反映しており、次に岩であるキリストから飲むことは十一25のエウカリスティアの杯を指示しえ、そしてエウカリスティアが前提とする洗礼への言及が、十2「（出エジプトの先祖は）雲の中、海の中で、みな洗礼を授けられてモーセと一致した」に予型論的に明示されているからである。つまり、パウロは旧約を予型論的に引用することにより、洗礼、霊がキリストのソーマに人々を一つに組み込む力とレアリティを強調しているというのである。

A′のキリストの身体の統一と多様性に関しては、Aとカリスマの種別はそう変化していない。しかし第一に使徒、第二に預言者、第三に教師などと番号が付されると、使徒のカリスマが第一の働きと思われる。コリンズは使徒は福音を説き信徒のコミュニティを創る働きだとした上で、パウロが使徒の特権を主張しているわけではないとする。実際パウロは手紙の中で使徒を僕、働き人、援助者、管理人などとして性格づけているからである（ロマ一1、一コリ四1－13、十五9－11、二コリ十一7－30、一テサ二7－12など）。パウロは異言のカリスマと同様に使徒をも相対化していると言えよう。

以上の「一コリ」十一23－26と十二の考究に限って、われわれの神学的要約を示したい。第一に、人々は、洗礼によって一つの霊を受け、キリストの身体に合体しており、その意味で信徒は皆平等に霊的カリスマ的と言えよう。第二に、その信徒協働体はパルーシアに至るまで、キリストの身体を食し血を飲み（エウカリスティア）、その死を記念し復活を先取りする。それが協働体一致の根源であろう。第三に、この霊のカリスマを受けた一人ひとりは、全体のために働き、キリストの身体を歴史の中で形成し続ける。そのカリスマの多様をまとめ、さらに全人類的に変容させる力がアガペーに他ならない（十三）。第四に、パウロによる以上のキリスト論的協働体論は、霊的特権を主張するヘレニズム的な秘教に対して「弱く痛める小さい人々」尊重の霊性を告知しうるであろう。また対社会的には、キリスト教的平等と一致が奴隷制も含めた権力支配に対し、人間の霊的超越的価値を示し、間接的な批判となりうる（フィレモンへの手紙など）。最後に、われわれが「一コリ」十一の後に十二をとり上げ連動させたわけは、十一のエウカリスティア的アガペーを基にしてのみ十二のカリスマ的な協働体的一致が可能になることを示そうとしたからである。

③次には前にもとり上げたJ・A・フィッツマイヤーの注解をこれまで通りの順で考察したい。ただし、ここではわれわれの立論が主要な解釈となる。

「Ⅰコリ」十一23-26

最後の晩餐については数多くの議論があり、多くの問題点が指摘されている。ここではまずその歴史性の問題について問うことにしよう。すなわち、ナザレのイエスは渡される夜に弟子たちと最後の食事を祝ったのかという問題である。J・D・クロッサン（Crossan）は、イエスが祭儀的夕食をとらなかったと主張する。つまり、最後の晩餐とは初代教会がイエスの救済史的死を祝祭・記念するための創作であると見なす[61]。

これに対してわれわれはフィッツマイヤーと共に次の六点の反論を挙げる。

一　まずパウロや共観福音書に多くの証明があること。ヨハネはエウカリスティア制定の記事を記していないが、夕食のためにイエスと弟子たちが参集したエピソードを物語っている（十三1-20）。しかも筆者子の見解として洗足の儀はエウカリスティアの本質であるキリストとの一致、弟子相互の一致を語っている意味で、最後の晩餐の意を別の形で表現しているると解釈できるであろう。

二　イエスの食事に窺われる一貫性。すなわち最後の晩餐が救済史的意義を持つのと同様、生前のイエスが特に罪人たちと食事をし、神の国の救いの使命を遂行したことは、イエスの食事がもつ救済史的性格と意義の広がりを示している（Cf. マタ十一19、ルカ十五）。

三　パウロや福音史家の間には、パンや杯に関する言語用法の相違がある。この相違は伝承に対する各著述家の文学的手直しなどであったにしても、それらの相違はイエスの言葉の趣旨を変えているわけではなく、むしろ証している（芥川龍之介『藪の中』）。

四　パウロは最初にコリントに福音宣教をした時に、すでにこの伝承を伝えていた（十一23）。この伝承でパンと杯に関する表現はパラレルでないとしても、その非パラレル性は伝承が受け取られたものとして引用されていることを肯定している。

五　「ヨハネ」六51、六54－55「わたしの肉（サルクス）を食べ、わたしの血を飲む人は永遠の生命を得、わたしはその人を終わりの日に復活させる。わたしの肉はまことの食べ物、わたしの血はまことの飲み物だからである」は、パウロが伝える伝承のエコーとなっている。

六　最後の晩餐の歴史性に関する最大の問題は、イエスがユダヤ人の弟子に自分の血を飲

61（クロッサン）参照。

むように招いたことで、これはスキャンダルに他ならない（レビ七26‐27、十七10）。読者は歴史性との関連でこの問題をどう考えたらよいであろうか。筆者子はこのスキャンダルこそ、最後の晩餐の歴史性の証左であると考える。

第二の問題は、最後の晩餐の起源はケーゼマンの言うような原人のグノーシス的神話からの借用なのだろうか。

エレミアスはこれを批判して、最後の晩餐の背景は、ユダヤ教の過越祭の食事だと考える。つまりイエスは過越しの食事を祝い、それがキリスト教的エウカリスティアになるように諸要素（特にパンと杯）を再解釈した。イエスは旧約の預言者の象徴的行為を採って、最後の晩餐を「あなたがたのため（hyper hymōn）」と言って祝し、その贖罪的性格を強調したわけである。[62]

以上で最後の晩餐の基本的性格について瞥見したので、次にフィッツマイヤーの各節注解で注目すべき点をあげて見たい。

23の「渡された（paredideto）」は未完了動詞受動形で七十人訳「イザ」五十三6（paredōken, 神が主の僕をわれらの罪（複数形）に渡した）、12（paredothē、彼は死に渡された）のエコーとして単にイエスが引き渡された夜の時だけでなく、その救済論的なニュアンスを帯びている（その他にロマ四25、八32、ガラ二20を参照されたい）。

24においてパウロとルカが用いるeucharistēsas（感謝の祈りをささげて）から、エウカリスティア表現が由来することは言うまでもない。

「これはわたしの身体（ソーマ）である」の身体は、25の血（haima）と共に理解された方がよい。というのも、このソーマと血の連関を通してイエスが、食べるパンを弟子に与えただけではなく、自らの十字架と関わる部分、受難する自らの部分を与えたことが明らかになるからである。この身体は続いて「あなたがたのためのもの」と語られている。この表現は明らかにイエスの代償的犠牲の死を表し、旧約の過越しのパンの再解釈となっている。続く「これをわたしの記念（anamnēsis）として行いなさい」について、フィツマイヤーはケーゼマンの解釈に賛同している。以下大略それを紹介してみよう[63]。

イエスは過越用の小羊に見立てられたので（一コリ五7）、彼の死を想起する記念は、過越そのものの記念に取って代った。その含意は十一26で明示されている。つまり、過去の記憶は現在に現前化するのである。従ってアナムネーシスは最後の晩餐におけるイエスとその行為の想起に終らず、それを再現前化させ続ける。コリントの信徒への自覚のためだけでなく、

62（AYB. 一コリF）pp. 430–431.「最後の晩餐」に結実するイエスの食卓協働体運動については、（季節）第六章を参照されたい。

63（Ibid.）pp. 440–445.

今日のわれわれのためにも。イエスの終末論的な救いの出来事の再現前を彼の再臨（パルーシア）に至るまで持続する。

「Ⅰコリ」十二

フィッツマイヤーの十二章に関する概論はこれまでの釈義家と大差ない。ただ「霊の現れ（phanerōsis）」の解釈が本論と深く関わるので大略紹介したい。すなわち、パウロは、霊の賜物・カリスマは単に内的な恵みだけでなく、協働体を建立する外的な働きであることを言うために公益のための「霊の現れ」と言う（7）。この霊の現れの具体は、例えば「ガラ」五22以下の愛、喜び、平和、寛容などに窺えよう。また8における「知恵の言葉（logos sophias）」のカリスマについても、それは内的カリスマだけでなく、キリストの神秘の宣言という現れを意味する。この知恵は、深く二6－13のそれと共鳴すると思われる。こうして霊は、協働体的一致と変容を働き出す。

このようなカリスマ的で協働体を創る成員をパウロは、まずキリストに(12)、次にキリストのソーマに(27)、最後にエクレーシアに(28)配属し同定する。実際フィッツマイヤーは十二章全体では、キリストのソーマの教会論的意義が核心であると述べている。というのも、パウロの初期の手紙（一テサ、ガラ、フィリ）には教会の言挙げがなく、ましてやダマスコ体験の時にもそれはない。パウロはコリント協働体の内紛（誰がパウロにか、ケファにか、アポロにか、それとも他の人に属するのかという分派的言動、エウカリスティアなどの祭儀集会での分裂、個人個人が自分のカリスマを誇る不一致など）に面して次第にキリストのソーマとしての教会像を明白にしてきたと考えられる。また「頭（かしら）たるキリスト」が十分展開されたのは、第二パウロ書簡（コロ一18、24、エフェ一23）であり、そこでは宇宙論的なヴィジョンにおいて、万物の愛であるキリストの視点で「教会の頭」であるキリストに言及されている。この点に注目しておきたい。

最後にキリストのソーマの中に人々を組み込み合体（incorporatio）する契機である「洗礼」について瞥見しよう。十二13ａには「わたしたちは皆、一つの霊において、一つのソーマの中に洗礼で沈められた（ebaptisthēmen）」とあり、13ｃには「みなが一つの霊を飲ませていただいた」とある。この13ａは、一13「パウロの名の中に、あなた方は洗礼を受け属したのか（ebaptisthēte）」と同じ形式をとっており、パウロは伝承を用いて、一つの霊における洗礼が、多民族、多身分の人々を一つのソーマに形成すると述べているわけである。その際洗礼とは、水の洗礼とされる（ブルトマン、シュナッケンブルク等）。このように洗礼と霊の受容が生起し、そこに一つのキリストのソーマが現成する。13ｃについてフィッツマイヤーは、一つの霊を飲むという表現は、水の洗礼を意味し、そこでキリスト者は霊によって沁み通らせられただけでなく、霊を内に受け、互いに一つのソーマを形成すると解釈する。そのことは13ａと13ｃのパラレル性が示すのである。以上は「ガラ」三27－28にも示されている。

　ここで本論がとり上げるソーマ論の重要な地平を示しておきたい。十二28の教会（キリストのソーマ）と十16におけるエウカリスティアのパン（キリストのソーマ）と杯（血）のテキストおよび十一24（あなたがたのためのわたしのソーマ）のテキストの連関から、キリストの教会論的意味は、磔刑のキリストのソーマに溯源し、そこに根拠づけられることが明らかになる。さらに言えば、信徒が自らのソーマを張って生き、キリストの受難と磔刑のソーマと一致することは、復活したキリストのソーマと一致することなのである。[64] この一致は、これから同形化として示されていく。

　本章の神学的要約はすでに一二七—一三〇頁で述べられたので、参照を乞う。

64 （Ibid.）pp. 481–482.

第四章 トーラー（律法）論

序——Covenantal Nomism の地平

パウロのキリストとの出会いは、それまで彼の生と救いに絶対的基準であったトーラー（神の意志・命法）を逆転・廃棄する程の出来事であった。われわれは、この点を念頭において、まずトーラーをめぐってパウロが提出している様々な問題点とそれに関するキリスト教の伝統的トーラー理解やわれわれ自身の疑問点について大略開陳してみたい。

従来のキリスト教のトーラー論の典型は、ルターによってユダヤ教における自己義認の問題に関係づけられて示されてきた。すなわち、ユダヤ教徒はシナイ契約時に神から授与されたトーラー（成文律法あるいは口伝律法）を遵守することによって神に嘉され義化され救われるとした。この救いにはトーラーをもたない異邦人は数えられない。その意味でユダヤ教は半ペラギウス的な選民思想と宗教的排外主義を核心としているとされる。しかしわれわれが先にふれたように、サンダース革命によってこのユダヤ教やトーラー観はくつがえされたと言える。サンダースのユダヤ教観の内実はまだ邦訳に定着していない covenantal nomism（C・N）であった。サンダースによるとその特徴は前にもふれたが次の通りである。[65] ①神はイスラエルを選んだ。②そしてトーラーを与えた。③トーラーは神が選びを保持する約束と④それにイスラエルの民が従う要求の二点を含む。⑤神は民の従順に報うが、不受順・違反を罰する。⑥トーラーは（神との）再和解の手段を提示している。⑦和解は契約関係の維持あるいは再興をもたらす。⑧従順と和解と神の憐れみによって契約のうちに留まる者は皆救いの集団に属する。サンダースによると上述の内の①と⑧は、選びと救いが人の業の成就ではなくて神の憐れみに拠ることを示す。以上のC・Nの型と構造は、前二世紀から後二世紀のユダヤ教の文献の中に一貫して見出される。「一エノク」は明示しないが、C・Nを前提としている。「四エズラ」は、神の憐れみより業を優先している（八33）。これは例外的である。[66]

以上のC・Nを念頭に入れてその枠内でパウロとトーラーの関係の諸問題を考えてみよう。まず神は憐れみによってイスラエルを選び律法を授与しそれを守る者を義として救おうとされた。異邦人も律法に等しいその良心を通して正しいことをする人には神の報いがある（ロマ二6－15）。そうであるのに神は何故キリストを派遣してユダヤ人・異邦人を救おうとされたのか。その場合、特にユダヤ人の側のどのような罪によってキリストは派遣されたのか。もしキリストの十字架と復活によって救済が可能となったのだとしたら、トーラーの意義は何だったのか。トーラーを付与した神は失敗の神なのであろうか。C・Nに生きていたファリサイ人パウロは何が契機となって反トーラーの立場に転じたのであろうか。その際、パウロを支えた信頼や希望は何だったのだろうか。そもそもパウロはブルトマンの言うような人間の悪しき状態（plight, ロマ一18―三20）からキリストの救いを必然と考えたのか。あるいは復活のキリストとの出会いからトーラーやユダヤ人の歴史を観想したのであろうか。この人間の罪悪深重の状態については、第五章義認論において省察することにしたい。

以上のようなパウロとトーラーを中心とする諸問題についてパウロがなした否定的評価と肯定的評価の考察を通して、彼のトーラー論と救済論を展望しよう。

---

65 （PPJ） pp. 422-423.

66 「第四エズラ」（八木誠一、八木綾子訳、聖書外典偽書5、旧約偽書Ⅲ、教文館、一九七六年に所収）。

1――トーラーに対するパウロの態度

パウロのトーラーに対する否定的議論は殊に「ロマ」七に集中している。[67]

1―1　否定的評価

「ロマ」七

1兄弟のみなさん、それともあなたがたは次のことを知らないのですか。わたしは、律
法を知っている人たちに話しているのですが、律法は人をその生きている間だけ支配する
のです。2結婚した女は、夫が生きている間、律法によって結ばれています。しかし、夫
が死ねば自分を夫に結びつけていた律法から解かれます。3ですから、夫が生きている間
に、他の男のものとなるなら、姦通の女と呼ばれますが、夫が死ねば、律法からは自由に
なったので、他の男のものとなっても、姦通の女とはなりません。4さて、兄弟のみなさ
ん、あなたがたもまた、キリストの体との一致によって、律法に対しては、死んだ者とな
りました。それは、あなたがたが、ほかの方、すなわち、死者の中から復活させられた方
のものとなり、神のために実りを結ぶようになるためです。5わたしたちが肉の指図のま

まに生きていたとき、罪に結びつく欲情が律法によって目覚めさせられ、わたしたちの五
体の中で働いて、死に至る実りを結びました。6しかし、今は、わたしたちを縛っていた
律法に対して、わたしたちは死んだのであり、その支配から解かれています。それで、文
字による旧い生き方ではなく、霊による新しい生き方で神に仕えているのです。
7それでは、どうでしょう。律法は罪でしょうか。決してそうではありません。しかし、
律法によらなければ、わたしは罪を知るようにはならなかったでしょう。律法が「貪って
はならない」と言わなかったなら、わたしは貪りというものを知らなかったでしょう。
8罪は掟を通して足がかりを得、あらゆる貪りをわたしの内に起こさせました。律法がな
ければ罪は死んだものです。9わたしは、かつて律法と関わりなく生きていました。しか
し、掟が登場したとき、罪は生き返り、10わたしは死にました。そして、命をもたらすは
ずの掟そのものが、死をもたらすものであることがわたしには分かりました。11罪が掟に
よって足がかりを得、わたしを惑わし、また、掟によってわたしを殺したからです。
12ですから、律法は聖なるものであり、掟も聖であり、正しく、かつ善いものです。13で
は、善であるものがわたしにとって死となったのでしょうか。決してそうではありません。
かえって、罪が罪として現れるために、善なるものを通してわたしに死をもたらしたので

67「ロマ」七に関しては（Paul）pp. 640–666. その内容については本論で後述する。

す。このようにして、罪は掟を通し、限りなく罪深いものとなりました。
14律法が霊的なものであることを、わたしたちは知っています。しかし、わたしは肉の
弱さをまとった人間で、罪に売り渡されたものです。15わたしは、自分の行っていること
が分かりません。なぜなら、自分が望んでいることはせず、かえって憎んでいることをし
ているからです。16もし、わたしが自分が望まないことをしているとすれば、わたしは律
法に同意して、それを善いものと認めていることになります。17それで、そういうことを
行っているのは、もはやわたしではなく、わたしのうちに住んでいる罪なのです。18わた
しは自分のうちに、すなわち、わたしの肉のうちに、善が住んでいないことを知っていま
す。善いことをしようという意志はありますが、行いが伴いません。19わたしは自分の望
む善いことをせず、望まない悪いことをしているのです。20だが、もし、わたしが自分の
望まないことをしているとすれば、それを行っているのは、もはやわたしではなく、わた
しのうちに住んでいる罪なのです。

21それで、善いことをしようと望む自分には、いつも悪があるという原理（ノモス）に
気がつきます。22「内なる人間」としては神の律法（ノモス）を喜んでいますが、23わたし
の五体には別の原理（ノモス）があって、理性の原理（ノモス）と戦い、そして五体の内
にある罪の原理（ノモス）のもとに、わたしを虜にしていることが分かります。24わたし
は何とみじめな人間でしょう。死に定められたこの体から、誰がわたしを救い出してくれ

るでしょうか。[25]わたしたちの主イエス・キリストを通して神に感謝します。要するに、わたし自身は理性では神の律法（ノモス）に仕え、肉では罪の原理（ノモス）に仕えているのです。

われわれは七章を一般的区分に従って三部分に分けてトーラー論を考察したい。①七1－6、②7－13、そして③14－25の三部分である。その際、基本的にケーゼマンの解釈が参照されよう。

①1－6。パウロのトーラー論を考察する前にわれわれはこのトーラーがユダヤ人だけでなく異邦人にも関わる点を確認しておきたい。というのも、第五章「序」で「ロマ」一18―三20のテキストの詳しい考察をするが、今このテキストを概観すると、トーラーの下にいるユダヤ人もトーラーに等しい良心に拠る異邦人も等しくトーラーおよび罪の下にある（三9、19）。つまりパウロは罪というカテゴリーの下にユダヤ人も異邦人も「すべての人」として括ったのである（三12）。従ってロマ七では、ユダヤ人も異邦人もユダヤ教のトーラーの下にある者として考察されるわけであり、律法は普遍的倫理的性格をおびるようになると考えられる。その場合トーラーのいう罪と人類的罪の区別、言いかえればイスラエルの排他的選びおよびトーラー授与の意味とキリストへの信仰による普遍的救いとのギャップをどのように調和させるかの問題をめぐってロマ七のパウロの議論は大いにゆれており、われわれはそ

の議論を統合しうる組織神学をパウロに求め得ないことをも予め注意しておきたい。

以上をふまえて七章に関するケーゼマンの解釈を瞥見したい。彼は七1－6では、六章における旧いアイオーンの罪と死に加えてトーラーが前面に出て議論され、トーラーからの自由が説かれるとする。1－7ではトーラーの内実はそれ程開陳されない。ケーゼマンはむしろ七—八全体のトーラーと霊のヴィジョンを語る。すなわち、「ロマ」一—三や「二コリ」三によるとトーラーはキリスト者の生を外から脅かし続ける世界大に働く力（Macht）であり、それは反福音としてパウロが自分のファリサイ的な過去と対決させられた力なのである。そこに新しい始まりの契機がある。すなわち、キリストへの所属はトーラーの束縛の終止符を実現し、旧き主の代わりに新しい主をうることなのである。トーラーが「ロマ」七では罪の力に代わってクローズ・アップされていることは次のことからも理解できる。七4で「あなたがたはトーラーに対して殺され死んだ者となった（ethanatōthēte）」とあるのに対して、六2以下では「罪に対して死んだ（apethanomen）」と語られ、六と七では罪からトーラーへテーマが移行しているからである。そして八で今やキリスト者はトーラーの力から解放され復活者の下で（霊の）実を結ぶ。以上のような展望の下で、七6における文字と霊を対比する定型句は、二29の文字と霊の定型句を反復し七—八のテーマの序論的要素になっているという。七—八は予め示すなら、洗礼によって付与される霊の支配下においてトーラーは克服されるというだけでなく、キリスト教の本義、つまり霊の力によって不敬虔な者も義とされる、霊支配の新しい世界の始まりの具体を示すのである。こうして1－6はその七～八の地平を披く胎動を秘めているといえよう。[68]

②7－13。ケーゼマンの議論は、豊富な資料を駆使しつつ紆余曲折を経るので難解でありコメントするのも難しいが、われわれとしてはできるだけ彼の解釈を追ってトーラーについて考察を深めていきたい。

一般に七6を八1に直接続ける論もあり、そうすると七7－25は付論にされてしまう。それを回避しようと主にドイツ語圏の聖書学者は7－25を「トーラーの弁明」と考える。実際弁明のモチーフは、9、12、13a、14に見出される。つまり、トーラーは聖で、正しく、霊的だという弁明である。しかしこのテキストでは罪の働きが強調され、人間論も大きなモチーフになるという。そこでケーゼマンは7－13で罪とトーラーと人間論、特に「わたし」表現の主体を問題にする。まず7以下の「わたし」の貪り（epithymia）がすでに起こった出来事であること、「わたし」を肉の弱さをまとい、罪に売り渡されている（完了形、受動）者と呼んでいること、そして八（霊による新生）と七7－13（肉・罪）との対比を考え合わせると、この「わたし」はキリスト教以前の肉的存在がキリスト教的霊の視点で

68（ケ・ロマ訳）三六二－三六五頁。

考えられていることがわかる。この「わたし」は敬虔なユダヤ人パウロの自伝的主体ではない。「フィリ」三6がそれを証示する。また心理学的解釈も通用しない。何故なら心理学は、五12以下から問題となっているアダム論（七では9－11）と矛盾するからである。この「わたし」は救済史的に語られており、すべての人に妥当する意義をもつ文体と言える。ではパウロはどうしてそうした文体を用いたのであろうか。この点は9－11で検討することにして、その前に貪りと罪について考察し「わたし」の問題とつなげていきたい。

7において罪は貪りの力および現実として定義づけられる。「貪るな」と命ずるトーラーによって貪りが知られ生じ暴かれる。この貪りは旧約の「十戒」と関連する（出二十17）。ここでパウロがこの貪りをトーラーの核心・代表例としているが、それはユダヤ教的伝統に拠るとされる。その典拠としてケーゼマンは「第四マカ」、フィロン、そして「ヤコ」一15などの例を挙げている。「一コリ」十5以下では、イスラエルはその貪りの故に一日に二万三千人が死んだと記されている。従って、貪りはトーラー全体に抗する根源悪であり、ケーゼマンによれば「神と隣人に対する自己主張欲であり、そのようなものとして貪りは業績追求の中に現れうる[69]」とされる。

しかし以上のような罪の力はトーラーなくしては死んでおり無力なものである（8）。違反でさえない。従って「ロマ」四15を引き継ぐ罪・違反が死んだものという言明は謎である。しかし「ロマ」七9－11こそその謎を明らかにする。ケーゼマンは諸議論をふまえ、9－11

がアダムにだけ該当することを出発点とする。この物語りが告白の話法および「ガラ」二20のような「超個人的わたし」の文体で語られるのは、アダムの歴史がわたしの現在の歴史に投影されるのではなく、逆にわれわれがアダムの歴史・運命において生きていることを意味する。このテキストは、トーラー発布以前にトーラーなく生きたのはアダム一人だけなのでアダムに該当する。そしてケーゼマンは、アダムが神から善悪の木の実を食べるなという戒めを受けたとき、トーラー全体を受けたとされるユダヤ教の伝承（フィロン『細則律法について』など）に基づき、モーセのトーラー受容と楽園物語が関連するとし、アダムをトーラーの原型的受容者と解釈する。このようにしてアダムにおいてのみ「罪のとげとしての律法の働きの実体の何たるかが明示された[70]」わけである。

それでは次に先に問うたように、パウロがなぜ「アダム」の代わりに「わたし」と言うのかが問題となる。ケーゼマンはここで「集合人格」という概念を適用する。[71]つまりアダムは個でありかつ普遍的な人間を意味する名（集合人格）なのである。だからアダム以降の人間は皆アダムの運命にまき込まれている（五12以下）。人間は神の栄光と義を喪ったのである

69 （前掲）三六八―三六九頁。
70 （前掲）三七三頁。
71 （集団と個）

（三23）。霊の受容者だけが、人がトーラーの支配下に立つ時、アダムの過去の真相、つまりトーラーによって自己主張し、貪りに陥ること、そして今もアダムにまき込まれているのでその貪りの罪を反復することを知っている。だから彼はアダムと自分を同一視し、告白話法「わたし」の文体で語るわけである。

そのわたしを掟（entolē）を通して惑わし殺すのは罪である。罪はモーセのトーラー発布以前に存在している力であり、悪魔的な力である（五13）。この悪魔が光の天使の姿を偽って人を欺くように（二コリ十一14）、罪も偽装して人を欺く。この欺きは何か虚構ではなく客観的である。つまり、人は福音を見失って神と自己に幻想を抱く。われわれはこの幻想こそ、楽園で蛇が人を誘惑したささやき「お前たち人間は神のようになる」（創三4）なのであり、それは人間を殺した欺きであると理解する。

12－13は、10bをさらに深く開陳した総括の句である。罪はトーラーを利用し人間を欺く途方もない力である。1－6における罪は人間の欲情（pathēmata）をひき起こすレヴェルのものであったが、ここでは反神的な貪りという強大な正体を現している。それに対応して掟・トーラーの役割・働きが深刻な否定的性格を現してくるといえる。その本来の善き聖なる性格とは逆説的に（12）。

次のテキスト（14－25）ではさらに罪の力の強大さとそれに応じて掟・トーラーの性格が、わたしのソーマに内在する法則（ノモス）に変じて展開され語られてくる。

③14－25。本テキストの特徴は、第一に、21－25に見られるノモスの語の頻出と意味の相違である。次に、動詞の現在形が支配し、前のテキストと明確に区別される点である。だからといってそこから本テキストはキリスト者の現在的実存をテーマにしているとは結論づけられない。ケーゼマンによれば、ここでは7b－11の描くアダムの堕罪が一転して宇宙論的広がりで考察されている。全体としてトーラーのテーマが後退し、滅びがテーマ化されている。その滅びはまず意欲と行為の矛盾として（14－20）、次にノモスの多義的用法を通して人間の完全な自己疎外として（21－24）語られている。

それでは各節で特筆すべき点をこれからとり上げたい。14cの「肉的な」(sarkinos)は、常に誘惑されうる人間の弱い状態を示し（一コリ三1）、また肉に属する（二コリ十3－4）と同義で、結局、「この世に頽落している人間」を特徴づけるとされる。[72]

それではその肉的な「わたし」とは誰を指しているのであろうか。この肉的な「わたし」は古来「自分の欲する善を行わず、自分の欲しない悪を行う」（七19）という絶望的な葛藤にあり、しかも「わたしの中に宿っている罪」にいわば存在そのものが支配されている人間として多くの人々の共鳴を呼んできたのである。だからケーゼマンは、この「わたし」がアダムの影の中にある人間を指すと述べ、単に道徳的あるいは心理的次元に還元しえないとい

---

72 （ケ・ロマ訳）三七九頁。

うわけである。それではそのような肉的なわたしをどう解釈したらよいのであろうか。その鍵は「わたしは罪に売り渡された」（14c）にある。それは上述の「アダムの影の中にある」とも言いかえられよう。すなわち、彼にとってトーラー遵守とは、人間の自己主張、神への反逆という宗教的様式であり、そこに罪がつけいり、トーラー遵守を人にさらに促し、自ら神の如くなるかのような幻想を人にいだかせ、彼に死をもたらすのである。

このような罪とトーラーの関係は、先にも述べたようにブルトマンによって見事に開陳されていた。われわれはここで、さしあたってブルトマンの洞察を再び想起したい。[73]

われわれはブルトマンの解釈の想起とそれへのコメントを通して七15–20における「神のようになろうとする」自己分裂の内容を大略理解しえたように思われる。そこで残りの21–25を、ケーゼマンによる解釈を参考にしつつ辿ってゆこう。

21は heuriskō の句によって先行の章句を要約し、新しい始まりを画す。それは従来のトーラー論ではない。われわれは21–25にノモスが多義的に用いられていることを見る。ケーゼマンによれば、21のノモス（法則）は、転義的に必然的拘束の意味合いであり、22の「神のノモス」は、肢体の中の罪のノモス（原理）との対立をも許す神の意志を意味する。23の「理性のノモス」と対立するのは、五体の中に巣食う罪の原理（ノモス）であり、このノモスはアダムに倣うすべての実存に妥当するとされる。神は人間において「内なる人」「ヌース（理性）」を拠点とするが、罪の力は人の肢体を拠点とし、肢体を用いて人を操作する。

73 （ブル著8ロマ七）ブルトマンの根本的な問いは、「ロマ」七14－25で描かれた「トーラーの下にある実存の分裂の本質は何か」である。この実存の分裂は単に主体的な意志と行為の分裂にあるわけではない。ブルトマンはそこで「人間的実存一般の超主体的傾向」である「欲する・望む」（thelein）をとり上げる。その意味でこの thelein は、「ロマ」八5－7、27の phronein（思う）と phronēma（思い）、また「ガラ」五17の epithymein（欲する）と通底するし、ここに「ロマ」七7－8の epithymia（貪り）もそこに加えられよう。なぜなら、われわれはこの貪りこそトーラーが引き起こす罪の総体であることを見たからである。ブルトマンは、ここで詳細にできないが、この thelein の対象は個別的な戒め・掟（entolē）の完遂ではなく、生命（zōē）であると考える。そのため「ロマ」一18－七13までの文脈を辿る。いずれにしてもパウロにおいて人間の望みは神に嘉せられる義化であり、キリストとともに永遠の命に与ることに他なるまい。実に「神は死んだ者を生き返らせ、まだ無いものを呼び出して存在せしめる方」なのである（四17）。さてブルトマンの論旨を辿るとトーラー、生命をもたらす掟は、神の要求「お前はかくかくのことを為せ、あるいは為すべからず」として人間に現前する。その時人間が自己（その主体性）を放棄し、神の要求に従い（hypakoē）、神から存在を受ける時に、自己の本来性にある、つまり生命（zōē）となる。これに反して人間が自分で神の要求を処理し、自我性をかかげる時、つまり自ら神のようであろうとする時、自己を喪い、罪が彼の代わりに主体となる（9－10）。トーラーに直面して自己の本来性を望む（thelein）わたし自身の中に、トーラーを自分の義化に用いて神のようになろうとする別なわたしが対立して登場する分裂こそが、ブルトマンの最初に提出した自己分裂の本質なのである。人間は自己の本来性を問題にする〈わたし〉であるが故にこそ、自己の本来性に呼びかけられ、しかしその呼びかけを聞かず（parakoē）自力でそこに至ろうとする。ブルトマンはハイデガー的な用語を用いつつ、アダムにおける「悲劇の誕生」を示唆しているように思える。

従って肢体は六11以下と異なり神から自立し、その結果「わたし」は救われない人間を意味することになる（23）。ケーゼマンはここでアダムの堕落と死（9－11）、ユダヤ人に代表される敬虔な人間の歴史を思い起こし、21－25でパウロが非パウロ的用語によって、すべての人間に共通な特性、奇妙な人間論を提起すると述べる。

例えば、ヌースはギリシア的な身体と対比される哲学的理性あるいはカリスマと異なり、救われていない人間の判断力を意味し、「内なる人間」は、「二コリ」四16の「内なる人」や新しき人・霊的な人とも異なるという。

特にここで肢体・ソーマ性に注目すると、それは本来人間実存の全体が一人の主に仕える奉仕者であることを意味する。しかしここではそのソーマが罪の原理を主として仕えているのである。だからこの場合、人間実存が罪を主として仕え、神と罪との力の抗争に巻き込まれていることが明らかとなる。従って14c「罪の下に売られている」が以下すべての節のテーマとなり、善き意志の無力が際立ってくる。23はその最終的証言なのである。23c「肢体の中の罪のノモス」は23a「肢体の中の別な原理」の反復であるだけでなく、罪のノモス・拘束力が人間存在の深部にまで波及し、われわれの実存全体をとらえていることを示す。人間は一方でその罪を克服できないが、他方で人の被造物としての性格は罪によっても解消されえない。この性格は先述のヌースや「内なる人間」として名残をとどめるが、典型的には24の嘆きに露呈されている。「なんと惨めなのか（talaipōros）、わたしという人間は。誰がわたしをこの死の（tou thanatou toutou）ソーマから救い出すのであろうか」。この形容詞の「惨めな」が、名詞から切り離されて文の冒頭におかれる時、修辞的な「惨めさ」の強さ表現を超えて、絶望を表している。この罪の支配下にあっては、死の力がわれわれのソーマ的存在を規定している。以上からわれわれは、「この死のソーマ」という表現が、死を負う人間存在全体を指すとコメントできるであろう。従って救いはこのソーマからの解放となる（五12以下、六5－14、八23）。このような人間の悲劇・運命を代表する者は、決して道徳的な意味での悪人ではなく、実は敬虔な人間なのである。ここでブルトマンの見解をケーゼマンと共にくり返して語ることができよう。即ち、敬虔な人間こそ、被造物を救おうとする神意に適おうとし、それを掟の自力的実行によって実現しようとする。それは神への従順によってのみ贈与される救いを自ら神のようになって奪いとる貪りに他ならない。敬虔な人間はこのようにして、自己執着と神への背反によって失われた被造物の真相をあらわに示すのである。

それでは24の「わたし」とは誰であろうか。ケーゼマンは、八19以下のテキストでは虚しさに服従させられて救いを求めている自然被造物が、ソーマから解放（apolytrōsis）された神の子たちの栄光の自由に与って救われるという点に着目する。同様に人間も聖霊に援けられ、キリストによってその死のソーマから贖われて救われるのである。つまり、キリスト教以前の敬虔な人間や絶望の状況にある自然が、キリスト教的に解釈される可能性が、このテキストに読みとれるわけである。従って24の「わたし」とは、アダムの影にあり罪に売り渡されている敬虔な人間が、あるいは反神的人間が、神とキリストに拠る贖いと義認を通して救われるというキリスト教的視点で見られふり返られた時の「わたし」である。その意味でパウロの自伝的「わたし」ではありえない。この「わたし」についてはまた第五章の義化論で検討したい。そこでは罪・悪、義化の連関で七24の「わたし」が検討されよう。

次にE・P・サンダースの研究書（Paul）における「ロマ書」七章の解釈に参究していこう。

まずサンダースは六との関連で七の見通しをつけようとする。彼によるとパウロは五のアダム・キリスト論と同様に六でも旧いアイオーン（イスラエルの選びとトーラー授与の時代）と新しいアイオーン（キリストの到来と彼への信の時代）の二つのアイオーンに直面し、二つのアイオーンが同じ神の支配によるとしながらも、両者の調停に腐心する。しかしイスラエルへのトーラーによる救いとキリストへの信による普遍的な救いとを調停できないでいる。異邦人に対するパウロの見解によると、彼らには旧いアイオーンが与えられなかったし、決して異邦人キリスト者はそれを受容すべきでない。しかしトーラーの中には守るべき掟もある。その根幹は隣人愛の掟である（ガラ五14）。他に性や偶像崇拝に関する掟は人間性や理性にも適っており、そうしたヒューマンな倫理には従うべきであると「一テサ」や「一コリ」で説いている（一テサ四、一コリなど）。ところが「ガラテヤ書」からパウロはユダヤ・

キリスト者の律法主義に対し、キリストへの信による救いの絶対性を説くようになる（三1－20）。

さらに「ロマ」七は、ユダヤ人も異邦人もみな一つのトーラーの下にある「すべての民」（三19）のカテゴリーに入るかのように書いている。この点は前にも述べたが、非常に重要な視点なので大略解説しておきたい。サンダースによるとパウロはすでに異邦人の回心者に対してあたかもユダヤ人に宛てるかのように書いた。例えば、妻に対して異邦人のようにふるまってはいけないこと（一テサ四5）、われらの先祖は洗礼を受けモーセと一致した（一コリ十2）など。「ガラ」三22「すべての者が罪の虜となった」はトーラーを一般化している。「ロマ」二12－15では、トーラーの下のユダヤ人とトーラーの下にない異邦人が区別されてはいるものの、異邦人の良心にはトーラーの掟が書かれていると語られ、ユダヤ人も異邦人もトーラーの下に等しく在るとされる。それはまたトーラー概念の拡大にも連動しよう。例えば日本人の良心に刻まれている正義の法は、別にユダヤ的トーラーと直接結びつけないでもすむからである。さらにユダヤ人も異邦人も等しく罪の下にあるとされる以上（三9）、彼ら異邦人を「すべての民」のカテゴリーに入れることは至極容易となる。パウロは異邦人が旧いアイオーンの下にないと議論したにも拘らず、今や誰もがトーラーによって断罪された罪人とみなしているといえよう。このように全人類をトーラーの下におくなら、それはキリストと人間の関係に対して何を意味するのであろうか。サンダースは以上の問いをふまえ、七章を三つのセクションに分けて解釈する。

①第一セクション（七1－6）

この短いセクションでは六における罪への奴隷という人間の悪しき状態（plight）へのキリスト論的解決が決定的に与えられる（七4）。次いで再び肉における人間がトーラーの下で欲情に目覚めて死に至ったというpilghtが述べられ（5）、最後に文字ではなく霊による新しい生き方がplightへの解決として示される（6）。次の7－25では二つの「わたし」が際立って語られる。

②第二セクション（七7－13）

ここでは第一の「わたし」が問題となる。その文脈は罪と掟との相互作用に見られる。ここでパウロは十戒の掟「汝貪るなかれ」を引用し、この掟がなければ「わたし」は貪りを知らなかった。罪はこの掟を利用してあらゆる貪りを「わたし」の中に引き起こし殺したという。ところでこれまで貪りは罪の総体・核心として解釈された（ケーゼマンなど）。しかしそれに対してサンダースは興味深い解釈を提示する。すなわち、パウロが罪が掟を通して「わたし」を殺したという議論に利用できる掟は、十戒中この掟だけだというのである。例えば、罪は「殺すなかれ」という掟に乗じて「わたし」を殺人者にするわけではない、また

「父母をうやまえ」の掟を利用して「わたし」を親不孝者の方向に引きよせるわけではない。従ってパウロはトーラー全体が罪と協働して罪深い行為を生むことへの完全な説明をなしえなかったという。以上のような文脈でサンダースは、9－10aをアダム論的に解釈し、9－13における「わたし」は人類を代表して語るアダムを意味するとしている。このアダム論についてはすでに述べたので省略したい。

③第三セクション（七14－25）

このセクションでは、パウロの手紙の中で最もペシミスティックなplightが語られている。[74] そのため一―七までを概観すると、一―三（すべての人間はトーラーの違反者）→五（アダムの罪によりすべての人が罪を犯す）→六（人間は罪の奴隷となっている）→人間はトーラーと肉の下に縛られ、自らの罪深い欲情に従っている（七1－6）→人間は罪が彼らをコントロールし、悪を犯させ、善をなさないように妨げるので全く絶望的状況にある（七14－25）。ここでは罪がほぼ実体化（personify）されている。このように一―七は次第に悪の状態の絶望化の進展を示している。それではこのような絶望における「わたし」とは誰であろうか。サンダースによれば、多くのプロテスタントは現在形における「わたし」は自伝的で、それ

74　以下の議論については（Paul）pp. 652–657.

はパウロを指すと信じた。つまり、今は義人だがかつて罪の奴隷となり、どんな善をもなしえない時の自己を描いていると。もしそうであるなら、人間は同時に義人であり（justus）かつ罪人である（peccator）ということが永遠の真理となる。つまり人間は、彼らが全く無力で罪の行為しかできないとしても、彼らに（フィクション的な）義を帰属させる（impute）神の法的な決断によって義人であることになる。

しかしサンダースはこの自伝的解釈を退ける。もしその「わたし」がパウロであったなら、彼は他者に悪行しかなしえない以上、福音的宣教をしたり、諸教会に手紙を書くことなど到底できないはずだからである。この「わたし」はむしろ普遍化されており、アダムに代表される人間、「キリストにおいて在らぬすべての人々」を指すと結論づけられる。彼らにとってトーラーは全く無意味、無力であり、自らも罪を避けるに無力なのである。その結論が一転して八章のキリストにおいて在る人間の地平を披く伏線となっていると思われる。

以上でサンダースの「ロマ」七に関する解釈を辿り、パウロにおけるトーラーが、罪、肉、欲情、人間の絶望、そしてキリストのソーマ、文字ではなく霊に仕えることなどの文脈で考察された。その結果、トーラーの全面的な無力とむしろ人間を殺すという否定的な極限的性格が暴き出されたと思われる。それは「わたし」理解の絶望化とパラレルになっているといえよう。

それ故サンダースは、パウロのトーラー否定論が、理性のノモスと戦い人を支配する罪のノモス、その罪の力への神の無力、トーラーを与えた神の摂理の失敗、さらに人間を絶望にまで導く（七23）神の悪意を示唆する極端なペシミスムに陥る以上、トーラー否定論は破綻した議論に終わるという。

以上サンダースのパウロ解釈を辿ってきたが、われわれがそこで唯一サンダースに不満な点をあげるとすると、彼のアダム的な人間論に比べて見る場合、人間の実存の分裂、つまり自己の本来性を志向して、その自力的志向（神のようになると欲む志向）によって逆に非本来性に頽落するというブルトマンやケーゼマンの解釈の方が深くパウロの言詮を洞察していると思える。その解釈の違いは、恐らく「貪り」の解釈の相違にも連関しているのであろう。とはいえ、両者の「わたし」解釈は補完的に考えるべきであろう。この点については後述したい。

1―2 トーラー肯定論

次にわれわれはパウロのトーラーに対する肯定的な評価にふれてみたい。われわれは彼がトーラーを否定する七章の文脈においても、「トーラーは聖なるものであり、掟も聖であり、正しく、かつ善いものだ」（12）、さらにトーラーの格を高めて肉的な「わたし」に対して「トーラーは霊的（pneumatikos）である」（14）と述べ、その地位を肯定しているのを見る。

ここでロマ書以前に書かれた「一コリ」七19をとり上げよう。そこでは「割礼は取るに足らないもの（ouden）、割礼を受けていないことも取るに足らないもの、大切なのは神の掟（複数形）を守ることです」と書かれている。ここで割礼の無視（ouden）はユダヤ教徒にとってスキャンダルである。というのも、割礼はアブラハムとその子孫に命ぜられた神の掟だからである（創十七10）。しかし今パウロは、割礼を受ければキリストは無駄死したことになるという主張をくり返す（ガラ五2）。そして驚くべきことに割礼以外の掟の遵守を説く。フィツマイヤーによれば、[75] パウロはエルサレム会議（使十五5－29）の精神に忠実で、モーセの掟はキリスト者にとっても依然価値あるものだとしているわけである。

それでは最後にトーラーの役割を思索している「ガラ」三19－29をとり上げて考察しよう。

「ガラ」三19－29

19では、律法とは何ですか。それは約束を与えられた「子孫」が来られるまで、違犯を
明らかにするために付け加えられたもので、み使いたちを通して、仲介者の手を経て定め
られました。20仲介者は、ひとりでことを行う者にはいりません。約束の場合、神はひと
りでことをなされたのです。
21それでは、律法は神の約束に反するものなのでしょうか。決してそうではありません。
万一、人を生かすことのできる律法が与えられたとするなら、人が義とされるのは、確か

に、律法によったことでしょう。[22]しかし、聖書は、すべての者が罪の虜になっているこ
とを示しています。それは、約束が、イエス・キリストへの信仰によって、信じる者に与
えられるようになるためでした。
[23]信仰が現れる前は、わたしたちは、律法の下で監視され、信仰が啓示されるようにな
るまで、閉じ込められていました。[24]こうして、律法は、わたしたちが信仰によって義と
されるように、わたしたちをキリストに導く養育係となりました。[25]しかし、信仰が現れ
ましたので、わたしたちはもはや養育係の下にはおりません。
[26]あなたがたはみな、信仰によってキリスト・イエスと一致し、神の子なのです。[27]洗
礼を受けてキリストと一致したあなたがたはみな、キリストを着ているのです。[28]そこに
はもはや、ユダヤ人もギリシア人もなく、奴隷も自由な身分の者もなく、男も女もありま
せん。あなたがたはみな、キリスト・イエスにおいて一つだからです。[29]キリストのもの
であるなら、それこそ、あなたがたはアブラハムの「子孫」であり、神の約束によって、
その恵みを受け継ぐ者なのです。

始めにC・B・カウザーの注解書（一九八七年）のテキスト解釈を参考にしたい。

---

75 （AYB, 一コリF）p. 308.

カウザーによれば、「ガラ」三6－29のテーマは「真のイスラエルとは誰か」ということである。

6－14では、すでに大貫説で論じたように（一章33－34頁）、神が自分の独り子をその磔刑を通してトーラーの外に投げ棄て、トーラーの力の無力となる場を創り、キリストの磔刑を通して、そこにあらゆる人々を迎え容れ、新しい創造物（kainē ktisis, 六15）を創造したということが要点である。

以上の文脈にあってパウロは、新しい創造物にとってのトーラーの意味とその再定義を問題とする。なぜなら、トーラーは、捕囚後にエズラによって再興されたユダヤ教の核心だからである。

15－18ではその問題が、トーラー授与以前になされたアブラハムの信に対する神の約束と祝福（十五5－7、十二2－3）という創世記物語りを通して解決される。すなわち、神の約束は割礼の命令（十七10－14）やトーラー授与以前にアブラハムとその子孫（単数形でキリストを指す。創十五18、十七7－8、二十四7）に与えられたのである。カウザーによると、パウロはトーラーがこの世界よりも古く、創造の業の一端を担うとしたラビの考えをこのテキストを通して逆転しようとしたと指摘している。[76]

19－25のテキストは、本格的にトーラーの再定義を示そうとしている。すなわち、トーラーはキリスト到来まで、違反（複数形）を明らかにするため、仲介者モーセの手を経て定められた(19)。続けてカウザーは次のように解釈する。トーラーは人の無意識な悪行を、自覚的な故意の不従順に変えた。悪行を法的な犯罪とした。聖書、つまりトーラー(カウザーはここで聖書とトーラーが同義的に用いられているとする)は、「すべての者が罪の虜になっていることを示す」(22)以上、人のすべての行為を罪に引き渡したわけである。信仰が現れるまで、人間はトーラーの下で監視され、閉じこめられていた(23)。ここで「閉じこめられる」とは、トーラーが人間に救いへの可能性を閉じ、それによってイスラエルに「新しい時代の到来と約束の成就」、つまりキリストへの信仰の地平のみに目を向けるようにしたとの意味である。その意味でトーラーは養成係(パイダゴーゴス)とされる。キリストは、このトーラーの下での養育と閉じ込め、呪いから民を贖うのである。

他方パウロは、トーラーを肯定し「律法全体は、隣人を自分のように愛せよという一句を守ることによって果たされる」(五14)と述べている。キリストはさらに霊を人々に与え、霊の結ぶ実は愛に他ならない(五22‐23)。

キリストはこの愛の霊でトーラーを完成するのである。その意味でカウザーによれば、十戒も「キリストの光の下で読まれる時、神の愛の意志が何であるかについての積極的な指針となる」と語る。[77]以上のように一方で旧いアイオーンの中では、トーラーは呪いであり、人

76 (カウザ・ガ) 一三一―一三二頁。

を義としえない。しかしパウロは、キリストの磔刑死を通してその呪いが解かれ、霊と信望愛の新しい創造・アイオーンが始まったと語る。そこでは割礼などを除き、十戒のような掟が愛の光の中で積極的に神の意志を示す道標となりうるわけである。

次にわれわれは、R・N・ロングネッカーの注解（WBC, Gal, Long）を手がかりに、トーラーの意義の考察を深めよう。

彼によると一般に三1－18のアブラハム論がガラテヤ書の中心テーマであり、トーラーと信仰に関わる三19－四7は無視されがちであるが、これは誤りであるという。というのも、もし「ガラテヤ」に登場するユダヤ人キリスト教徒が、パウロのキリスト教の使信に対立する者というよりも、むしろパウロの使徒職を補足しようとするユダヤ教的掟（nomism）の擁護者であるなら、パウロはこの nomism がキリストの福音を台無しにしてしまうことを知っていた。そこで彼はアブラハム論によって律法主義（legalism）を反駁した後に、ユダヤ人キリスト者の掟尊重主義（nomism）に関する反論（三19－四7）を始めたからである。

われわれがとり上げる三19－25を、ロングネッカーは三つの部分に分けている。第一部分である19－20では主な問題を提起し、第二の21－22では、補足的な問題を提起し、第三の23－25では、de（それでは、さて）を通して第一と第二を結合し、nomism とそれが強要する生き方に反論している。主なテーマは、「トーラーの下で生きること」、つまり「paidagōgos, 養育者の下にあること」である。

ここでロングネッカーの注釈でもインパクトのある点を辿りつつ、トーラー論の考察を進めていきたい。

19節は前のテキストを承け「では、トーラーとは何か」と問う。この問いは五つの強調語で分節されるという。

①「付け加えられた」(prosetethē, アオリスト受動形)。この文ではトーラーが主語で、アブラハムへの約束に従属的に付加されたことを示す。

②「違反の故に」(tōn parabaseōn charin)。charin(故に)の用法は、二つの意味を示すという。(イ)認知的用法で、違反だと知らせるための意味、次は(ロ)原因的用法で、違反を増すための意味である。(イ)は「ロマ」三20「トーラーによっては、罪の意識が生ずるだけだ」に対応し、(ロ)は「ロマ」五20「トーラーが入り込んできたのは、罪が増し加わるためだ」に対応する。ロングネッカーは、(イ)の方が文脈に合うとしながらも、広く(イ)(ロ)を含んだ理解でよいと解釈する。要するにパウロの趣旨は、トーラーを神が与えた目的は違反を明らかにする為で、ユダヤ教律法主義(legalism)の様に人を義とするとい

77 (前掲)一三八―一三九頁。この意味で、現代のユダヤ教哲学者M‐A、ウァクニンの十戒解釈をハーヤー的視点で解釈した論文(季節、一五五―一六八頁)を参照されたい。

うためでも、ユダヤ人キリスト者の掟尊重主義（nomism）のようにトーラー遵守によって信徒を一層完全にするというためでもない。

③ユダヤ教では、トーラーは永遠であると考えられていた（知十八4、ヨセフス、フィロン、ユダヤ教黙示録など）。しかしパウロは、約束の「子孫」、つまりキリスト到来がトーラーの有効期間に終止符を打つとする。

④トーラーは、神による直接のアブラハムへの約束ではなく、仲介者モーセの手を経ているので約束に劣る（19－20）。しかし神は約束とトーラーの授与者なので両者は根本的に対立するわけではない（21）。22のgraphē（聖書）は、ロングネッカーによるとトーラーと同義ではなく、三10で引用される「申」二十七26を指し、22の「罪の下にある」は10の「呪いの下にある」に対応するとされる。

こうしてパウロは、一方でトーラーは増え続ける罪の知をもたらし、人間全体を罪の下に閉じ込め断罪する役割を果たすが、他方でそれは神の摂理を通して約束がキリストへの信によって信ずる者・異邦人にも与えられる為であるとして、トーラーと約束を摂理の異なる次元での協働とするわけである。23は本質的に22とパラレルになっている。24－25は、paidagōgos（養育係）としてトーラーを喩えているが、それは信仰によって「わたしたちが義とされるように」キリストへ導く役割を果たすためのものである。

以上からトーラーは、断罪するという否定的意味をもつが、他方でキリストへの信に導く養育係という肯定的意味をもつのである。

ロングネッカーは最後に今日の教会の在り方に言及し、教会は legalism に反対であっても、他方で敬虔な宗教を中心に、ユダヤ・キリスト教徒のように nomism に陥っている人々が多いと警告を発している。それは「キリストにおいて在る」という存在の根源の忘却につながるからである。

次に、先にも引用した浅野淳博の注解書（二〇一七年）を参考に、トーラー論をさらに深めていきたい。浅野氏の主旨でわれわれが特に強いインパクトを受けるのは、今日に至る諸民族の相生一致を告げ実現するのが神の契約（創十二3、ガラ三8）・約束だという点である。すなわち、「神の永遠の契約にも拘らずイスラエルは不誠実（例えば、金の子牛事件、筆者注）を示し続けたので、契約における生き方を示すためモーセを通して律法が与えられた」（出三十二—三十四）[78]。律法はこの契約違反を明らかにし、人類を含む被造物全体をアダムの不従順の結果として罪の下に閉じ込めたのである。それは「子孫」が来るまでの間である。この「子孫」とは、キリストに属する一つの民である（三29）。すなわち、ユダヤ人は来るべきその信頼性（pistis）が啓示される（apokalyphthēnai）まで閉じ込められたが、今やキリストの神に対する誠実・信頼性が啓示されたのである。浅野氏の解釈において特筆すべきは、

78　（浅・ガ）二九二頁。

この啓示の語に神の子がパウロに啓示された改宗体験を洞察していることである（ガラ一16）。これは「二コリ」三16にも窺えるとされている。この「子孫」の到来を通し、イスラエルを超えた一つのキリスト協働体の実現が始まり、諸民族が各々の自律を保ったまま祝祭的な一つの相生空間へ跳入したのである。パウロは具体的にその相生を「ガラ」三28でうたい上げ、世に道標として突きつけた。

以上の諸考察からわれわれは、パウロが一般的にトーラーを全面拒否するのではなく、大旨受容していることを読み取りうる。カウザーは、キリストの愛において十戒などは神への道しるべになると語っている。しかし原則的には異邦人キリスト者はトーラーから全く自由であるとされた。そしてユダヤ人も含め、諸民族の終末論的相生を説くパウロにとって、断然受容できない掟は、ユダヤ人と異邦人とを分離する掟に他ならない。それは割礼、食物規定、安息日規定であった[79]。ユダヤ人たちは当時これらの律法遵守によって将来の救いの担保を今有っていると確信しえたのであった。

それでは結局パウロは、神の摂理におけるトーラーの意義をどのように評価し定めようとしたのであろうか。

2――パウロのトーラー論と救済論（「ロマ」九―十一）

1―2（本章157頁以下）におけるパウロのトーラー肯定論（割礼、食事、安息日に関する規定は除く）の根拠は、キリストの到来における異邦人とユダヤ人とを新しいアイオーンの民とする愛に基づくと要約されよう。そこにはロングネッカーも言うように、キリストの到来という救済史的視点にトーラーの養育的役割が位置づけられていると解釈できる。われわれはそこでパウロの壮大な救済史観が窺われる「ロマ」九―十一をとり上げ、その粗筋を辿ってみたい。

パウロがその救済史を開陳する動機は九章に述べられている。彼は肉における同族のユダヤ人によるキリスト拒否について心に深い痛みを以ってその運命の行方を問うた。そのことが、彼のイスラエルの運命に発する救済史的考察の動機といえよう。それではユダヤ人のキリスト拒否とはどういうことか。パウロは述べる。「わたしは、彼ら（ユダヤ教徒）が神に熱心に（zēlon）仕えていることを証しします。しかし、それは、深く知った上での熱心ではありません。何故なら、彼らは、神の義（tēn tou theou dikaiosynēn）を悟らず、自分の

[79]（パウロ）一八〇―一八三頁。（何を）二五七―二五八頁。

義を立てようとして（tēn idian〔dikaiosynēn〕zētountes stēsai）、その神の義に従わなかった（ouch hypetagēsan）のです。キリストは律法を終わらせました（telos gar nomou Christos）。それで、信ずる者はみな、義とされるのです（eis dikaiosynēn）」（十2－4）と。異邦人は信仰による義を得たのである。すなわち、彼らは「口で、イエスは主であると宣言し、心で、神はイエスを死者の中から復活させたことを信じ」（十9）救われたのである。その信においては本来「ユダヤ人とギリシア人の区別はない」（12）。これに反し、ユダヤ人は、トーラーの義を追求した。しかもイスラエルは、パウロの福音を聞いたのに福音を拒否したのである。しかしパウロは、にも拘らずイスラエルの運命に絶望しない。その根拠こそ、「残りの者」（leimma, ヘブライ語でSheAR）の伝統あるいは思想なのであり、パウロはヤハウェの預言者エリヤをその例として挙げている（十一2－5）。すなわち、エリヤはバアルの預言者たちとカルメル山で対決し、彼らを滅ぼした（王上十八）。ところがバアル預言者の支持者アハブ王の妃イザベルに命を狙われ、ホレブ山に逃亡する。その絶望的状況の中で彼はヤハウェから残りの者の啓示を受けるのである。「わたしは、バアルにひざまずかなかった七千人を、わたしの為に残しておいた」と。残りの者とは、イスラエルの歴史にあって、その滅亡に直面して残り、イスラエル復興の礎となる少数の人々を指す。パウロは、このエリヤの残りの者を引用し「いまでも、恵みによって選ばれた者が残っている」（5）と確信する。パウロにとって「この残りの者」はさしあたり、キリストに改宗したユダヤ人キリスト教徒を指すのであろう。さらにパウロは異邦人の救いに話題を移し、「彼ら（ユダヤ人）の罪（トーラーで自己義化をはかること）によって異邦人に救いがもたらされた」（11）と語る。そしてこの異邦人の数が満ちるとき、神の憐れみによって全イスラエルが救われるという逆説的な救済史を語るのである。その逆説の根拠をパウロは、「神はすべての人を不従順の状態に閉じ込めましたが、それはすべての人を憐れむためだった」（32）という言葉で語り、神によるイスラエルの選び、トーラー授与、イスラエルのキリスト拒否、異邦人の救い、そして全イスラエルの救いという壮大な救済史を締め括る。従って、以上の九―十一章に及ぶパウロの救済観を支える根拠は、偏に神の恵み、憐れみによるわけである。

　われわれは以上でトーラーの意義をパウロの壮大な救済史の視点から洞察した。次にいささか補足として、ケーゼマンに立脚する川島重成氏の「残りの者」に関する解釈を参照しつつ「残りの者」の真義を明らかにしてみたい。

　十一1は、「神はご自分の民を退けられたのか」という深刻なパウロの問いから始まる。つまり、イスラエルが救い主イエスを信じないという不服従は、神の救済の意志が最早イスラエルを遺棄したのかという最終的な問いから始まる。パウロはそれに対し、断固ノーと答え、彼自身の例を出す。彼は自らがベニヤミン族に属するイスラエル人であったにも拘らず、イエスを信じた者として「神の救済意志の生きた範例」（ケーゼマン）[80]だからである。加えて彼は異邦人の使徒として召された。そこにイスラエルの不服従が契機となって今や神の救済意志は普遍的に実現されていく。そしてその普遍的な救いは、いつかイスラエルをも憐れむ神によって全イスラエルの救いに及ぶ。パウロはその消息を喩えで語る。野生のオリーブの枝である異邦人が、栽培されているオリーブ（アブラハム）に接ぎ木されたとすれば、ましてや元来栽培されているオリーブの枝（イスラエル）は、どれほどよく元の木（アブラハムの家族）に接ぎ木されるのだろうか（十一24）と。

さていよいよ「残りの者」のテーマに着手しよう。そこでわれわれが注目するテキストは、神がエリヤに対して「わたしは、バアルにひざまずかなかった七千人を、わ、た、し、の、た、め、に、残しておいた」（4）と告げた告知である。というのも、パウロは七十人訳（王上十九18）にない「わたしのために」という神の言葉をここで付加しているからである。それではこの付加の意義は何であろうか。旧約で残りの者である七千人とは、シナイ契約に忠実に生きるが故に偶像バアルに礼拝せず、トーラーを遵守しているイスラエルの選ばれた人々を指す。しかしパウロは、ここで七千人の人々が「残りの者」となったのはトーラーへの忠実さによるのではなく、神の「自分のために」する自由な選びによると考えて上述の言葉を付加し、ユダヤ教的残りの者のトーラー的業績主義を超えたのである。選びは「恵みによるのであれば、行いによるのではない」（6）と語られている言葉がそれを証示しよう。因みに川島はそこで旧いアイオーンに属するエリヤを、新しいアイオーンに生きるパウロの予型として考えうるとしている。

最後に川島氏も指摘しているように、われわれも十一25-26に着目したい。そこでは異邦人全体が救いに達する時に、全イスラエルが救われると述べられている。つまり、イスラエルの救いは異邦人の救いの後に生起するという救済史上の大逆転が生じている。元来ユダヤ教の救済史観にあっては、回心し復興したイスラエルのエルサレムに、諸国民が主の御名の下に集うとされている（イザ二2-4、エレ三17、ゼカ八22など）。ところがパウロによれば、神の神秘（to mystērion・神の救いのプランで今キリストにおいて現成している新しいアイオーンがもたらす救い）が、このユダヤ教の救済観（イスラエルの救いから始まり異邦人がそれへ参与する歴史）を逆転したというのである。それは将来イスラエルがトーラーの義を求めず、キリストを受け容れるという自己無化をかいくぐって神の新しいアイオーンに甦るというメッセージといえよう。

われわれはトーラーをパウロの終末論的救済史に位置付けつつ、その役割・意義を吟味してきたが、そのプロセスにおいてすでに神の義、信仰による義化、トーラーによる義化、義認など義に関わる諸相にも言及せざるをえなかった。それはトーラーも義化もキリストの到来がもたらした新しいアイオーンにおいてその真相が露わになることだったからである。そこでわれわれは第五章で、人間の罪悪において神がキリストを通して働く義化や、そもそも

80 （川・ロ）三二八頁。

神の義とは何を意味するのかという問題に参究していき、次にその根底に働く聖霊（第六章、聖霊論）と義化に引き続く霊に拠る聖化・変容（第七章、変容論）の問いへと向かい、パウロの思索および実践をますます追跡・参究していきたい。次章でトーラー論との関係で罪悪とキリスト・神の義について解釈を深めよう。

第五章　神の義と神によるキリストを通しての義化

序――罪・悪について

義化論に着手する前に、われわれは罪・悪に関するパウロの考えを再確認しておきたい。というのも、ブルトマンのようにキリストに拠る救いを罪悪の解決・罪悪への摂理的解答とする解釈もあるからである。

パウロの罪悪論は、トーラーとの関係で語られるのが通常であり、それは「ロマ」一18－三20、そして七によく窺える。

「ロマ」一18－三20の話の筋を再確認すれば、大略次の三つに区分できよう。

第一区分（一18－32）。ここでは異邦人の罪が述べられる。というのも、神について異邦人も知っているからである。そのためパウロが述べる言葉は、キリスト教教父以来、いわゆる自然神学の道標となってきた。「神の永遠の力や神性のような、神についての目に見えない事柄は、宇宙創造の時から、造られた物を通して明らかに悟ることができる」(20)。だからパウロによれば、異邦人は神を知っているのである。にも拘らず、彼らは偶像崇拝に陥って、あらゆる邪悪、殺意、高ぶり、親不孝、争いなどの罪を犯している。

第二区分(二1－三8)では、主にユダヤ人の罪が語られている。ユダヤ人は神からトーラーを授与され、トーラーが含む知識と真理から教えられて自らを義としているが、実はトーラーを実践せず、罪を犯している。そのようにトーラーに背くなら、割礼も無意味である。むしろ神の裁きの日、「怒りの日」のために神の怒りを蓄えている(二5)。

第三区分(三9－20)でパウロは、ユダヤ人世界を超え、ユダヤ人もギリシア人も含めみな罪の下にあると断言し、そのプルーフ・テキスト(証明の言葉)として、悲痛に響く「詩」十四1－3を引用する。「義しい人はいない、一人もいない。悟る者はいない、神を求める者もいない。みな道を踏み外し、役に立たない者となった。善いことをする者はいない、一人としていない」と。以上のようにパウロは、異邦人もユダヤ人も罪の下にあると宣言するだけでなく、すべての人々・万民が罪の下にあるという驚くべき人類的宇宙的な展望をもつ宣告を行うのである。[81]

しかもこのすべての人を罪人とするのは、ユダヤ人のトーラーに他ならない。パウロはその点について次のように語る。「トーラー（ho nomos）の言うところはすべて、トーラーの下にある人たちに対して言われたのであり、すべての人の口が沈黙させられ、全世界が神の裁きに服するようになるためです」（三19）と。この点について、「ガラテヤ」三22も証言している。「聖書（＝律法）は、すべての者が罪の虜になっていることを示している」と。その際トーラーの役割は、このすべての人をキリストに導く養育係に他ならない。そしてパウロによると今や信仰が現れたので、「わたしたち」、つまり「すべての人」は養育係の下にはなく、キリストを着、一つである（27−28）。ここではユダヤ的トーラーが、すべての人々を対象とするカテゴリーに拡大され、それに応じて罪支配の普遍性が際立ち、従って逆に信仰による義がすべての人々に及ぶ普遍的地平が拓けているのである。ここから「ロマ」七を照らすと、そこで語られる「わたし」が個人に止まらず、アダムあるいは集合人格的意義を帯

81　この罪の領域のシフトについては前にも触れたが、ここで再確認しておきたい。まずパウロはトーラーの下にあるユダヤ人とトーラーの下にない異邦人を区別する（二12−14）。しかし異邦人には良心があってそこにトーラーと同じ掟が書き込まれているのだという（15）。だから異邦人もユダヤ人も一つのトーラーを等しくもっていることになる（イ）。これに加えて、ユダヤ人もギリシア人もみな罪の下にある（三9）（ロ）。以上の（イ）（ロ）をつき合わせると、「すべての人々」という一層広いカテゴリーの地平が拓けてくる。すなわち、すべての人が神のトーラーの下に罪深いというわけである。

びてくることが了解されよう。

この方向の解釈に対比してわれわれは「ロマ」七15‐24に拠るブルトマンの実存論的な罪悪理解を想起しておきたい。

ブルトマンの実存論的人間論は魅力的であるが、唯一問題点があるとすれば、彼のいう実存（das Ichsein）の射程が、どれほど個人を超出できるのかという点である。

この点を考察すべくわれわれはサンダースの「ロマ」七の解釈をも再確認しておきたい。サンダースは「ロマ」七を三区分する。

第一区分（1‐6）では、六章の罪の奴隷論が継続され、トーラーによって喚起された罪の欲情が働いて死をもたらすプロセスが主奏となっている。

第二区分（7‐13）では、罪はトーラーを利用して「わたし」に死をもたらしたと語られる。ここで現れる第一の「わたし」表現は、アダム（集合人格的な人間）を指すと解釈された。

第三区分（14‐25）では、第二の「わたし」が問題となる。

テキストの粗筋を辿ると、人間は完全に罪によって支配されている。トーラーは罪の道具というより、それ自体が全く無力である。この文脈で絶望する「わたし」は、キリストなき人間を指すとされる。

以上からブルトマンとサンダースを単純に対比しえないとしても、罪の下にある人間実存「わたし」に関し、アダム的集合人格的な意味での実存的解釈が拓けてくると思われる。

このように罪・悪の普遍性はパウロが考える人類的な人間地平を示してくれたわけであるが（ロマ一18－三20、五12－14）、ここでパウロが開示する「宇宙を構成する霊的存在者」（ta stoicheia tou kosmou）が悪の人類的で宇宙論的次元を示すと思われるので、それらのテキスト箇所（ガラ四3、9、コロ二8、20、エフェ三10、六12など）を念頭に置きながら次の論文を大略検討してみたい。

それはB・R・ガヴェンダの「ローマの信徒への手紙における罪の宇宙論的力」（『インタープリテイション』75に所収）に関する紹介、考究となる。

ガヴェンダ論文の要旨は、「ロマ」にあって罪は、宇宙論的終末論的背景をもつ、神と闘争する諸勢力の一つであり、しかしキリストの死と復活によってその敗北は決まっているものの、現代においてもわれわれはこの罪と悪に対する闘争にまき込まれているということである。統計的に語れば、罪（hamartia）系の言葉はパウロの手紙で八十一回現れるが、そのうち「ロマ」で六十回、中でも「ロマ」五―八では名詞で四十二回現れるという。そしてパウロの「罪の履歴」に従うと、これはわれわれもすでに考察したのではあるが、罪はまずアダムの不従順によって「この世に入った」（五12－21）。そして次に罪は隷属させる力となった（六19－20）。「罪の履歴には、その宇宙論的パートナーである死を解き放ったことも含まれている」（五12－21）。しかもトーラーさえ支配する。つまり掟を活動拠点として「わたし」を惑わし、殺した（七11）。しかし神は、ご自分の子をさえ惜しまず死に引き渡し、人間を罪から解放した（八32－34）。それは人間が罪過を犯すことがないということを意味しない。ガヴェンダはここで罪の履歴を深刻に受け取り、「ロマ書」が神と個人との関係、イスラエルと異邦人との関係などの枠を超えて、罪と死を含む諸力と神との終末論的な闘争に関わっている点を指摘する（八）[82]。その終末論的なヴィジョンは絶望ではなく、「終りの時、キリストは、権力や力あるすべてのものを滅ぼし、父に神の国を渡す。最後の敵として死が滅ぼされる」（一コリ十五24－26）という希望を秘めている。

このようなパウロの終末的ヴィジョンは、あくまで文学的な隠喩表現で、トーラーや罪に関する著述を活性化させる為に用いられるとする解釈が多い。他方で、このヴィジョンは神話的で、現代人はそれをそのまま選択できないとするブルトマン流の発言もある。ガヴェンダは如上の見解に反論しているが、われわれとしては川島氏の「ロマ」解釈を引用して、罪悪に関するパウロの宇宙論的終末論的ヴィジョンの今日的意義を提示したい。われわれがとり上げ考察するテキストは「ロマ」八38－39である。

「わたしは確信している。死も、命も、み使いも、支配するものも、今あるものも、後に来るものも、力あるものも、深い所にいるものも、他のどんな被造物も、わたしたちの主キリスト・イエスにおいて現れた神の愛からわたしたちを引き離すことはできない」。

川島氏は言う。「パウロによれば、人間および地上世界はこれら諸霊力とイエス・キリストに現れた義（ここでは愛）の力との戦いの戦場、旧いアイオーンと新しいアイオーンの壮絶な闘争の場であった」[83]と。このようなヴィジョンは、神話的であるが、それをブルトマンのように非神話化する必要はない。われわれとしては、これらの黙示録的終末論的ヴィジョンの下に現代のサタン的力の猛威を洞察し考究すべきであろう。というのも、われわれはここ二十―二十一世紀にかけて、第一次・第二次大戦、原爆投下、アウシュヴィッツに代表される人間抹殺の装置、原発の暴走、核拡散、文明間の血みどろの対立抗争、難民の地球的規模での発生などあらゆる終末論ともいえる根源悪の現象を見聞きしあるいは経験しているからである。しかもその根源悪を科学的な対象化言語では語りえず、ある黙示録的比喩・象徴で受容しつつ、考え表す他にないのであるから。それが本論の意義ともなろう。

以上のようなパウロによる宇宙的終末論的な罪・悪の考察を深刻にふまえ、次にその文脈で神の義と義化の問題の参究に移りたい。

---

82 (インター75) 二八―二九頁。

83 (川・ロ) 二七八頁。

1――神の義と義化

この節では義化について、①ブルトマン、②サンダース、③N・T・ライト、④B・バーンの所見を検討し、最後に⑤われわれの見解を提示したい。

1―1 R・ブルトマンの「神の義」

すでに第1章において解説したが、最初にブルトマンの論「神の義（Dikaiosynē Theou）」をとり上げよう。[84]

まずブルトマンは、「神の義」用語についてケーゼマン説に反論する。ケーゼマンによると「神の義」における「神の」は主格的属格であって、信仰者に神が贈与する義を意味せず、救いを実現さす神の力（Macht）を意味した。これに対しブルトマンは、「神の」を創始者を示す属格（Gen・auctoris）、つまり信仰者に贈与される神の賜物を意味するとする。確かに「フィリ」三9「わたしがキリストを信ずることによって義とされる」は、神の賜物の意味だとケーゼマンも認めるが、一貫して他のテキストに賜物的意味は認めない。ブルトマンは、この賜物としての義は、エチカ的な質を指すのではなく、人間が神の判決によって罪から無罪と認められる（logizesthai）法廷的宣言であるとする（ロマ四5、8、23など）。これはルターの義認の系列に入る思想といえる。さらにブルトマンは、神の義に類似の表現は、旧約に見出されるにしても、パウロとの決定的な相違は、旧約がパウロの言う終末的なイエスの到来である今（nyn）を知らないという点を強調する。パウロはその「今」において信仰者にイエスのケリュグマを示す。信仰者はその実存において非神話化を通し、ケリュグマが今に語る実存理解を受け生き続ける。以上の意味で「神の義」はパウロの創出とされる。

1—2 E・P・サンダースの義化論

次はサンダースの義化論に移ろう。彼の義化解釈の転換的性格は、すでに述べたように（イ）法廷的義化の言語用法に加え、（ロ）参与（participatio）の用法に見られる。われわれは今は（イ）から（ロ）の順でその用法を紹介・吟味していきたい。[85]

84 （ブル著9義）
85 （パウロ）九八—一五六頁。

(イ) 法廷的義化に関する言語用法

この用法は、旧約のトーラーを背景としているので、パウロ表現の背景として旧約テキストをも併せて掲げよう。

(a)「ガラ」三13。「キリストはわたしたちのために呪いとなって、律法の呪いからわたしたちを贖い出して下さった」。パウロは次に「申」二十一23を引用しているが、われわれがすでに検討したように、申命記では、「木に掛けられた呪われた者」は「神の呪いによる」とあるが、パウロはそれを削って代わりに「律法の呪い」とし、「神の呪い」と対比させている。こうして人は信仰によって、アブラハムの子孫となり、トーラーの呪い、罪、死から解放され、義とされるわけである。

(b)「一コリ」十五3-4。ここではキリスト伝承について次のように語られている。「すなわち、それはキリストが聖書に書いてあった通りにわたしたちの罪のために死んで下さったこと、葬られたこと、また、聖書に書いてあった通りに三日目に復活したことである」と。この旧約的背景としては、「イザ」五十三(特に8-12)の「苦しむ僕(しもべ)」像が窺われよう。この苦しむ主の僕は、人々の罪を代理者として担い、自ら死を以って神に執り成しをし、こうして多くの人を「義しい者とする(dikaiōsai)」のである(七十人訳、五十三11)。

(c)「ロマ」三25-26。「神はこのキリストに血を流させ、〈贖いの座〉として彼を公に示した」。他方でこの〈贖いの座〉（レビ十六2、11‐16）とは、神にあたる贖罪執行者アロンが自分と自分の家族およびイスラエルの集会全体の贖罪のため、賜物にあたる雄牛や山羊の血をぬる贖罪の場である。

従ってこの旧約的贖いの座を文脈として、われわれがブルトマンの「神の義」論で見たように、神自らの義と信仰者に送られる賜物としての義とをよく理解できるであろう。

（d）「ロマ」八3。「神は罪を贖う犠牲として御子を罪深い肉と同じ姿で遣わし、肉において罪を罪と断定された」。旧約（七十人訳）テキストについては、「レビ」四24、五11、六18を参照されたい。

（e）「ロマ」五9、二5。「わたしたちは、キリストの血によって義とされたので、このキリストによって〈神の怒り〉から救われるのはなおさらのことだ」。この「神の怒り」の旧約的背景は、「エゼ」七19、「ゼファ」二2‐3である。

（f）「ロマ」二12‐13、16、八33。これらのテキストは神の義と義化について、法廷用語を用いて語っている。

（g）「ロマ」五18‐21。このアダム・キリスト論でも義化・有罪宣言が法廷的性格を帯びて語られている。

（h）「一コリ」四3‐4。「このわたしは、人間の法廷で裁かれても、一向に意に介さない。わたしは自分に何らやましいところはないが、だからと言って、わたしが義と認められたわけではない。わたしを裁く（つまり、義とする、筆者子註）のは主なのである」。

われわれは大略サンダースの意向にそって法廷的な義化に関する言語用法を幾つか列挙した。しかし注目すべきはパウロにあって、義化についての他の法廷用語（有罪、悔い改め、許しなど）は何らの役割を果たさないということである。

（ロ）義化に関わる参与的言語用法

サンダースによると典型的な義化の参与的言語は、「―においてわたし（たち）がある」「―がわたしのうちにある」であり、それらが用法の根源をなす。[86] その点をふまえ次にいくつかのテキストを挙げてみよう。

（a）「ロマ」六3－14。「ロマ」六―八において「信仰によって義とされる」という表現が後退し、他の表現によって代替されている。本テキスト（六3－14）では、「われわれはキリスト・イエスの中へと（eis）洗礼により沈められ、彼の死へと（eis）洗礼により沈められた。実にわれわれは、その死の中へ（eis）洗礼を通して共に葬られた。それはわれわれも新しい生命に歩むためである。われわれがその死の姿にあやかって一体となったとすれば（symphytoi）、その復活にも属することになるだろう。〔……〕実に死んだ者は罪から解放され、義とされている（dedikaiōtai)。もしキリストと共に死んだのなら、彼と共に生きるだろう（syzēsomen）とわれわれは信ずる。〔……〕同じように、キリスト・イエスにおいて（en）あなたがたも罪に死に、神に生きている者であることを弁えなさい。〔……〕あなたがたは律法の下に（hypo）在るのではなく、恵みの下にあるのだから」と。

長い引用になったが、ここでは参与的言語が随所に見られる。それらは「キリスト・イエスの中へ、彼の死の中へ、共に葬られる、その死と一体になる、その復活にも帰属する、共に死ぬ、キリストにおいて」などが示すように、他者と存在、性質、働きなどを共有する・与り有つことが本義である。特に六7の「すでに義とされている」（完了受動態）は、文脈から法廷的用法がパウロによって新しい意味をもたされ、それはキリストと共に死んで罪が支配する旧いアイオーンから解放され、彼の生命に与ることを意味するとされる[87]（後に検討するが、ガラ二15－16、20も参照）。

（b）「ロマ」四3－12。このテキストは前にも言及されたが、それはアブラハムが割礼を受けていない時に「神を信じ、そのことが、彼の義とみなされた（elogisthē）こと」および「そのことは、彼が、割礼のないままに信ずるすべての人の父となって、彼らが義とみなさ

86 （前掲）一三八―一三九頁。
87 （前掲）一五三―一五四頁。

れる為 (eis to logisthēnai kai autois tēn dikaiosynēn) である」(11) と語っている。

サンダースによると「ロマ」四では、「創」十五6に由来する「みなす」「認める」(logizomai) が多く用いられているが (十一回)、「これは、信徒たちが実際は依然罪人であるのに虚構的に義を帰される (fictiously imputed) とパウロが考えたことを意味するわけではない」[88]という。なぜなら、「ロマ」で義とされるとは、キリストの死に与って、復活の現実に先駆的に参与してゆくことを表すのであるから (四17、24-25)。

(c)「ロマ」八。サンダースによると「ロマ」八は、「ロマ」七において描かれた人間の悲劇的な悪しき状態 (plight) に対する完全な解答であるという。その根拠として彼は「信仰による義化」を超える、人間のキリストないし霊において在ること (参与・一致) を提示する。

この「ロマ」八では、周知のように霊に関わる表現が頻出する。実際に名詞「霊」は、「神」や「キリスト」を抜いて二十一回用いられている。そして霊は神やキリストと結合して内在的参与的用法を形成している。例えば、「キリスト・イエスにある命をもたらす原理としての霊が、罪と死の原理からあなた (別の写本では、わたし) を解放してくれた」(2)、「しかし神の霊があなたがたに宿っている限り、あなたがたは肉の中にではなく、霊の中に在るのだ。もしキリストの霊をもたないなら、その人はキリストに属してはいない」(9)。「キリストがあなた方の中にいるなら、ソーマは罪の故に死んでも、霊は義の故に生命である」(10)。「イエスを死者の中から立ち上がらせた方の霊が、あなたがたの中に宿っているなら、キリストを死者のうちから立ち上がらせた方は、あなたがたの中に宿っているその霊を通して、あなたがたの死ぬべきソーマをも生かす」(11)。「あなたがたは神の子とする霊を受けた。この霊において、わたしたちは〈アッバ、父よ〉と叫ぶ」(15)。

以上の例を通してわれわれはパウロの内在的参与的言語を洞察できると思う。それではその言語用法はどのようにして義化と深く関連するのであろうか。われわれはサンダースを参照しながらこの問いに参入していこう。

サンダースは、内在・内住(indwelling)の言語の中心には、一致(union)の用法が現れるとする。「わたしたちは神の子供である。子供であるなら神の相続人であり、しかもキリストと共に苦しむなら、共に栄光を受け、キリストと共なる相続人である」(17)。この文章の「共に」は深いキリストとの一致を示すといえる。また「同形」(symmorphos)もこの一致のカテゴリーに入る。八29には「神は予め知っていた人々を、御子の似姿(eikōn)に似たもの(symmorphous)になるように前もって定められた」とある。「フィリ」三21にも「主イエス・キリストは、わたしたちのみじめなソーマを変容させ、彼の栄光のソーマと似

88 (前掲) 一三七頁。

たもの・同形(symmorphon)にして下さる」とあり、同形が一致の内容をなすことが知られる。予め言えば、われわれのいう同形的一致とは、いわゆるヘレニズム的神秘主義(プロティノスなど)の神秘的融合(unio mystica)を全く含意しない。この点は後に詳述するとして、「一コリ」十五49にも「わたしたちは、天に属する者である第二の人間のエイコーンをになうでしょう」と述べられ、八29のキリストのエイコーンおよび「一コリ」十五45の最後のアダム・キリストのエイコーンとのわれわれの同形が顕著である。

ところでこのように霊やキリストに関わる内在的参与的言語を駆使する「ロマ」八は、サンダースによるとそれ以前のロマの論述に対する結論的意義を帯びるとされる。[89] それはどういうことか。問題は「ロマ」一―四で語られる「信仰による義」と五―六、八で語られる「キリストへの参与」との関係である。

サンダースは「信仰による義」を違反としての罪の癒しと考え、「キリストないし霊への参与」を、神法をさえ操作する力である罪への隷属の癒しと捉える。そしてdikaiを語根とする義関係の語群と神が民を義認するという考えは、「ロマ」八4、八30‐31などに現れるとしても、「信仰義認」の定式は、義や信仰の用語とともに「ロマ」八で消失しており、パウロ救済論の中心はキリストへの参与であると考える。というのも、もし信仰義認がパウロ神学の核心をなすなら、パウロが救済論を説く「ロマ」八にそれが現れぬのは説明できないというわけである。[90]

以上われわれはサンダースと共にパウロにおける神学の核心を、信仰義認をさらに進めて「キリストないし霊への参与」として解釈した。これに対してわれわれは、パウロ神学および義認論を、「契約・法廷・終末」という枠内で捉えようとしたN・T・ライトの解釈を参照・検討したい。

1―3 N・T・ライトの解釈

ライトによれば、「義」とは法定的メタファーで用いられる。それはどのようなメタファーなのだろうか。まず法廷では案件を処理する裁判官が主要な位置を占める。そして原告が訴訟を起こして、訴えが正しいなら義とされ、その場合被告は有罪とされる。そうでない場合、被告は無罪判決を受け義とされる。だから義とは、裁判で判決が下された後のことで、判決以前の原告あるいは被告の倫理的在り方とは関係がない。また原告や被告が裁判官の義

89 (Paul) pp. 661–666.

90 サンダースは八の結論的要約において、mysticalという言葉を用いる (Paul) p. 665.: This grand conclusion —Chapter 8— has at its heart Paul's longest statement of *mystical* union between the believer and Christ, with emphasis on the mutual indwelling of the believer and the Christ. われわれは後に「神秘論」で、融合的合一でない、相互内在の問題を考究する。

しい義を何らかの質として受け取ることでもないし、裁判官が義を相手のものとして授ける、あるいは譲渡することを意味しない。

これをユダヤ教の文脈に移して解読するとどういう事態になるのであろうか。

まず裁判官として神が裁きの座にいる。ライトによるとその場合神の義とは、イスラエルとの契約に対する神の誠実さ・真実であるとされる。その神が、被告である背教のユダヤ人や悪しき異教徒を訴える原告イスラエルを正しいと認める、つまり義とする。だからこの契約の神に向かってイスラエルは、契約に忠実な自分たちを義しい者とするよう訴えるわけである。「詩」百四十三2は、このユダヤ人の希望を表す。因みにパウロはトーラーではなく信仰による義化を語る議論の中にこの詩編をシフトさせ新約的に用いている。真のイスラエルは、この神によって将来終末時に贖われ、神殿の回復と政治的解放を受けるが、現在にあってはトーラーによる義がこの終末的救いの保証となる。このトーラーを守り、それによって義を受けるイスラエルが真のイスラエルを示す。その場合義人は、真の神の民に帰属していることを意味するわけで、個々のユダヤ人が自力で義化を目指し、神の民に入ろうとする原始ペラギウス主義とは無関係であるとされる。

以上のように契約が義の背景にあって、法廷がその義認のメタファー的場になっている。この契約における法廷での神による義化の完成は終末に求められる。

ところでパウロにおける義の問題はこれまで指摘したように、契約の民ユダヤ人が神を裏切って自分で自分の義を立てようとしたことに存する（ロマ十3）。そのイスラエルの自力的義化に対して神はその救いのプランによってどのように働いたのであろうか。パウロにとって神は裁判官である、しかし原告は最早ユダヤ人ではなく、ユダヤ人も異邦人も皆被告の立場にある。全世界は神の裁きに服さなければならない（ロマ三9－20）。その時神の義は、ナザレのイエスの十字架と復活を通して示された。その示しを伝える福音を信ずる人々に救いの地平が拓けた（三21－31）。従って神の義（契約への神の誠実）がイエスによって示されたわけである。こうしてライトは如上の三21－31の内容を解釈して、「〈義認〉とは、イエス・キリストを信ずる人々が、真の契約の家族のメンバーであると宣言されること」であり、「イエスについてのメッセージである福音は、〈信仰義認〉ではなく、神の義、すなわち契約に対する神の真実を啓示している」と述べることができた[91]。

われわれはこれまでの神の義および義認に関する議論を深めてきた。そこでさらなる展望を得るためにライトと共にパウロ書簡の解釈を大略辿ってみよう。

①「フィリ」三9。ここではパウロが信仰に基づいて神から与えられる義によってキリストの中に見出される者であることを希望している。テキストは「神の義」を意味しているの

91 （何を）二五一頁。次の義認論については、二三七—二五五頁を参照。

でなく、あくまで法廷の判決結果として義しい者とされた側（パウロ）の立場を表現している。

②「二コリ」五20－21。この箇所はルターの好んだテキストだという。その文脈はパウロの使徒としての任務に関わる。神は罪を知らぬイエスをわれわれのために罪としたが、それは「われわれがキリストにおいて神の義（dikaiosynē theou）となるためである」（21）と語られている。従来この「神の義」は、神から与えられる、ルター的に言えば転嫁された（imputed）義、つまりほとんど法的フィクションとしての義の立場として理解されてきた。しかし前述のようにライトは文脈からして、この「神の義となる」とは、使徒はキリストの使節であるから、キリストを派遣した神の契約に対する真実（義）を使節として体現し自ら義（なる者）になる意味だとする。従ってこれを神から与えられる義認と解釈すると、全く文脈を無視することになるであろう。

③「ロマ」三21－26。このテキストは度々とり上げたが、そこでは救いの契約に忠実な神がキリストの贖いを通して「自分の義」を啓示したと述べられている以上、21の神の義は契約への誠実を表現している。

④「ロマ」一－四。このテキストは、九6－39の要約で、九6－39では神の義という用語が用いられてはいないが、内容的にはイスラエルへの神の契約が表されている。神の義とユダヤ人の義が対比される有名な箇所である。

⑤「ロマ」一17。ここも福音が、神の契約に対する誠実である義を啓示することが述べられている。

以上のように「神の義」の解釈を続けながら、結局ライトは神の義とその働きの原動力として神の愛を指摘する（五6－11、八31－39）。従ってわれわれは、ライトの義論をおし進め、神の義を法廷のメタファーを超えて理解すべきであり、神の愛・イエスを告げる福音へとシフトしてゆくことになる。福音はイエスをキュリオスと宣言するすべての人々が新しい家族となり、新しい契約の民のメンバーであることを告知する。このようにしてパウロ神学、つまり契約神学の核心は信仰義認ではなく、神の義に発するイエスと聖霊を通しての新しき創造（新しい家族）なのである（二コリ五17、ガラ六14－15）。

最後にライトの「神の義」の解釈を要約しよう。[92] 彼は「神の義」が人間に与えられる義という従来的な義理解をとらない。彼にとって「神の義」表現における「の」は所有の属格であり、神の契約に対する誠実を表す。その立場からこの「の」を主格の属格として神の誠実を神が実行するという意味と解釈し、その解釈をも是とする。誠実な者は、必ず実行するからである。他方でE・ケーゼマンのように主格の属格の視点から、神の義をイスラエルを超

92 （前掲）一九四頁。

えて全世界に働きかける力（Macht）とする解釈をとらない。というのも、ケーゼマンの解釈は、イスラエルやアブラハムへの神の契約や約束にふれないからである。

ライトはまた契約的で法廷的な神の義理解に拠って、サンダースのいう義に関する参与的用法、つまり法的用法と参与的用法の二分法を認めない。しかしわれわれにとって、ライトの法的立場が首尾一貫しているとしても、パウロにおいて確実に見られる内在的参与的用法への分析や検討が不十分であるように思われる。加えてこの参与的用法を認めないと、パウロにおける人間の「栄光から栄光への」変容論の地平が閉ざされ、しかも聖霊と変容の連動が分断されてくる危惧をもたざるを得ない。

1―4　「新たな眺め」（New Perspective）（以下、N・Pと表記、筆者子）

義の法廷的な理解を超える変容論などについてはのちに検討することとして、次に『インタープリテイション』75に所収のB・バーンの論文「ローマの信徒への手紙を解釈する――「新たな眺め（New Perspective）」とそれを越えて――」を参照したい。この論文がどのように「新たな眺め」、つまりサンダースやダンなどの立場を批評し、それを越えていくのかを中心に考究したい。

われわれはサンダースに始まるN・P（一九七七年）について、パウロ研究史の章において概説しておいたので、バーンのN・P史の解説は省く。ただ「ロマ」の「神義論」について言及するなら、ルターに拠る伝統的立場をとるブルトマンなどは、神が信仰を通して人を義とすると主張する（フィリ三9、一コリ一30）。これに対しケーゼマンなどは「神の義」において神が主語だから義は神の力、働きを表すとしたのであった。バーンはこの両方の立場に対して「神の義」に、神自身の義と信仰者に与えられる義を読みとる。彼によると神はイエスの贖いによって罪人を無償で義とするが、この罪人を義とする行為によって神の義、つまり契約への忠実が示されたわけである（三21－26）。そこでは最早トーラーの行いによる罪人（イスラエルも異邦人も皆罪人）の義化は不可能である。この神の義（契約への忠実）は、われわれがすでに指摘した通り、イスラエルのキリストへのつまずきの誤りを契機に異邦人の救いに及び、最終的にイスラエルも全人類の救いに参与するという壮大な救いのヴィジョンを啓き示す。しかし信徒は、このヴィジョンの中で今は救いの途上にあるが、終末への希望をもって大いなる試練を超えて歩み続ける。そこにバーンは神義論を洞察し、「ロマ書」を神中心主義と見定めるのである。

以上をふまえバーンはN・Pが披いたパウロ解釈の十の見解とそれに対する評価を述べる。[93]

われわれは、次に大略その評価について考察したい。バーンはまずN・Pの従来のルター的

93 （インター75）所収のバーン論文の五一―五五頁。

傾向に対する否定的側面に言及する。

（一）N・Pは、福音と律法の対立を主張するルター派の古典的解釈に対して批判する。

（二）ルターは、当時の贖宥状販売などにみられる業中心主義に陥っていたカトリック教会に、律法主義、善業による義認の宗教と解釈されたユダヤ教を投影させた。N・Pはこのユダヤ教観を否定する。

（三）積極面としては、N・Pはサンダースに拠り、ユダヤ教もキリスト教同様恵みの宗教であるとする。というのも、律法遵守は、あくまで神の契約と選び・救いの恵みに基礎づけられ先行されるからである。

（四）敵対的環境にあって、割礼、食事規定、安息日の掟遵守は、救いのためというよりユダヤ人の自己同一性保持の為であり、彼らの社会学的な権利と意識を保持させる。これはダンやN・T・ライトなどの主張である。

（五）パウロは、イエスの十字架に基づく異邦人をも含む救いを見誤らせたユダヤ人の慢心、例えば共食などの祭儀で異邦人を排する自己同一性主張の慢心を批判した。それは異邦人伝道に反対した強いインパクトだったからである。

（六）N・Pは、パウロをユダヤ教（特に第二神殿時代のユダヤ教）内部に位置づけ、ユダヤ教との連続性を強調し、従って彼がユダヤ教からキリスト宗教へ改宗したとは見ない。

（七）N・Pは、パウロの手紙全体が、異邦人キリスト者とユダヤ人キリスト者とが同じ信仰協働体に参与することを正当化するため、時と処に応じて書かれたのであり、ドグマ的関心からではないとする。

（八）N・Pは、ユダヤ人と非ユダヤ人の自己同一的協働体形成を強調するが、そこには社会科学的および社会学の影響が濃い。

（九）N・Pによるとパウロは異邦人信徒を念頭におき、イエスをメシアと信じなかったユダヤ人の律法遵守者を手紙で批判したが、その場合、イスラエルが神の救いから除外されたという見解には反論した。

（十）N・Pは、伝統的な聖書解釈がアンチ・セミティズムの主張・形成に一役買ったとして、ホロコースト後の世界における一層倫理的なパウロ解釈推進を自認している。

われわれは、バーンによる以上のようなN・Pのまとめを念頭におき、（一）、（二）のルター派批判を除いて、今はN・Pに対するバーンの評価を参照・検討してみたい。

①バーンはまずサンダースが認識する以上に、当時のユダヤ教はトーラーを遵守することが救いのために必須であるという伝統を受容していたという。というのも、（イ）トーラー遵守が契約共同体に「入ること」の条件でなく、「留まること」の条件であれば救いにとって本質的な要件となるからであり、さらに（ロ）申命記（三十15-20）の伝統にあっては、主を愛し掟を守ることが生・死に根本的に関わる。また「ソロモンの詩篇」、「第四エズラ

記」、「シリア語バルク黙示録」においては、律法遵守による義の獲得と、永遠の生命の獲得とが深く関係しているからである。[94]

②バーンは、「ロマ」におけるパウロの律法への尊重について二つのルター派の解釈を指摘する。その一つは（イ）ブルトマンなどの硬派の解釈で、律法の自力的自己愛的遵守は、神の否定で罪であるとみなす。しかし彼ら硬派は律法遵守を罪でなく、主への愛と考えたユダヤ人の伝統は問わない（申三十15－20）。（ロ）これに対し、S・ウェスターホルムなどは穏健な立場をとる。彼によれば、パウロが信仰的立場から排除しようとしたのは、善行に拠り神に嘉されようとした先の自己愛的態度というより、十字架に掛けられたメシア・イエスへの信仰に基づく義を認めない義の探求のことなのである。いずれにせよ、ルター派は、「キリスト以前」の人々の苦しみとそれを贖う神の愛の働きとの徹底性を洞察していたのである。従ってこのルター派の伝統に対するN・Pの全面的な批判には限度を設けるべきだという。

バーンは最後に、パウロにおける律法との連続性を説くN・Pの批判を行う。すなわち、パウロは律法の否定的働きを神の救いの摂理の契機と見る。律法自体は善いが、それは逆説的に罪の力を強め、その結果、罪の満ちた処（イスラエル）において恵みがいや増した（ロマ五20、七13）。その恵みとは、われわれが御子イエスの贖罪によって罪から解放され、聖霊に従って歩むことである（八3－4）。このパウロの聖霊論的なラディカルなヴィジョンを、

N・Pのように旧約の律法と連続させることは不可能といえる。実にパウロは、「ロマ」十4でキリストは律法のテロス（終り）だと断言しているからである。

パウロはむしろ旧約の預言者の伝統と自らのヴィジョンの連続性を語っているように思われる。というのは、バーンによるとパウロは終末において神の民の只中に旧約の霊（エレ三十一33、人の心に書かれる〈わたしの律法〉。エゼ三十六26－27、〈わたしの霊〉）がおかれ、神の約束が成就される。すなわち、霊が生の原理としてモーセの律法に取って代わったと考えられる。N・Pの全体的傾向は、律法に関する連続性を言うが、それはパウロにとって隠喩的なもので、真の連続は旧約の霊の預言に見出される。われわれはパウロにおいてその重要な証言を見出すことができる。「キリスト・イエスにある命をもたらす原理（ノモス）としての霊が、あなたを罪と死のノモスから解放した」（八2）と。

われわれは、如上のバーンの見解を後にバートン説によって反証する。つまり、われわれはキリスト・イエスの霊が、旧約預言者の霊の枠内あるいは延長線上に現出したものでないと考えるからである。しかし、只今は、N・Pがあまり聖霊論を深めていないことを確認し、そしてわれわれはすでに「ロマ」八の聖霊の場に立ち入って在ることを自覚するのである。従ってわれわれが、「神の義」「義認論」を深めようとするなら、どうしても「霊」「聖霊」

94 （前掲）五七頁、注2を参照。

との連関で考究しなければなるまい。今はそのことを念頭に置きつつ、義化・神の義に対して絶望する、いわば地獄の淵で呻く「わたし」がどこで希望しうるかを参究したい。問題のテキストは、「ロマ」七と八の断絶的淵に在る「わたし」に他ならない。

2——「ロマ」七章、絶望する「わたし」とは？

「〈わたし〉は何とみじめな人間なのだろうか。誰が死に定められたこの体から（ek tou sōmatos tou thanatou toutou）救い出してくれるのであろうか」（七24）

2—1 「わたし」についての諸説

この「わたし」についてはすでに多々言及してきたが、今や総括的根源的に諸説を点検しよう。

①、この「わたし」が使徒になる前の、つまり回心前のパウロだとする自伝説があるが、それはありえない。というのも、「フィリ」三5‐6では、パウロは回心前自分が熱心であり、「律法による義という点では、非の打ち所がない」と誇っている程だからである。

②、この「わたし」が回心したキリスト教徒の内的絶望的罪意識だという説がある。しかしこの説も成立しない。なぜなら八4や9によれば、キリスト者は肉に従って歩まず、今や霊に従って歩み、受難や挫折にあっても復活への希望に生きうるからである。

③、ブルトマンやボルンカムが言う、いわば実存的に非本来性から本来性を求める「わたし」説である。この説は、アダム的集合人格に言及しない個人主義的解釈で受け容れ難い。

④、先にブルトマンの論文「ローマ人への手紙第七章とパウロの人間論」を解説したが、その中でブルトマンはこの「わたし」について次のように解説している。「すなわち、ここでは律法の下にある人間一般の状況（非本来性、筆者註）の規定がなされている、しかもそれは、キリストによって律法から解放された者（本来性）の目にそれがどう映るか、という仕方でなされている」[95]と。この解説はほぼ肯首できる。

⑤、続いてブルトマンに対し、宇宙論的非実存的な立場をとるケーゼマンは『ローマ人への手紙』（一九七三年）においてこの「わたし」をどのように解釈しているのであろうか。

彼はまず第一にこの叫びの句が、パウロ以前の伝承に直接由来するものでなく、パウロも知らない仕方で、ヘレニズム的な「ソーマはセーマ（墓）である」という悲惨な魂の運命観に接続しているとする（ここでケーゼマンは、ヘルメス文書「世界の処女」（コレー・コス

95（ブル著8ロマ七）一頁。

ムー）34－37篇などを引用する）。それを「ロマ書」の文脈で語り直せば、罪の支配下にあって（五12以下）、死の力が人間のソーマ的存在をこの世との全連関の中で規定していることになる。その悲惨な（talaipōros）死の体からの救いは、道徳的次元に属さず、悪人でなくむしろ敬虔な人間の運命に属する。つまり、彼こそ被造物の救いを志向する神の意志に全面的に同意するが、その救いが与えられることによって実現するという恵みを忘却し、自力でもぎとろうとする貪り（神の如くなる！）に陥り、この世の諸力の虜となってしまう。この点でケーゼマンもブルトマンのいう人間の本来性への欲求が、自らを裏切って非本来性に転落する論理に同調すると思われる。こうして人間は神の意志と直面し正にそこにおいて、アダム以後の人間の無力が自覚され、われわれが罪へと売り渡され（一24以下、七14）そして悪霊・この世の諸力へ隷属する。そこで「わたし」には、ただこの死のソーマからの解放を願い叫ぶことしか残されていない。しかし、そこに逆説的な飛躍が生ずる。同じように被造世界全体が救いを求めて呻き人と共に産みの苦しみを味わっている（八19以下）が、今や「キリスト・イエスにある生命をもたらす原理としての霊が、あなたを罪と死の原理から解放してくれた」（八2）。そうである以上、人間と被造物の叫びは、霊の支配する新しいアイオーン到来の光の中で観想される。

従ってケーゼマンはこの「わたし」を、アダムの歴史を反復する敬虔であるが故に絶望的な人間が、キリスト教的な光の中で見られた姿として解釈する。[96]

⑥、次にマールブルク大学、ベルリン神学大学、ハンブルク大学などで神学や新約学を教え、同時に福音主義教会教区などの牧会者でもあるU・ヴィルケンス著『ローマ人への手紙』の注解（一九八〇年）を参照してみよう。

彼は七24の「わたし」の叫びを、ケーゼマンと異なり、ヘレニズム的人間の身体観（ソーマはセーマなり）に由来する自己の滅亡性に関する嘆きではなく、律法が罪の結果として明らかにするソーマの死への頽落についての嘆きとする。その嘆き「誰がわたしを救うのか」に対しては「誰もいない」という答えしかない。しかも、その「わたし」には自分の意志と行為の分裂および理性の原理とわたしの五体にある別の罪の原理との抗争などの絶望的状況に関しては真の自覚はない。なぜならヴィルケンスによると「罪人は罪に欺かれて、自己の状況を絶望的なものと全然みなさない（例えば一22、二17以下）[97]」からである。これは至言である。だからキリストにおいて罪の支配から解放されて初めて、この状況の絶望性が開示さ

---

96 ケーゼマンに拠る川島重成氏もその『ロマ書講義』（二〇一〇年）の中で、七24の「わたし」を絶望し絶叫せざるをえない「キリストの外にある」存在であり、しかもその絶叫の答えが八章の霊に生きる人間存在として与えられると語る。というのも、25aの唐突なキリスト賛美は、24の失われた〈わたし〉の解放者イエス・キリストを十分に示唆し、その解放の霊的視点で七の〈わたし〉を見返り自覚しているからである。

97 （U・ロ）一四三頁。

れる。従ってヴィルケンスは、七24の「わたし」を受洗者がキリスト以前の自己の絶望を回顧した時に自覚された自己像であると結論づけるわけである。

⑦、ダンは『ロマ注解書』(一九八八年)で、霊の地平を展望しながら興味深い「わたし」論を展開している。[98] まず彼は「何とみじめな」という形容詞が二つの方向に引き裂かれる人間の状態を意味とする。その二方向とは魂と肉体というような人間論的緊張ではなく、アダムとキリスト、死と生、つまり旧いアイオーンと新しいアイオーンとの緊張である。だから「誰がこの死のソーマから救うのか」という悲鳴は終末論的な叫びであって、この叫びをあげる者はすでに霊をもっていることは明らかであるという(ロマ八23、二コリ五2－5)。この終末的緊張には、未来への希望がほの見えるのである(ロマ六2－11、七4－6、八2－4)。

以上のアイオーンの移行転換を文脈としてダンは「わたし」を解釈する。この不安を爆発させる叫びにおいて、パウロが人類のスポークスマンとしてだけ語るのではなく、自分自身に対して語っているのだと見る。「この死のソーマ」とは旧いアイオーンに属し、その限りで罪と死の支配下にあるパウロ自身なのだ。そこからの解放に向けて彼は叫ぶ。しかし彼は全面的な死からの解放が到来すると信じている(六8)。従って、彼の叫びは絶望の叫びというより、生の新しさ、霊の新しさにおいて(六4、七6)いまだ歩めない挫折の叫びだというのである。

以上のようにダンはこの「わたし」を、終末論的展望と緊張に在る人類の一員として霊の新生に生きえず挫折するパウロだと了解する。

⑧、次にサンダースの『パウロ』（一九九一年）における「わたし」論を概観しよう。彼は奇妙にも七24の「わたし」は現実の人間描写ではなく、パウロ神学が含む論理的矛盾や困難が生みだした産物と考えている。すなわち、「わたし」とは、断罪するだけの律法（これは神の律法授与の失敗を意味する）の下において「霊に在」るのでもない人々（神の救いの意志の外におかれた人々）のことで、彼らが神の矛盾と神への絶望において苦悩に満ちて叫びを上げるのである。

しかしわれわれは「わたし」をパウロ神学の産物とするサンダースの解釈に賛同できない。パウロは「ロマ」一章から八章まで現実の人間の罪とキリストの十字架および復活を通してわれわれ人間が救われる希望と信を語っており、そこに論理的誇張や矛盾が見られるとしても、彼の語りは神学的フィクションではない。先にダンも語ったように、この「わたし」にはパウロ的経験が何らかの仕方で反映しているとみなければならない。また手紙という文学類型も、たとえ修辞を用いて書かれているにせよ、ローマ教会に関する歴史的状況を反映し、その状況に対する現実的意図を以て書かれているものだからである。

⑨、次にD・J・ムーの『ロマ書注解』（一九九六年）を参照したい。結論的に言えば、彼

98 （WBC, ローマAダン）pp. 386–397.

はこの「わたし」をユダヤ人と連帯するパウロ自身を表すと解釈している。その際、次に三点の補足事項を述べる。第一に、パウロは「わたしは肉の弱さをまとった人間で、罪に売り渡されたものだ」（七14b）と述べるように、ある程度ユダヤ人と分かち合われた自分の経験を語っている。第二に、パウロは正にこの状況が肉における同胞を性格づけていることを十分知っている。第三に、にも拘らず、この叫びが律法の支配下にある一人のユダヤ人によって発せられたとしても、彼はキリストにおいて自分の過去がいかに惨めであったかを見出していることは疑いない。つまり、このキリスト教的洞察が、この叫びを特色づけているわけである。ムーは「ロマ」七14－25全体が、「ガラ」三19－四3で客観的に描かれた救済史のある段階を、個人的見解で描いているとしている。[99] われわれも大略ムーの解釈に同意する。
⑩、次にB・バーンは上述の論文の中で、このテキストで「わたし」は「キリスト教以前あるいは以後の段階のいずれの実存が扱われているにせよ、それはキリストの恵み、特定すれば聖霊の賜物から程遠くあり、そして律法の要求に直面した人」を描くと解釈している。[100]

最後に⑪、米国やカナダで新約学を教えるJ・A・バートンの「ロマ」八を分析した『霊の原理』（二〇〇五年）を参照したい。バートンは、救済史の先行的段階を描く七1－23が、24においてクライマックスに達するとしている。この24全体でパウロは神との断絶に導く罪の全領域（23の罪の原理）を意味している。この罪の領域に回心再生していない人間（わたし）が囚われており、罪の強力な法則（23）によって律法遵守ができない状態にある。だから、その「わたし」がそこからの救いを求めて叫ぶ「死のソーマ」とは、旧いアイオーンを特徴づける、律法・罪・死の全領域を描くわけである。バートンは、八1以下で新しい救済史のアイオーンが述べられるとするが、この「わたし」と霊との関係については詳細にしていない。

2─2 「わたし」に関する共通点とわれわれの見解

以上のようにわれわれは七24の「わたし」に関する諸研究者の解釈を辿ってきた。今はそこから大体の共通点を列挙して、最後にわれわれの見解を示したい。

①、この「わたし」は、「律法において非の打ち所なし」(フィリ三6)と誇ったパウロではありえない。また②、アウグスティヌス以来の解釈のいう「キリスト教徒」でもありえない。キリスト教徒は、罪と死の原理から解放されているからである(八2)。③、しかし、この「わたし」にパウロ的現実経験が反映されていることも否定できない。彼はアダム以来(五12)自分が罪の下に売り渡され(七14)ており、掟を操作して死をもたらす罪の原理が自

99 (NICNT, ローマ Mo) pp. 65-66.

100 (インター75) 六五頁。

らの五体に宿っていることを自覚していたからである（七23）。④、この罪の支配下にあるのは、パウロの同胞ユダヤ人であり、さらに人間全体である（三9－20）。⑤、同時にこの「わたし」が自分の惨めさを叫びうるのは、キリスト・イエスにある命をもたらす原理としての霊の体験と自覚による。われわれは八2の「霊の原理があなたを罪と死の原理から解放した」における「あなた」を別の写本の異読によって「わたし」と読み替えた。七24の「わたし」の根にこの霊を体験した「わたし」が読み取れるのも、七24の次25で唐突に神への感謝が語られているからである。

以上からわれわれの「わたし」論を述べてみたい。われわれはダマスコ体験から出発したい。人がそもそも罪の闇の中に居れば、自分の罪を知り、闇を見ることはできない（ロマ一18－三20）。完全なファリサイ人パウロは罪悪感に悩まなかった。そのパウロが人の罪悪深重を説くようになったのは、「ロマ」八2の根底に窺えるダマスコ体験が転換的契機となったと考える他にあるまい。われわれはすでにダマスコ体験に働く霊の現実を洞察した。今やその霊の光の下で、律法、罪、死の恐るべき連関にからめとられている自己そして人間を見うるのである。とすれば、この「わたし」は旧いアイオーンと新しいアイオーンの間で絶叫するパウロ個人、大多数のユダヤ人そして人間全体を含めたソーマ的な集合人格的性格を有するといえよう。

この集合人格的な「わたし」の義化が問題となる時、最大の問いはその義化と聖霊の関連の問題となる。つまり「ロマ」八の参究が「聖霊論」として浮上してくるのである。そこで七―八章のテキスト連関を再度検討すると、七5が律法と罪との関係を、6が霊と神への奉仕を予示的に語り、5を承けて7-25が語られ、6を承けて八1-39が論述されるという構造がみえてくる。その構造を念頭において次の課題「聖霊論」に移ろう。

第六章 聖霊論(Pneumatologia)

序――「ロマ」七章(罪への隷属)と「ロマ」八章(聖霊による罪からの自由)との対比

トーラー論(第四章)を超克した第五章「神の義と神によるキリストを通しての義化」を承けて、その義の根拠に聖霊の現存が感受されてきた。そこで第六章では、聖霊論に着手し、それが人間および被造物の変容にどのような地平を披くかを展望していこう。

その際パウロが渾身の力をふるって(聖)霊の問題に参入したのは、殊に「ロマ」八においてである。従ってわれわれも「ロマ」八の解釈・参究に集中したい(第一節)。われわれが参照する解釈者は、「ロマ」注解の年代順に、(1)E・ケーゼマン(一九八〇年4版)、(2)ケーゼマン解釈を尊重する川島重成(二〇一〇年、これは例外)、(3)U・ヴィルケンス(一九八〇年)、(4) J・ダン (一九八八年)、(5) D・J・ムー (一九九六年)、(6) J・A・バートン (二〇〇五年)、(7) A・ジニャック (二〇一四年) である。パウロは他方で聖霊のカリスマ論および協働体形成について「一コリ」十二で議論を展開しているので、必要に応じて十三―十四も参照して、カリスマ的聖霊論を考究しよう (第二節)。加えてわれわれは、有賀鐵太郎のハヤトロギア論におけるプネウマトロギアにも言及し、プネウマトロギアのヘブライ的根拠を簡単に示したい。それは本論の核心的思想エヒイェロギアにその展開のインスピレーションと根源を与えてくれた。その点についても予示的にふれておこう (第三節)。

さて「ロマ」八の考究に着手する前に、八の大前提となり、八の聖霊論を際立たせ、八とのある意味で断絶となる内容をもつ七に注目し、その七と八との連続・非連続について述べておかなければならない。それはどのようなことか。

「ロマ」七の議論は、すでにわれわれが考察したように、文字・律法そして肉・罪および死が内容となり、その内容の中でパウロも含めた集合人格的な「わたし」がのたうちまわり、叫んでいる。その内容議論の論理も、逆説や中断などで首尾一貫していない。ただし明白な一点は、それがキリストなき死の絶望的な世界を示していることである。この死の暗闇に突然、聖霊による肉と死からの解放および自由と復活の希望が光のように射し込み満ち溢れるのが八のテキストなのである。そこでかつての「わたし」は今や神の子として「アッバ・父」と叫びうる。しかもその神の子の栄光の自由に、虚無に服従させられている全被造物も与る希望の地平が拓け、如上の一切の根拠として神の愛が賛美されているのである。
われわれは以上の七と八との非連続的逆対応を念頭において、八の解釈に参入しよう。

「ロマ」八

1それ故、キリスト・イエスと結ばれている者には、もはや死の宣告はありません。
2キリスト・イエスにある命をもたらす原理としての霊があなた（わたし）を罪と死の原
理から解放してくれたからです。3すなわち、肉の故に無力であった律法のなしえなかっ
たことを、神は成し遂げられました。神は、罪を償う犠牲として御子を罪深い肉と同じ姿
で遣わし、肉において罪を罪と断定されました。4それは、肉に従って歩まず霊に従って
歩むわたしたちにおいて、律法の要求するところが成就されるためでした。5事実、肉の
指図のままに生きる者は、肉のことを思い、霊に従って生きる者は、霊のことを思います。
6肉の思いは死であり、霊の思いは命と平和です。7なぜなら、肉の思いは神に敵対し、
神の律法に従わない、いえ、従うことができないからです。8肉の指図のままに生きてい
る者は、神に喜ばれません。9しかし、神の霊があなたがたに宿っているかぎり、あなた
がたは肉の支配のもとにあるのではなく、霊の支配のもとにあるのです。キリストの霊を
持たない者は、キリストのものではありません。10キリストがあなたがたのうちにおられ
るなら、体は罪の故に死ぬことになっても、受けた救いの義の故に、霊はあなたがたの命

となっています。11イエスを死者の中から復活させた方の霊が、あなたがたのうちに宿っ
ているなら、キリストを死者のうちから復活させた方は、あなたがたのうちにおられるそ
の霊によって、あなたがたの死ぬべき体をも生かしてくださるのです。
12それで、兄弟のみなさん、わたしたちには負い目がありますが、それは、肉に従って
生きるという、肉に対するものではありません。13肉に従って生きるなら、あなたがたは
死にます。しかし、霊によって、体の悪い行いを絶つなら、あなたがたは生きます。14神
の霊によって導かれる人は誰でもみな、神の子なのです。15あなたがたは、人を再び恐れ
に陥らせ、奴隷とする霊を受けたのではなく、神の子とする霊を受けたのです。この霊に
よって、わたしたちは「アッバ、父よ」と叫んでいます。16霊ご自身がわたしたちの霊と
ともに、わたしたちが神の子供であることを証明してくださるのです。17子供であれば、
相続人であります。神の相続人、しかもキリストと共同の相続人です。すなわち、わたし
たちはキリストとともに苦しむなら、ともに栄光を受けるのです。
18現在の苦しみは、将来、わたしたちに現されるはずの栄光と比べると、取るに足りな
いとわたしは思います。19被造物は神の子らが現れるのを、切なる思いで待ち焦がれてい
るのです。20被造物は虚無に服従させられていますが、それは、自分の意志によらず、そ
うさせた方の御旨によるのであり、同時に希望も与えられています。21すなわち、その被
造物も、やがて腐敗への隷属から自由にされて、神の子供の栄光の自由にあずかるのです。

22わたしたちは今もなお、被造物がみなともに呻き、ともに産みの苦しみを味わっている
ことを知っています。23被造物だけでなく、初穂として霊をいただいているわたしたち自
身も、神の子の身分、つまり、体の贖われることを待ち焦がれて、心の中で呻いています。
24わたしたちは救われているのですが、まだ、希望している状態にあるのです。目に見え
る望みは望みではありません。目に見えるものを誰が望むでしょうか。25わたしたちは目
に見えないものを望んでいるので辛抱強く待っているのです。

26同じように、霊もわたしたちの弱さを助けてくださいます。わたしたちはどのように
祈るべきかを知りませんが、霊ご自身が、言葉に表せない呻きを通して、わたしたちのた
めに執りなしてくださるのです。27人の心を読み取る方は、霊の思いが何であるかをご存
じです。霊が、神の御旨に従って、聖なる人々のために執りなすからです。28神を愛する
人々、すなわち、ご計画に従って神に召された人々のために益となるように、すべてが互
いに働き合うことをわたしたちは知っています。29神は、ご自分のものであると前もって
知っておられた人々が、御子の姿に似たものになるようにと、あらかじめお定めになられ
たのでした。それは御子が大勢の兄弟の中で長子となられるためです。30神は、あらかじ
め定めた者たちを召し出し、召し出した者たちを義とし、義とされた者たちに、栄光をお
与えになっておられるのです。

31では、これらのことについて何と言ったらよいでしょう。神がわたしたちに味方して

くださるなら、誰がわたしたちに逆らうことができますか。32わたしたちすべてのために、
ご自分の子をさえ惜しまずに死に渡された神が、どうして御子に添えてすべてのものをわ
たしたちにくださらないことがありましょうか。33誰が、神に選ばれた者たちを訴えるで
しょう。人を義とするのは神なのです。34誰が、わたしたちを罪あるものと定めることが
できるでしょう。キリスト・イエスは死なれた方、否、むしろ、復活させられた方、神の
右に座す方であり、わたしたちのために執りなしてくださる方でもあります。35誰がわた
したちをキリストの愛から引き離すことができましょう。災いか、苦しみか、迫害か、飢
えか、裸か、危険か、剣か。

36「わたしたちはあなたの故に
　一日じゅう死の危険にさらされ、
屠られる羊のようにみなされている」

と書き記されているとおりです。37しかし、わたしたちは、愛してくださった方によって、
これらすべてのことにおいて、輝かしい勝利を収めています。38わたしは確信しています。
死も、命も、み使いも、支配するものも、今あるものも、後に来るものも、力あるものも、
39高い所にいるものも、深い所にいるものも、他のどんな被造物も、わたしたちの主キリ
スト・イエスにおいて現れた神の愛からわたしたちを引き離すことはできないのです。

1──「ロマ」八章における「聖霊論」解釈の系譜

1─1　E・ケーゼマンの解釈

ケーゼマンの「ロマ」八の解釈は、精緻な聖書釈義を基本としつつ、神学的哲学的な思考にも裏打ちされた議論の展開となっているので、筆者子もこれを完全に追って詳細な考察はできない。従ってわれわれは、ケーゼマンの議論の大要を追い、本論の目的である身体的変容論と本質的に関連する諸点を考察するにとどめたい。

ケーゼマンによると八は明らかに構造化されている。まず（イ）1－11節は、霊におけるキリスト者の生を述べる。次の（ロ）12－17節は、（イ）の霊における生を、キリスト者が「神の子であること」（hyiothesia）として詳述している。（ハ）18－30節は、この hyiothesia を霊の執りなしを伴う、終末論的な自由への希望として描く。その希望は、人間だけでなく全被造物の希望として宇宙論的なスケールをもつ。（ニ）31－39節は、この終末論的自由を神の愛に拠る勝利として宣言している。

ケーゼマンは以上の粗筋の特徴を二、三指摘する。彼はまず聖霊が協働体をキリストのソーマとし、そういう仕方で肉・文字の領域に対抗する霊力の領域を創成するとしている。そしてパウロは、この霊の働きから（霊の）倫理がキリスト者の生にとって終末論的な自由の可能性であると語る。ただし、この霊の働きは霊的熱狂主義と全く異なる。なぜなら、霊は協働体とその成員とを、十字架に掛けられたキリストの弟子とし、弟子はソーマにおいてこの世と闘うのであり、その意味でパウロにあって初めて聖霊論はキリスト論に結ばれ基礎づけられるからである。

そこでわれわれは（イ）の参究から始めよう。

ケーゼマンは（イ）を「霊においてあることとしてのキリスト者の生」というタイトルをつけて考究する[101]。

われわれは（イ）における彼の特筆すべき解釈を考察したい。

七章の如上の内容に従うと、2は冒頭の表題である自由の下に以下のテキストを位置づけている。2のノモスは律法というより法則・原理を意味し、霊の法則とはキリストの領域に支配的に働く霊そのものに他ならない。霊は今や生を創り、罪と死からだけでなくその道具であるモーセ律法から自由にする。だからキリスト者の自由は、かつてエレミヤやエゼキエルが預言した新しい契約の律法の下にはあり得ない。それは主（キュリオス）にのみ服する（十9参照）。3は人を罪から贖うイエスの磔刑に関する歴史的説明を含んでいる。難解な peri hamartias（罪について）を、「レビ」四24、五11、六18などを傍証として、「罪を贖う犠牲」として理解するとそう読みとれる。ケーゼマンは、磔刑者の肉（sarx）において罪そのものを断絶するという神話的考えは、「二コリ」五21にも見出せると示している。

5－8特に6は、五のアダム・キリスト論を承け、七14以下との関連で永遠の生命と死との間の終末論的二者択一をつきつけている。生命は洗礼による新しい誕生、すなわち霊によってのみ与えられる。

これらの節を要約・展開させてケーゼマンは大略次のように語っている。[102] すなわち、主キリストは、霊を媒介として現存する。パウロは天上の見えざるキリストでなく、具体的に教会だけでなく、個々の信仰者の生においても、しかも世界大の地平において現存するキリストを告知し続ける。洗礼は霊を与え、霊によってキリストはわれわれの内で治め、逆にわれわれ

101 ケーゼマンは（イ）全体の構造を次のようにスケッチする。1は、教義的で終末論的審きからの救いを表明するが、七25aとつながらない。2－3の方が、七25aと深く関連し、救いの歴史と霊における キリスト者の新しい生を性格づける。ケーゼマンは、2の有力な異読「わたし」を採らず、9の「あなたがた」と関連させて「あなた」を採用する。4は、律法の要求が霊に従って歩む「わたしたち」において全うされるという驚くべき言説となっている。われわれは読者が、律法からの完全な解放を断言する七1－6を思い出し、この4との対比を問わざるをえまいと考える。5－8は、テキストからの逸脱でなく、9－11と対応する。ケーゼマンは、9以下の「あなたがた」は七章の絶望する「わたし」を変容させ、福音的激励になっており、霊が義における終末的生の根拠となると指摘している。

102 （ケ・ロマ訳）四二〇―四二一頁。

われわれは霊によってキリストの中に在る、つまり彼のソーマの部分となる。この霊のモチーフは一貫して9－11にも語られるが、特に義との関係でケーゼマンは独特の解釈を示す。10について彼は「罪が問題になっている限りで（dia-in Hinblick auf）」、ソーマは洗礼以来、罪のソーマ（六6）、死のソーマ（七24）、肉（サルクス）でしかありえない。それに対し「われわれに贈られてくる神の霊は、義に関して人を生かす。霊は六14以下で述べられている義へと人を生かす。というのも、義はその対句である10aとの関連で義認の判決を意味するのでなく、むしろソーマによる奉仕において霊からなされる神意に適う生き方を意味する」[103]。この生き方は聖化に通底すると言ってよいと思われる。

次にケーゼマンは（ロ）12－17を「神の子であることとして霊においてあること」という表題の下に考究する。われわれもその解釈の特異点を採り上げ、霊と子性の問題を掘り下げたい。

（ロ）の要点は、キリストが原型となって、神の子たち、つまり霊の担い手たちが創成するということであり、「ヘブライ」二10以下がその内実を見事に描いている。12－13の霊肉のアンチテーゼは5－8の再録と言える。霊的熱狂主義との関連でケーゼマンは14を興味深く解釈する。14aの「神の霊によって駆り立てられる。追われる（agontai）人々」という表現はパウロが霊的熱狂主義から採用したものだという。なぜならパウロは「キリストがわたしのうちに生きている」（ガラ二20）を真剣に受けとり、そして霊をわれわれとは全く異なる力と考えたから、そこに人間主体の自由な決定の余地なく「霊に駆り立てられる」と表現した。「霊によって導かれる」と訳すと弱い表現となる。これと関連し、「霊によってソーマのあらゆる行為に死ねば生きる」（13ｂ）は、パウロにとってソーマが（近代的自我のように）主体ではなく、戦いの場であり、そこでわれわれが決定するのではなく、あくまで霊と恵みが働くことを示す。このソーマは、救いの義に役立つ武器として神にささげられ、義化はキリスト支配の下におかれ、そこでわれわれは神からの力を受け、不断にソーマを以て神に応えてゆくことが霊による新しい生である。従って神の義が、ただ賜物としての義化・不敬虔な者の義化としてしか見られないのなら、それは霊に駆り立てられソーマ的倫理に生きる生き方とは反対側にあり、また肉と霊との戦いで、キリストが治めるか、あるいはわたしが主導権をとるのかという問題も消えることになろう。以上は本論の義化と聖化を両契機とする変容論に深く関わる。

15ｂの「あなたがたは、神の子とする霊を受けた」における動詞「受けた」（elabete）のアオリスト形は、洗礼時の霊受容を示す。だから「神の子になること」は洗礼時に始まり、神の国への現在的与りを未来にわたって作動し続ける。ここで「神の子」についてその由来から説明すると、その名は旧約では、神の民と王そして敬虔な人につけられた。グノーシス

103　（前掲）四二四頁。

主義では、天上的世界の成員に、霊的熱狂主義では、霊的な者につけられた。初期キリスト教にあっては終末論的救いの文脈におかれる。すなわち、神の国に与る子としての保証なのである。

重要なのは17ｃである。パウロにあって神の子が栄光に参与することは、キリストと共なる受苦が必然的である。というのも、人がキリストの霊に駆られる限り、キリストの受難を過越す道行きを生きるからである。この点は、筆者子のソーマ的受難が、キリストへの、キリストと共なる道とするテーゼと合致しよう。

さらにケーゼマンは（ハ）18－30を「希望に拠って立つこととして聖霊においてあること」というテーマで考究する。

（ハ）を17ｃ（キリストと共なる受苦と栄光化との同時性）との連続で考察すると、（ハ）もまた人が神の子として天上的栄光を先取りしているが、同時に苦しむ人々および被造物界と共に呻き苦しんでおり、霊も人を執りなして呻いているという同時性が明らかになる。[104]

次にケーゼマンの各節解釈を辿りながら、われわれの聖霊論および変容論にとってインスピレーションと神学的思想的視点および展望を与える箇所を考究していきたい。

19－22の各節で現れる被造物（ktisis）は、今日でいう自然と異なり、人間の歴史の環境や非キリスト者を含む人間など全被造物を意味する。それは霊をもつ人間（23）と対比される。パウロはここでグノーシス神話ではなく、「ヨハネ黙示録」を前提に終末論的栄光における再創造・復活（ロマ四25、六4以下）を希望している。しかし「ヨハネ黙示録」と異なり、終末論的な神の子の栄光としての自由を問題とする。この自由においてこそ、アダム以来の罪への隷属から解放されるからである。そして終末論的なこの自由が全被造物の救いとして際立たせられている。この全被造物の呻き苦しみのコーラス（22の syn-ōdinei と sy-stenazei に注目）は、七23の苦悩の人の呻きを宇宙論的位相にまで拡大し、極限的苦しみと希望とを結びつける。十一32が以上の要約となる。

23に現れる「ソーマの贖い」（apolytrōsis tou sōmatos）は、子性の完成である。この地上のソーマは、恵みと罪への奴隷下との戦場である以上、贖いは地上のソーマが重ね着をするように（二コリ五4）、新しいソーマを授けられることにより成就するわけである。地上にある間は、洗礼を媒体に希望においてわれわれは救われた（アオリスト）のである。

27は以上の解釈の結論とされる。これまでわれわれの注目を引くのは、「不敬虔な者の義認」の解釈である。ケーゼマン[105]はそこでは単に新しい敬虔でなく、「宇宙統治者キリストの下にある回復された被造物」が問題になっているという。だからパウロは、苦しむ被造物の

104　この同時性の根拠には、霊の現存において希望のうちに立つという現在的終末論がある。つまり霊は、未来の担保として救いの確かさをもたらす。この救いの確かさは18で大前提として示され、14‐17b、28‐30のテキストが示すところである。

105　（前掲）四五七頁。

希望の神学、「旅人の神学」（theologia viatorum）を語り続ける。

最後に29に関してわれわれの解釈を明示したい。すなわち、われわれは人間が神の御子のエイコーンと同形的姿（symmorphous）に成るように呼ばれているという希望が、これまで吟味されてきた「神の子であること」「ソーマの贖い」「被造物の救い」「終末論的自由」「受苦と栄光の同時性」などの収斂点であることを了解したい。というのも、父なる神とその本性的エイコーンである御子との関わり、御子の受肉と霊の賦与によるわれわれの兄弟関係、われわれ神の子としての自由、虚無と死からの解放、そしてその自由への全被造物の参与、以上の一連の類比的に同形的な姿に成る関わりが、このsymmorphousによって成立するからである。この点は本論の立論にとって重要である。

この一切の類比的同形的交わりのアルファにしてオメガが、31以下（ニ）に宣言される神の愛に他ならない。それでは次に（ニ）において顕著なケーゼマンの解釈をとり上げて考察し、最後に以上の（イ）（ロ）（ハ）（ニ）全体に拠って「ロマ」八に関するわれわれの所見を簡単に開陳したい。

（ニ）において「霊にある」は明言されていないが、それは（イ）から（ロ）のクライマックスをなす。他方で「霊にある」は「キリストにある」の変形である限り、それは「ロマ」五―八の締め括りとなる。これまでキリスト者の死、罪、律法からの自由が問題となってきたが、今や（ニ）にあっては主が彼らを通し、自らの力（マハト）を現すので、人間を支配する宇宙的諸力に対する勝利としての自由が決定的な結語となる。[106]

31aは、五―八全体を議論の対象とする修辞的導入である。31－32では、キリストの死と高挙の救済的出来事が中心となり、歴史の初めと終末への見通しが語られる。「不敬虔な者の義認が、われわれのための神を無から創造する方として明示するとすれば、子を死に渡された神の愛は、その神を新しい被造物を復活の力を以て守り、彼らに宇宙的地上的全諸力に抵抗する力を与える方として明示する」[107]とケーゼマンは解釈を続ける。

33－34は、十字架のイエス・キリストが今や甦り、高挙者として神の右に座し、絶えず将来もわれわれのために執り成すと語る。神の子らの終末論的自由は、このキリストのみ(solus Christus)に由来する。

38－39は、神の子の自由を宇宙的レヴェルに移す。すなわち、そこで挙げられる天使、力あるもの、高いところにいるもの、深いところにいるもの、ある他の被造物などは、先に言及された「宇宙の霊的存在者」(ガラ四3、9－10)を指す。[108] 35で挙げられるキリスト者の

106 (二)の構成は次第に思考が展開する漸層法的性格をおびる。31aは導入部であり、31－32、次に33－34、最後に35－39は各々に対話法的性格をおびて漸進する。ただし38－39は、35の問いの答えであるにとどまらず、全体の終結部をなす。

107 (前掲)四六五頁。

108 (フ聖)二二三八頁、注1。

諸々の危機・苦難は、これらの宇宙的霊的支配者による具体的なキリストへの挑みとしての攻撃であろう。パウロにおけるこのような黙示文学的描写は、恐怖に支配される人間の世界体験を示すが、逆に宇宙統治者キリストと復活を先取りするキリスト教的自由は、これらの諸力への勝利を告白し歓呼の叫びを上げる。神の義（マハト＝力）は、こうして古いアイオーンにおいて新しいアイオーンを創成し、「わたしたち」協働体において現成する。39は以上の根拠である神の愛を言挙げして五―八を要約し、パウロの神学の真髄を告知するのである。以上が「ロマ」八に対するケーゼマンの釈義・解釈と、われわれの考察およびコメントである。今は他の解釈者の解釈の考察の前に、これまでの解釈の全体をふまえ、「ロマ」八が示してくる聖霊論に関する思想的神学的地平と問題について、われわれ独自の解釈や見通しを先駆的に開陳しておきたい。その開陳は四点にわたる。

（一）先述のように七と八は全く対比的で不連続の連続の趣を呈している。七では、トーラーとそれを操る罪の支配下に絶望する「わたし」が際立つ。そこはキリストなきトーラー、肉、罪、死の閉じた空間である。これに対し八では、キリストの犠牲を通して神の愛が霊的諸力に勝利し、「わたしたち」神の子の自由と栄光、そしてそれに与る全被造物の終末論的救いの地平が明るく拓けている。

（二）R・ブルトマンは、霊の代わりに非本来性から本来性に企投する実存を掲げているように思われる。この実存的生が神の言葉（ケリュグマ）の前に決断するために聖書の神話的黙示文学的表象の非神話化が要求される。これに対しケーゼマンは黙示文学的で宇宙論的なレヴェルを重要視し、個々の人間からそのレヴェルに到るまで働く神愛とキリストの贖いに配慮する。これは現代を生きるわれわれにとっても重要な視点である。というのも、この見えざる霊的諸力が地上のエコノ・テクノ・ビューロクラシー（経済技術官僚制）に働いていること、また天上の諸力が新新宗教運動（オウム真理教など）に具現化していること、さらに巨大科学至上主義が新しい神話となって現代人の発想などを支配していることなどが自覚化され、ことは単に社会学的実証的歴史が説明しうる現象ではなく、キリスト論的地平からの考究が求められる神学的で霊的な位相に属することも考慮される要があるからである。

（三）「ロマ」八を中心としてパウロが語る「霊」とか「復活」について、今日のわれわれがどのような神学的思想的言語あるいはどのような「生きた言葉」で表現しうるのかは非常に重要な問いとなろう。というのも、霊や復活は、いわゆる日常生活の深奥に関わるとしても、直ちに日常言語の文法や表現の網にかからぬ超越的なことであり、またそれは釈義や実証的歴史学や社会学などの学知的記述、つまり人間の作るカテゴリーに還元されえぬからである。にも拘らず、われわれは霊のレアリティと復活の希望に生きるのであるから。

（四）最近のフランス哲学に顕著な現象学の「神学的転回」に窺われるように、従来の欧米の神学の神は死に、「生ける神」が祈り求められる歴史的必然の只中にわれわれは生きている。神学の神は、ギリシア的存在論とヒエロニムスが訳した神名「ego sum qui sum（我は在りて在る者なり）」（出三14）の結合によって概念化された超越的不動な実体であり、続く西欧的神学・哲学は神を概念化したのでその前で人は祈り賛美し歌うこともできない。これに対し「生ける神」は、後に有賀博士のハヤトロギアと筆者子のエヒイェロギアで言及するように、奴隷のような貧しき他者と相生してあゆむ自己超出の神、つまり憐れみの神なのである。㈢との関連において、本論においてもこの神への回向がパウロを媒介に求められるのである。以上の四点は、「むすびとひらき」において総合的に考察される。

以上のようなパースペクティブの中で、われわれは次にケーゼマンを解釈の重要な軸とする川島重成氏の『ロマ書講義』を参照しつつ、われわれの参究を深めたい。

1―2　川島重成の解釈

川島氏は八章全体の構造分析についてはケーゼマンに従うが、八1は一方で「キリストにおいてある人々に断罪はない」という断罪（katakrima）を通して七7－24と連続し、他方で「キリストにおいてある人々」を通して八2以下とつながる。だから八1は、ブルトマンやケーゼマンのいうような後代の傍注ではなく、媒介的総結的働きをなしているとする。

2のノモスの訳についてヴィルケンスは、罪と死の律法に対し「霊の律法」と訳す。その理由は七12に律法が、ハギオス・霊的なものとされていることを根拠に、イエス・キリストにあって「本来律法に内在していた生命を生み出す霊的な力が全き効力を発揮する」と考えるからである。しかし川島氏は、これではイエス・キリストを律法の機能回復の手段とすることになると批判すると共に、ケーゼマン説を紹介する。つまり、イエス・キリストにおいて律法の旧いアイオーンが霊の新しいアイオーンに変換した以上、霊と律法は全く相容れぬ（二コリ三6）。従って2のノモスは、モーセ律法ではありえない。[109]

4に関しヴィルケンスは、律法の成就は、律法からの解放を目的とすると解釈するが、ケーゼマンはそれを否定して大略次のように言う。パウロにとってモーセ律法では、倫理的律法と祭儀律法が結合しているが、キリスト教団の中では、モーセ律法を倫理律法としてのみ理解し、それの継続を主張する人々がいた。しかし霊による新しい生は、律法とは無関係な恵みで、たまたまモーセ律法の倫理面を満たすだけの話にすぎない。だから川島氏は、八4のhinaを目的語でなく、結果節「霊に従う生の結果～」と訳すべしと解釈する。

「義認と聖化」について、霊は非敬虔者の義認という仕方で新しく創られた者を不断に十字架のキリストの支配下におくので、聖化は義認の持続的現実化に他ならず、別にキリストとの神秘的合一を意味するわけではない。また肉は、これまで言及されたように人間の自己義化である以上、十字架のキリストの下に人を招く霊と相反する。人はどちらかを選択しな

[109] 以上の論については（川・ロ）二二三八頁。

ければならない（5－9）。このペリコペーでわれわれの考究に資するポイントは、17における栄光への参与と苦難との深い連関を説くパウロ神学である。

八18－39全体は、「自由への希求・御霊の呻き（嘆願）」というテーマの下に、二段階のペリコペー、つまり18－27と28－39に分別される。

川島氏はまず「呻き」について深い解釈を展開する。

22では全被造物の呻きが際立ち、23では「わたしたち」の呻きが語られている。その際、「新共同訳」など多くは「エン・ヘアウトイス」を「心の中で」と訳すが、川島氏は、ここで教会協働体的「生活の座」を想定し、「わたしたちの間」と訳す。21では、22の全被造物の呻きは、終わりの日に神の子の自由、「ソーマの贖い」に与って腐敗への隷属から自由になるとされる。ところで氏はさらに26における聖霊の呻きに注目する。その聖霊の呻きとは、わたしたちのソーマの贖いへの呻きを担って、人間に代わって呻くという仕方で人の弱さを助けるのだという。氏はそこで26cの「聖霊が執りなしてくれる」の訳より、コイネー・ギリシア語の「嘆願する」の意味で訳した方がよいとする。以上のように、全被造物、キリスト者、聖霊は呻くのであるが、中でもキリスト者の特権は、ある知をもって希望する点にあるという（22、28）。すなわち、イエス・キリストにおいて成った「神なき者の義認」のゆえに、終わりの日に万物が救済されることの知と希望が与えられている点にあるのだ。

われわれにとって重要な点は、まず29a「神はあらかじめ知っていた人々を、御自分の御子の似姿（エイコーン）と同じ形（symmorphous）になるべく予め定めた」である。ヴィルケンスによると「エイコーン」は似姿ではなく、「本質の現れ」だという。従ってキリストが神のエイコーンである（二コリ四4）とは、受肉のイエス・キリストにおいて神が完全に現れ、受肉の極みである十字架において神が究極の像をとって現れた。とすれば、われわれ人間が御子のエイコーンと同じ形になるということは、キリストと同じ形をとって、その受難（pathēma）に与ることに他ならない（フィリ三10[110]）。これを本論に即して言いかえると、人はキリストのソーマ的受難に与り、キリストと同形化されて初めて、神のエイコーンに与りうるわけである。

35の「危機のカタログ」は、その背景にパウロ自身のソーマの体験を窺わせるが、その意味をわれわれなりにパラフレーズすると、この危機において働くこの世の霊的諸力に対して、高挙のキリストの霊の働きは勝利し、それは神の愛の体験としてパウロ自身の生と神学の中核を形成したと言えるであろう。これが29ａの内容と共に、本論のパウロのソーマ的同形化的変容の神学形成に道を拔くといえる。

以上のようにして31－39のペリコペーは、五―八全体の締め括りを成すのである。

110 （前掲）二七二頁。

1―3　U・ヴィルケンスの解釈

ヴィルケンスは、学問的にはG・ボルンカムに師事し、後に主にベルリン神学大学、ハンブルク大学神学部などで教鞭をとり、実践的には教会あるいは福音主義教会教区の責任者を務める。

次にこの段落におけるヴィルケンスの解釈で特にわれわれの論と関わる点を瞥見しよう[111]。

4「霊に従って歩むわたしたちにおいて、律法の義の要求（to dikaiōma tou nomou）が成就されるためであった」。これはキリストの贖罪死の効果である（3）。ヴィルケンスによると、「律法なしの義認は決して〈律法の廃止〉を意味しない。七12が八4の準備をした。すなわち、キリストの贖罪死によって、罪人が律法の断罪によって決定的なものになっていた罪の拘束から解放されたが故に、今や〈命に至らせる〉七10のいう律法本来の目的がやっとその効果を発揮しうる[112]」という。

これに対し川島は前述のように批判し、「かの律法からの解放はそもそも律法に回帰し、律法を成就するためであったと考える必要はないであろう。もしそのように考えるなら、あえて言えば、福音を、そしてキリストを、律法成就の手段と捉えることになるのではなかろうか[113]」と述べている。

これに加えてわれわれとしては、ヴィルケンスはここで一方で霊に従う新しい生が、律法の義の要求を（愛において）満たすとしても、他方で霊における新しい生は、旧いアイオーンの律法とは全く異なる原理、つまりキリストの十字架、復活と霊の賦与による新しいアイオーンの拓けであることをもっと強調しておくべきではないかと思うのである。

10について、ヴィルケンスはキリスト者にとっては死はすでに生起したものであることを前提とする。というのも、この10のソーマは、罪のソーマを意味し、ソーマが死んでいるとは、われわれが「罪のソーマ」に最早属さないことを明示するからである。「罪のゆえに」とは、「神が肉において罪を断罪した」（3）ことに基づいて、ということを意味する。以上から10abは、キリスト者が「罪と死との律法から解放され」（2）、霊の生を歩む現在を示唆する。10ac「霊は義のゆえに生命である」における義とは、「キリストの贖罪死と復活によって生み出され、〈義とされた罪人たち〉に贈られ、それから生命が生じるような義である」とされる。この義において働く力は、キリスト・イエスにおける生命をもたらす霊に他ならない（2）。肉ではなくこの霊の力を用いることこそ、信徒の義務なのである（12－13）。従って、「義の故に」という表現は、義認的意味と倫理的意味「すなわち、propter justi-

111 2で彼がノモスを律法と訳したこととそれに対するケーゼマン・川島批判についてはすでに触れた。

112 （U・ロ）一八六頁。

113 （川・ロ）二三七頁。

tiam exercendam（行われるべき義のゆえに）」を意味することになる。[114] こうしてこの義を通して働く霊により人は生きる。

14に関してヴィルケンスはケーゼマンと異なる仕方で解釈している。彼によると14は、13ｂ「聖霊によってソーマの悪い諸行為を殺す」の説示となっている。ここでソーマの諸行為を殺すことが、われわれの義務である以上（12－13）、聖霊の働きかけ（agein）は人間の能動性を排除しないとされる。従って14のagontiaiは、「駆り立てられる」よりも「導かれる」と訳されるべきである。この点は「ガラ」五16の「霊によって（あなた方は）歩みなさい」は、18の「もし（あなた方が）霊によって導かれているなら（agesthe）」と並行している。従ってこのagestheは「駆り立てられる」というより、「あなた方が霊によって導いてもらうならば」という仕方で中動相的に訳しうる。[115] ここでもヴィルケンスは、霊に従う人間の能動的倫理性を浮彫りにしているとみられる。それは例えば、彼の七12、八4、13などに関する解釈に窺われるところであり、「行われるべき義」の立場に拠ることである。[116]

以上のような「行われるべき義」の解釈ののち、ヴィルケンスは各節の釈義に着手する。23では、人間の救いと栄光への与りが近迫することを証しする霊をもつ者たちが同時に諸力の影響下にあって滅亡の淵に受難し、被造物と共に呻くという逆説を語っている。その呻きは「ソーマの贖い」を待ち焦がれる叫びであり、しかし聖霊はそのソーマの贖いを約束するので、キリスト者はそれを希望できる。ヴィルケンスは以上の意味で23は七24の嘆きへの全面的な終末的答えであるとする。逆に七24の呻きと重なる表白なのである。

われわれにとって「ソーマの贖い」におけるソーマ性は、被造物のソーマ性との接点を成し、従ってこのソーマが贖われたという意味で神の子の栄光に参与することが、被造物のソーマ的救いを意味すると解釈できよう。

29はわれわれの変容論（次章）との関連で注目に値する。前述のようにヴィルケンスは「エイコーン」を似姿でなく「本質の現れ」と理解する。従って29aの「神はキリスト者を彼の御子のかたち（エイコーン）に似たかたち（symmorphous）になるように予め定めた」とは、「神のかたちである御子と同じかたちになる」ことを意味しよう。キリスト者はこうして御子の本質に与る。われわれはここで聖霊論の文脈において、このような御子の本質に与る意味で、次にいくつかの変容のテキストを挙げてみよう。御子たるキリストのかたちに

114 （U・ロ）一九〇―一九一頁。
115 （前掲）一九五頁。
116 パウロがこの段階において前提としているのは、ユダヤ教的黙示文学の伝統である。そこでは義人の苦難と終末時における神の審きおよび義人の救いが表象されており、同時に被造物も新たにされると語られる。他方で「ロマ」八との根本的相違は、旧約の義人がトーラーへの忠実によって性格付けられるのに対し、新約の神の子らは聖霊を根拠とするという点に存する。

おいて神の本質と栄光が輝き出る（二コリ四4、6）。人はその輝きに与る。われわれはキリストの死の様とひとしくなる（フィリ三10、洗礼的意味か）。イエス・キリストはわれわれのソーマをその栄光のソーマに本質的に変容させるであろう（フィリ三21、終末論的意味か）。わたしたちは天上のエイコーンをとるであろう（一コリ十五49、終末論的意味か）。復活は、本性の変容としての人間のかたちである。「二コリ」三18「わたしたちはみな、顔の覆いなしに、主の栄光を鏡に映すように見つつ、栄光から栄光へと、主と同じエイコーンに変えられていく（metamorphoumetha）」は、キリスト者の地上における霊的変容を見事に表現している。

29aと30はその賛歌的文体を通してキリスト者の召命、義認、栄光化を、アオリスト形を用いて救済史の完成という観点から示している。だから、洗礼もこの救済史の終末論的性格を帯びるものとして位置付けられうる。

1―4　J・D・G・ダンの解釈

ダンは八に至るまでどうしてパウロが（聖）霊概念を放っておいたのかと問い、その理由は、八10以下で明示されていると述べた後、八の粗筋を次のように辿っている。

霊こそ、復活のキリストが罪の力と闘い始めたという六―七の終末論的緊張を何よりも理解させる鍵語である。信仰者は、旧いアイオーンと新しいアイオーン、肉と精神（内的人間）、罪に操作されるトーラーと神の賜物としてのトーラーなどの緊張の中に生きている。霊はこの信徒らを神の子とするが（14–17）、それは「ソーマの贖い」（11、23）に至るまで不完全にとどまる救いの最初の実りである。そして聖霊への言及によって、個人的な救いのプロセスは、宇宙論的地平（18–28）と救済史の枠組み（29–30）におかれる。パウロは終末論的な用語を駆使しつつ、霊がどのように信徒の終末論的生を復活という宇宙論的解放の完全な享受へともたらすのかを示し（11、19–23）、その霊が彼らの希望を保証し（24–25）、この時代に生きる彼らの弱さを支え（26–27）、そのようにして彼らの未来の栄光を確証することを開陳する。

生命の霊（八1–11）

前述の八の粗筋を念頭におき、われわれはダンの解釈でわれわれの論究に関わる特徴を調査・考察していきたい。[117]

1節における「今や」（nyn）は終末論的である。つまりパウロはその今においてアダム的旧アイオーンにおいてでなく、キリストにおいて在る人々には、アダムがもたらした死の宣告（katakrima、五16）はないと宣言して、霊に拠る救いの現実を示していく。

問題は2である。ヴィルケンスと同様ダンも2において「生命をもたらす霊の律法（トーラー）」と「罪と死の律法」という風にノモスを律法と訳すのである。それは一体どうしてであろうか。

第一の理由としてダンは七14「ノモスは霊的である」と七10「生命をもたらす掟」を挙げ、パウロにおいて八2以前にすでに、ノモスと霊と生命が結びつけられており、従って八2で「生命をもたらす霊の律法」の訳は適切と考えるわけである。

次にダンは、4の言句「霊に従うわたしたちにおいてトーラーの要求する義が成就される」を挙げ、トーラーと霊の関係が説かれていると説明する。

そのほか7における肉と神の律法の背反なども含め、ダンは如上の「律法」の訳を主張する。このような理由で、霊の律法は終末論的律法であり、キリストに拠る新アイオーンのパースペクティブの内から語られている。

それではこの律法と、二番目の罪と死の律法とは全く同じ律法の意味か、あるいは異なるのかという問いが生じる。ダンは、律法の語のみを抽出して考えても無意味であり、全体的に用語の関連の対比を考察すると、「生命の霊」と「罪と死」は正確に言えば並行的対比ではないという。なぜなら、霊と生命の連関は一体であるが、罪と死は相互に関係するがその実際の影響は異なると考えるからである。実際の対比は、霊と罪にあるので、パウロが律法を敵視しているわけではないとする。

「あなたを罪と死の律法から自由にした」（2）という文章の動詞「自由にした」はアオリ

ストであって決定的な出来事を意味するにしても（六18、22）、八23－24に拠ると人はその肉の弱さの故に、終わりの日の自由を依然として待望して生きなければならないのである。

3についてダンの解釈は興味深い。前にも見たが彼は3を次のように要約する。すなわち、肉の弱さが誘惑となって肉に罪を引きよせ、罪の力を肉にコミットさせたので、肉の破壊は又罪の力の破壊にも成ったというのである。[118]

4の「霊に生きるわたしたちにおいて律法の要求する義が成就するためだった」における律法の成就の根底には、律法における、霊を通しての神の目的の連続性が伏在していると解釈される。

---

117 この段落の形態や構造に関し、ダンは次のような特徴を際立たせている。1－4は続く主な議論への移行句であり、罪と死への解決をキリストの犠牲死を通して与えている。さらに律法の二面性（死の律法と生命の律法など）を再確認する。以上のようにこれまで用いられてきた用語の代わりに「肉」（サルクス）を全面に出す（1－13の中で13回用いられる）。こうして霊と肉との対句（4－9、12－13）は、六と七における罪、死、律法にとって代わる。今や霊のカテゴリーが、キリスト者の帰属と神の子性（9、14）を決定すべく登場する。文体的には、2における二つのノモスの対比やサルクスと霊の対句（4－6、9）、ソーマと霊の対句（10－11）が注目される。

118 （WBC ローマAダン）p. 422.

神の子の霊（八12－17）

ダンはまずこのペリコペーが、信仰者とは神の養子であるというテーマで統一されていると述べる[119]。

われわれはそのテーマを念頭におき、ダンの注目すべき解釈をとり上げ吟味したい。まず13「もしあなたがたが霊によってソーマの tas praxseis（新共同訳では、仕業）を殺すならば生きるであろう」における「ソーマのプラクセイス」の表現について、パウロはソーマよりもサルクスを常用するので、ここでのソーマの用法は非常に否定的であるとされる。それはなぜか。それは人が洗礼を受けても、ソーマの贖い(23)に至るまで、身体で社会的な欲望に生きなければならないことを自覚させるために他ならない（コロ三5－11）。

次は15の「アッバ、父よ」についてダンは語る。ここではアラム語とギリシア語の二つの言語が同じ祈りの表現となっている。信仰者はこの表現の叫びを反復することで祈りの喜びを覚えたのであり、それは決して恍惚状態を意味しない。また主の祈り（マタ六9－13）が二つの言語から始まっているとは考えられないので、この叫びは主の祈りに由来しない。重要なことは、アッバは歴史的イエスに由来するので、この叫びによって祈る人はイエスと共に祈りを分かち合い彼の子性に参与していくことである。

最後に17「もし（eiper）キリストと共に苦しむなら、共にその栄光を受ける」において、ダンは eiper がまだ満たされない条件を表現するとする。従ってこの苦しみは、単なるキリストの苦しみとの共鳴でなく、十字架に至るプロセスを示す。そして十字架が旧いアイオーンの終わりであるゆえ、そこで苦しむ人は罪と死の支配から解放され栄光に入る。だからこの eiper は、終末論的留保を意味するとされる。ダンはこの17における苦しみと栄光のテーマが、18以下で展開されるとする。

霊である初穂または初穂としての霊（八18－30）

18－30は「ロマ」八の議論のクライマックスをなすという。その際ダンは次の3点を指摘する。

①、先述のようにこのペリコペーは、17の苦しみと栄光のテーマを仕上げている。特にそれは29－30で5回用いられる異なるアオリスト動詞による表現の流れにキリストに関する語りを入れ（29）、流れをキリスト論的中断で破っていること、そしてそれに17の三つのキリストと「共に」（syn）を加えると、救いの歴史におけるキリストの中心的重要性が際立つ。

②、最も重要な点は、一18－八30の間で救いの宇宙論的成就をアダム論の用語で述べてい

119 ダンは、広いヴィジョンに立ち、14－30と9－11との関連およびその展開について次のように分析している。すなわち、14－30は、9－11の仕上げであり、14－17は9の説明、18－30は10－11の説明として分析しつつ、パウロの議論の流れを示している。

る点である。アダムの罪故呪われた人間と被造物（一18、32、五12－21）への返答が、長子キリスト（第二のアダム）と神の子たちの再興として示される（八19－23、29－30）。

③、さらにこのペリコペーは、全被造物の救いの希望をイスラエルの終末論的救い（九－十二）の準備として語り、パウロの救済論の流れを完成させてゆく。その意味でパウロ神学の白眉である。

次に個々の節に注目してみよう。

21における自由の語の反復は、自由が全被造物の終末論的解放として救済論の鍵語であることを示す。23ａ「霊の初穂（aparchē tou pneumatos）をもつわれわれ自ら」における「霊の」という属格は補説的で（epexegetic）、「霊という初穂」を意味しよう。それは刈り入れのイメージと通底し、旧約ではペンテコステ（五旬祭）が刈り入れの初物を祝う祭りであり、新約ではこのペンテコステに最初の初穂である霊の注ぎが記憶されている（使二）。この霊の注ぎは、ペトロの説教における「ヨエ」三１－５ａの引用にあるように終末論的である。従って「霊という初穂」は、終末論的ペンテコステの性格を帯び、キリストの復活によって開始された最後の刈り入れが進行中であることを示唆している。続く23ｂでは、この霊の初穂をもつわれわれ人間が「われわれのソーマの贖いを待望している」とある。ここで語られるソーマは非常にユダヤ・キリスト教的で、六６や七24の罪と死のソーマと類似な意味をもつ。

しかし霊の道を歩む人はいつかこのソーマが贖われる(13)希望にすでに生きている。その間はキリストと共に苦しむが、それはキリストのエイコーンと同じ姿(symmorphous)に変容して神の養子となりゆく道である。他方キリストは長子として、人類的な新しい家族を開闢する。ダンによると、このペリコペーには、アダム・キリスト論、つまり第一の堕罪のアダムから第二の救いのアダムのヴィジョンが支配しているという。

神の勝利――彼の忠実さと信仰の保証(31-39)

④、ダンはこの段落のリズミカルな構成を、修辞的技法にではなく、神の愛に対するパウロの深い情感の高まりの表現としている。そして35の苦難のリストは、「二コリ」十一23-27の彼の苦難のリストと共に、パウロ自身の体験に関する直接表現と解釈する。というのも、彼は自らの体験をアダムのアイオーンとキリストのアイオーンとの狭間に位置する終末論的緊張の仕上げと見なしたので、当然その体験を同じ信仰者たちにとっても範例となりうると考えたからだと解釈する。

以上でダンの解釈を瞥見したが、その解釈の中心軸はアダム・キリスト論である。なぜなら彼もニュー・パースペクティブの旗手の一人として、一方で旧約ユダヤ教とパウロとの連続性を強調し、他方でアダム的集合人格も含めた社会学的見地から、社会集団的視点を重要視したからだと思われる。

われわれとしては、八2のノモスは霊のアイオーンにおいては旧約との断絶が明らかなのでやはり律法と解釈できないと考える。霊の視点からすると、パウロと旧ユダヤ教との連続よりも、不連続が際立っている。以上の意味で、ダンの解釈をそのまま採ることはできない。

1—5 D・J・ムーの解釈

ムー氏は、長年にわたってイリノイ州のトリニティ神学校で教鞭をとり、「トリニティ・ジャーナル」*Trinity Journal* の編集者を務めた。ニュー・パースペクティブのパウロ研究者とは、批判的立場に立ちながらも相互交流をしている。

ムーはまず八全体を「霊における永遠の生命の保証（assurance）」という表題の下に、その全体について次のようにスケッチしコメントしている。[120] 全体の構成については多くの釈義家と同様に、①1-13、②14-17、③18-30、④31-39の四段階に区別する。霊が「ロマ」八の主題である。八に21回頻出する「霊」の語は、15aと16bを除いてみな「聖霊」を意味するという。八は「聖霊」そのものの分析ではなく、霊がその使命において何をするかが問題で、霊はその行為によって最もよく知られる。ムーが表題で「保証」の語を用いたのは、最初の1における「死の宣告なし」から最後の39における「神の愛から引き離されることなし」に至るテキストが、キリスト者に保証される恩恵と賜物を表現しているからである。

全体の中でわれわれが注目すべき点は、八1-17が、死の宣告（カタクリマ）を二回語るアダム・キリスト論（五12-21）の再述とされていることが一点目で、二点目は、八2-4が七7-25の悲劇的な「わたし」の生に対する解決法をスケッチしていることである。それでは次にこれまでと同様にムーのテキスト解釈の特異点を考察し、本論の参究をいよいよ深めていきたい。

生命の霊（1-13）[121]

2節でこれまで問題になってきたのは、ノモスを律法と考えるか、それとは別の原理・原則と考えて訳すのかということである。

ムーは、ノモスがモーセ律法を意味するという説を批判する。その要点は、まずモーセ律法に自由解放の力を認めることは、3の律法の無力さの主張と矛盾すること、次に律法の救いに対する無力さは、何か律法の新たな起動力によって補われ回復し支えられるのでなく、十字架に現れる神の恵みの働きと霊とが救いを実現するということがその代わりとなる。従

---

120 (NICNT ローマ Mo) pp. 69–90.

121 一般の釈義家が第一段落を1-11とするのに対し、肉と霊との反対的対比が12-13においても励ましなどの形で持続しているので、ムーは1-13を一つの段落と見る。

って霊のノモスはモーセ律法を指さないが、他方で「心に書かれた律法」（エレ三十一31‐34）、「霊によって掟に従って歩むこと」（エゼ三十六24‐32）において預言されたような「新しい契約」の律法と関係するのではあるまいかと問われる。この問いに対し、ムーは否定的である。なぜなら、第一にエレミヤやエゼキエルの律法は新しいアイオーンの解放的力ではありえないからであり、第二に彼ら預言者の言う心の、霊の律法をモーセ律法に代わる「霊の律法」（2）としてそれを新しい契約時の新しいエチカ的な基準に見立てることはできないからである。

次に二つ目の「罪と死のノモス」のノモスが問題となる。3aのノモスは明らかにモーセ律法を指す。ひるがえって七7‐25におけるノモスは、罪と死の道具となるノモスを指す。その際七23で罪のノモスは、モーセ律法と異なる別なノモスと言われているので、原理ないし法則の意味が適当である。加えて八2は、七23‐24の答えとなっているので、2の罪と死のノモスも、原理と訳出される方がよい。ムーはしかし2の真の対比は、新しいアイオーンの主たる霊と旧いアイオーン（六—七）の主たる罪および死との対比であることに注意を促している。

3について分脈上ひとこと費やせば次のことが言えよう。すなわち、1‐2において聖霊が死の宣告から肉の支配下にあった者を自由にすると語られるが、それは十字架において神がすでに罪を断罪していたというキリスト論的分脈でのみ可能であるということである。

4は解釈の難しい節である。ムーは4が3で神が肉において罪を断罪した目的を述べる節と見、ノモスの dikaiōma の意味解釈を、righteous requirement of the law とする。われわれはこれを「律法の義しい要求」と邦訳しよう。一般に十三8－10においてノモスの成就は「隣人愛」であって、キリスト者は隣人愛を通して律法を完全に果たしているとされる。しかし十三8との対比で言うと4でパウロは明白に愛を言挙げしている訳ではない。そこでムーは論を進め、律法の無力さの克服は、律法の廃棄によるのでなく、法の要求への完全な従順による。これは正にイエス・キリストの為したことである（五15－19）。従って法の義しい要求は、キリスト者において、彼らの自力的行為を通してではなく、あくまで神に従順(hypakoē) であったキリストと一体化すること (incorporation) を通して満たされるわけである。しかもこのキリストへの一体化とは、彼に対する信仰を意味し、信仰を通してのみ律法は成就される（三31）。さらに神は律法の充足のためキリストのみならず、聖霊を送り、こうして信仰者は、肉の誘惑に直面しながらも、聖霊によって導かれる。

以上が4の意味である。その際、霊と肉は一個人の二つの部分でなく、救済史における二つの力、二つの領域を意味する。続く八5－13は、この二つの力の対比と戦いについての議論となる。今は10によってこの対立を考察したい。

パウロはキリストへの内在によって信仰者に保証された恵みを続く二つの句によって詳細にしている。その一方の句は「ソーマは罪の故に死んでいる」だが、対句は「霊は義の故に生命なり」である。前者にあってソーマは、ユダヤ的パウロ的表象に従うと、全体としての人間であり、それが罪故に死の宣告状態下にあることを意味する。このソーマは、アダムの罪の果として特に具体的な体を指していると解釈できる。対句における霊は聖霊を指して、対句はこの新しい生命の根拠である聖霊の内在によって信仰者が、今や死の宣告から自由となり、未来に復活の生命に与ることができることを意味する。これらすべては義に拠るとされる。ムーはこの義を「転嫁された義」と理解する。ムーは一17における「神の義」の釈義から始めて義に関するExcursusを展開している。今はその詳細を辿れないが、彼の解釈は大略次のように示されよう。パウロの旧約的ルーツを辿ると神の義は、神によるその民の終末論的解放、つまり救いの活動を表す（ミカ七9、イザ四六13、五十5－8など）。この視点でパウロは神の義を用いている（三21）。他方でロマにおける義の用法は、神によって信仰者に与えられた義の状態を示す（一17、三21－22、十3）。ムーによると義とする神の働きは、純粋に法廷的な無罪判決を意味し、従って神の前における信仰者の状態も、内的モラル的変容ではなく、ルターと共に言えば転嫁（imputed）された義を意味するという。われわれとしては前述の通り、法廷的なこのムーの解釈は承認できない。それでは本論の聖化・変容論が成立しないからである。

養子の霊（14－17）

14以下は、信仰者が霊によって神の子とされること、つまり養子化が説かれている。ムーはアラム語アッバを父に宛てたイエス自身の言葉とし、そのギリシャ語訳付の「アッバ、父よ（ho patēr）」は、マルコ福音書（十四36）やパウロのギリシャ語を話す諸教会で特別な意味をもつ叫びとして記憶されたとする。

17では、キリストと共に受難すること（現在形）が、キリストと共に栄光を受けること（現在形）の条件、あるいは道と説かれる。ここでの受難は両動詞の現在形と18への連続によって日々の苦難を意味し、勿論回心の時の「キリストと共に死に、葬られること」（六3－5）ではない。

栄光の霊（18－30）

この段落は、17bの苦難と栄光のテーマを展開して、八を支配する保証のテーマを続けて扱い、「ロマ書」の中の神学的枢軸をなす八を開く契機となった五1－11をふり返らせる。

特に栄光は、表現としては三回現れるだけだが、18と30の栄光はこの段落の括り（inclusio）となり、この段落を貫く一大テーマとなっている。この栄光に伴う重要概念は、自由（21）、ソーマの贖われること（23）、そして最も重要な「神の子」（19、23、29）である。このソーマの変容は、神の子の身分（hyiothesia）の成立に等しい（23）。その神の子となることは、神のエイコーンであるキリストの子性に参与して栄光を受けるという終末論的希望の地平に先駆的に参入することに他ならない。その神の子の栄光に、今は神によって虚しさ・腐敗に隷属して呻いている被造物が与って自由にされるのである。この粗筋は本論の立論にとって重要である。

以上がこれまで他の釈義家も示してきた終末論的救済の粗筋といえよう。

信仰者の（キリストにおける）祝福された（救いの）保証（31－39）

この段落は「ロマ」全体のクライマックスで救いの根拠である神の愛を、五1－11におけるように賛美している。ムーはこの段落を二つの部分、つまり（イ）31－34と（ロ）35－39とに分別する。（イ）は法的性格をおびている。「わたしたちを弁護して」（32）、「渡す」（32）、「訴える」（33）、「義とする者（ho dikaiōn）」（33）、「死刑を宣告する」（34）、「執り成す」（34）などの語がそれを示す。そして「われらの為の神」（31）は、神がすでに無罪宣告において下した判断が、判決における完全な保証であることを示している。

（ロ）においてパウロは、この終末論的保証に加えて日常的なキリスト者の生に対する保証を付加している。それはキリスト者が世の諸力に対する勝利を約束されているからである。

以上から苦難の只中において現在キリスト者に無罪を宣告し、また未来の勝利を保証する根拠は、「キリスト・イエスにおいて現れた神の愛」（39）なのだとパウロは賛嘆するのである。

1―6　J・A・バートンの解釈

J・バートンは、トロント大学で新約学の博士号を取得後、ニューヨーク州のホートン単科大学の新約学の准教授（二〇〇五年当時）を務め、米国やカナダで教鞭をとっている。

彼はその著書で霊そして霊と律法との関係を圧倒的に扱っている八1―16の段落を集中的にとり上げ、自らのテーマを探求する。それはパウロが、ユダヤ教のC・Nとダマスコ体験後の聖霊についての認識との不協和・不一致を看取しており、それ故彼が両者をどのように整合しようとしたのかという問題をテーマとするわけである。

前述のように、パウロがキリストと律法とを対立的に見た原点は、ダマスコ体験にある（フィリ三4―11、ガラ一15―16）。

その上でバートンは、サンダースの律法とキリストとの関係に対する解釈を批判する。サンダースはパウロが八1―4において、キリスト者は全く律法の下にないという考え（1―2）とキリスト者のある者は律法を満たすという考え（3―4）の間の矛盾・緊張を見出したのに、この矛盾を解決しようとせず、それ以上の解釈を放棄したと解釈している。バートンは自らキリストの霊とノモスの根源である愛との連続性を説いてその矛盾を調整しつつ、この放棄説を批判する。

他方でダンなどをも批判する。ダンは律法遵守に関し、罪の力によって不可能となる律法遵守の否定面と霊の力による律法遵守の二つに分別し、前者は旧いアイオーンのことであり後者はキリストによる霊の新しいアイオーンのことと考える。そのことをふまえダンはパウロが霊の役割をエレミヤやエゼキエルの預言する「新しい契約」の時、つまり終末時にトーラーを民に遵守させることだとし、そこにパウロがユダヤ教的伝統との連続性を保持したと解釈する。八4はその表明である。しかしバートンは、ダンの解釈とは反対に、パウロは生命を与える役割を聖霊に帰し（2、6、10‐13）、決して律法に帰さない（七10‐11）。パウロはキリスト者に律法を遵守するようには決して促さない。こうしてダンは霊の救済論的な決定的働きと律法の無力さを十分説明していないと批判される。

バートンは霊の救済力と霊による新しい倫理的生き方を際立たせるため、旧約と第二神殿時代のユダヤ教文書（F・ヨセフスやアレクサンドリアのフィロンなどのディアスポラ文学、ヘレニズムの影響を受けたパレスチナ文学そしてクムラン文書）を渉猟し、それらが霊（ルーアッハ）とトーラーとの間に調和的役割を強調していることを示した。ユダヤ教的終末論は、ルーアッハがトーラーの遵守を各人に可能とする新しい契約の到来を待望した。パウロはこの文書的伝統を熟知していた（ガラ四23‐29、ロマ二29、七6、二コリ三1‐18）。しかし彼はあくまでも現在にあって新しい生の原理として霊と霊によるエチカ的生き方とがトーラー遵守に代わると断言する。そして前にも述べたが、七と八1－16における旧いアイオーンと新しい現在的アイオーンとのテキスト的内実的対比を次のように示す。すなわち、対比的に七5は律法と死、七6は霊と生命を語り、七5は七7－25によって展開され、七6は八1－16によってパラフレーズされているという対比的見取図になる。

さて、バートンは霊とトーラーの対比の意味をとり上げるため八2を考察する。この句の中の「生命をもたらす霊のノモス」はくどく複雑な表現であり、なぜ「生命をもたらす霊」と簡単に言えないのかが問題となる。ある釈義家はノモスは省略してもよいとし、多数説はノモスはモーセ律法を指すとし、他の人々は霊とトーラーとの二つの領域の非類似性を強調するメタファーだと言う。しかしバートンは、このノモスはトーラー的倫理に代わる、霊をベースとした倫理を指すと解釈し、加えて文脈からノモスの二回の用法は、霊とモーセ律法との連続性を暗示すると考える。

この点は八4でさらに深められているとされる。バートンは、霊がノモスの義しい要求を満たすという考えはパウロ的であると言う。「ガラ」五14では、すべてのノモスは、愛の一つの掟において満たされるとされ、「レビ」十九18が引用されている。同じ「ガラ」に拠るとこの霊の導きに従えば（16）、充実さす倫理が自ずから溢れ出てくる（22）。「ロマ」十三8も愛を強調し、9では姦通、殺人、盗みに関わる掟を挙げ、その眼目は愛に極まる、愛はノモスを完全に果たすと宣言する（10）。こうしてパウロは霊の働きと、ノモスの極み・愛の連続性を考えている。しかしダンなどは、如上のパウロのテキストを、キリスト者のトーラー遵守は義務であると解釈するが、それは誤解であり、キリストを無用なものとしてしまうことになる（ガラ五1－6）。

バートンはこのキリスト者の倫理的生と義とを結びつける。十四17で「神の国は飲食にあるのではなく、義（dikaiosynē）、平和、喜びである」という場合、義は明らかに法廷的意味を超え、信仰者の生き方の倫理的質を指す方位をもつ。同様に彼は八10を次のようにパラフレーズする。すなわち「キリストがその霊によってあなたがたの中に在るならば、たとえあなたがたのソーマがアダムの罪故に死に定められていても、霊の現存は、あなたがたを生命に導く。というのも、霊は義しい行為の極みを成就するからである」と。このように義は、霊に基づく行為論的性格をおびるのである。

この霊はキリスト者を「アッバ、父よ」と叫ばせ、神の子として立てる。八15－16「あなたがたは恐れにみちた奴隷の霊を受けたのではなく、神の子となる霊を受けた。この霊によってわたしたちは〈アッバ、父よ〉と叫ぶ」は如上の倫理的生の根源にも関わる重要な告知である。「神の養子となる霊を受けた」における「受けた」はアオリスト形で、バートンはパウロ自らの過去のダマスコにおける回心体験にまで遡るとし、他方で「叫ぶ」は現在形でダマスコ以来持続する子としての父への関係を表現すると考える。これはわれわれの立論にとって重要な解釈である。このように人の養子性（14－16）は、1－13の結びとなる。

この結びにおいてバートンは、前述の彼のテーマを次のように要約している。すなわち、八1－16でパウロは霊が新しい生命の原理として律法にとって代わったと確信しているにも拘らず、今のアイオーンにおける霊の役割（愛の倫理的生の根拠）が愛に極まるトーラーの倫理と類比的であることをも示している。パウロは、C・Nが用いる諸概念を新しいアイオーンにおける霊に関し再利用する、つまり新しい方向付けで用いている。そこで彼のユダヤ教的過去とキリスト者との現在が交差する。バートンはその消息を図式化して示している[122]（図6－1）。

以上のようにわれわれは如上の図式を通してバートンが自らの論文のテーマにある解決を与えたことを大略示した。

最後にバートンのキリスト論と聖霊論の深い関係の指摘に傾聴しよう。釈義学者G・D・フィーと共に彼は次のように主張する。パウロの神学的思想的洞察や概念は、自らの変容の起点であるダマスコにおける霊の体験によって形成された。他方で律法に関する彼の諸々の考えは、単にキリスト論的表現で描かれた一回限りの結果ではなく、パウロの決定的で持続する聖霊体験の結果でもある。この体験は「ロマ」八で聖霊論的表現を通して描かれ、ダマスコ体験に発するものなのである。われわれはこのようにキリスト論とそれを基に展開する

122 (L of S), pp. 267–268.

図 6-1　霊とC・Nの協和へ

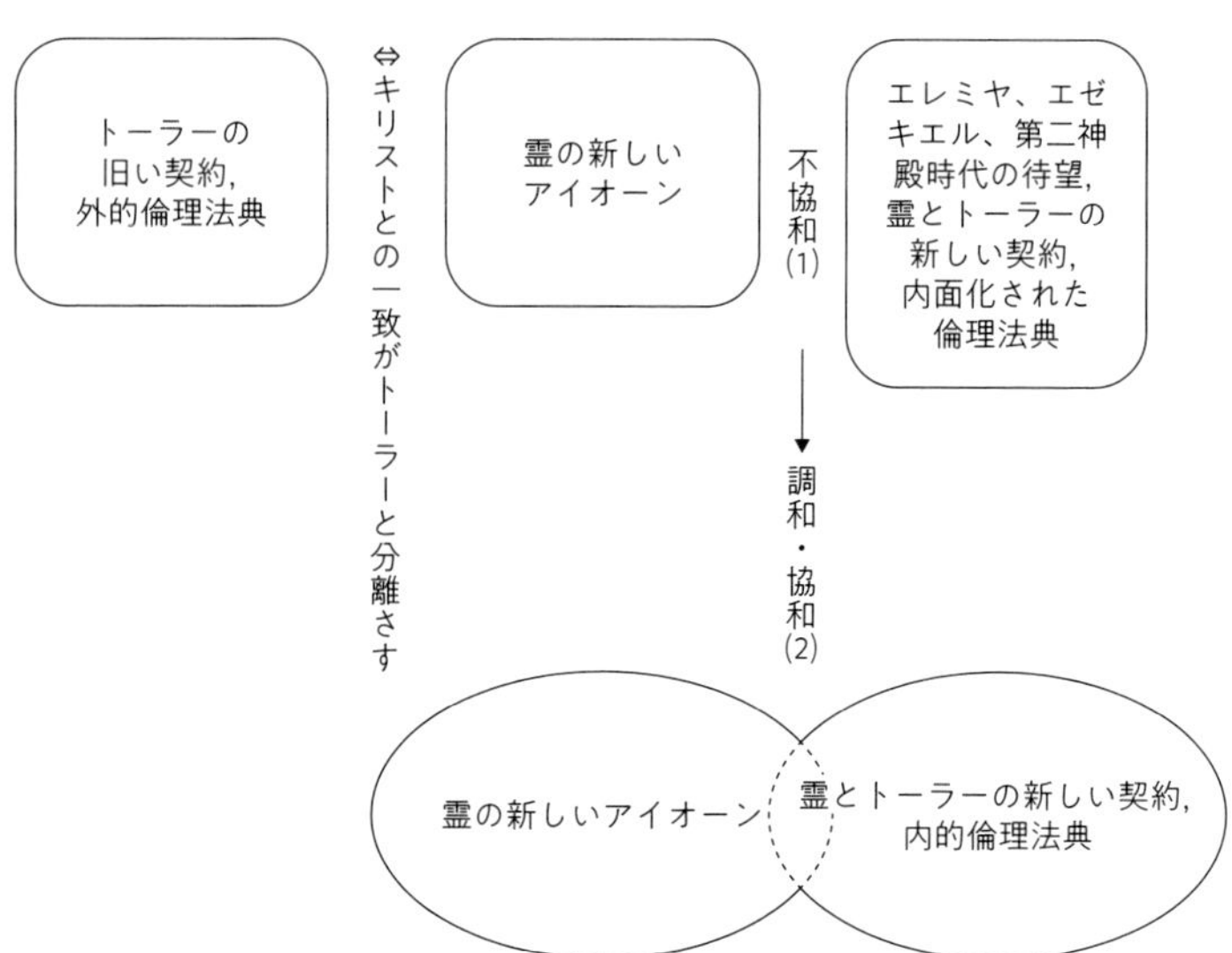

霊は神と子的な親愛さをもたらす。そして信徒の倫理的生に湧き続ける。霊の新しいアイオーン。

(1) 霊の新しいアイオーンは，C・Nと相容れない→不協和へ

↓

(2) しかしパウロはユダヤ教的信念との関わりも次の二つの仕方で認める→協和へ

(イ) C・Nのシステムに内在するカテゴリーを新アイオーンにおける霊の役割を描くために用いる。

(ロ) C・Nの志向したゴール（愛のトーラー）がどのように霊によって成就したのかを証明する。

聖霊論との連動が、生前のキリスト・イエスと交流なきパウロにおいて正に彼のダマスコ体験に起動することをここで確認し、次の釈義の考察に移りたい。

1—7 A・ジニャックの解釈

ジニャックは、八1-39の構造を大略次のように示している。まず1の死の宣告（katakri-ma）と34の死の宣告をする者（ho katakrinōn）が全体の括りをなし、一つの文学単位を形成している。次にその単位は、2と18と31の三つのテーゼと各テーゼを高揚さす三つの修辞（16-17と29-30および38-39）によって三区分される。第一区分①1-17では、キリスト・イエスにおける生命をもたらす霊のノモスが、罪と死のノモスから自由にした（テーゼ）。その結果、キリスト者は栄光を受ける（17）。②18-30では、現在の時の苦しみは、未来の栄光の前では取るに足りない（テーゼ）。キリスト者は栄光を受けた（30）。③31-39では、神はわれわれをキリストにおいて愛する（テーゼ）。賛美の結び（38-39）。

①について言えば、「生命をもたらす霊のノモスが自由にした者」とは、「あなた」ではなく「わたし」であるとの写本異文の選択が、七—八における「わたし」理解を深める解釈と言える。ジニャックが、「わたし」を選んだ主な理由は三つある。その中の一つは、「あなた」は聖書引用文以外には「ロマ」二27以降現れていないからである。第二は、七7-25で

語る「わたし」とこの2の「わたし」が重なり、後者が前者の応答となるからである。特にパウロ自身が八1の正しさを証する範例として2で自らを語っていると思われる。第三に、有力な写本は「わたし」「あなた」の選択に関して甲乙つけ難い証拠を提出している。このようにして聖霊が新生の「わたし」の自由な生き方の根源として働くこと、つまり予め語れば「栄光から栄光へと、主と同じ姿をもった者に変えられる（metamorphoumetha）」（二コリ三18）ことがここに告知されていると言えよう。以上の解釈は、われわれも承認し立論に採り入れている。

②18－30。ジニャックは18が17bを承け、テーゼを形成していると解釈し、全体を三区分する。（イ）19－21は、「わたしは知っている」（18）を「わたしたち」によって受け、被造物と神の子たちの連帯という黙示録的パースペクティブを披く。（ロ）22－27は、「わたしたちは知っている」文で、被造物とわたしたち人間と聖霊との連帯的な産みの苦しみと呻きをテーマとする。（ハ）28－30でも、「わたしたちは知っている」文で、神を愛する人々にあってはすべてが協働すること（synergein）がテーマとなっている。

この協働については、このペリコペーにおける接頭辞（syn・共にの意）をもつ語が注目される。「共に産みの苦しみを味わっている」（22）、「聖霊はわたしたちの弱さに伴って助けてくれる」（26）、「共に働く」（28）など。それによって被造物と霊とわたしたちとの協働が明らかに示されよう。

次にこのペリコペーにおいてジニャックは「聖霊の神学」に言及しているので、われわれもそれを大略解説しよう。それは八1－17の聖霊論の指標に対する補完となる。一点目は、出産の苦しみ・呻きのメタファーは、霊的生活をソーマ的領域に加えるという点である。神の子になる為には、この出産の苦しみを過越さなければならない。この出産にあって人の霊は聖霊によって助けられるわけである。

二点目は、霊は神と人間の間の仲介者、執り成し役だという点である。霊（プネウマ）は人の呼吸（プネウマ）よりも人に近いので、人間より人間のことを知り、人間に対してどのように神に祈り求めたらよいのかを開示する。こうして霊は神の摂理の深さの洞察を、知的にではなく、実存的に人に与える。三点目は、霊の体験は、初穂つまり将来の自由の先駆的な味わいをもたらす。神の子となるための出産の苦しみと無力感の只中で、人はすべてが協働して彼の善になるように働くことを知る。苦しみはその協働の要である。四点目は、聖霊はわれわれの内・間で祈る。従って霊の体験は、今ここにおける神の現存の体験となる。こうして人は、神の子となり行く途上において神の愛に対して賛美の叫びを上げうるのである（③31－39）。

以上「ロマ」八の聖霊論の諸解釈を辿った。その要諦は後述するとして、次に聖霊と「キリストの身体」との関係に参入したい。

2――「一コリ」十二章における「キリストのソーマ」とカリスマ協働体

「一コリ」十二

1兄弟たちよ、「霊」の賜物（プネウマティカ）については、ぜひ次のことを知ってお
いてもらいたいと思います。2あなたがたは、自分が異教徒であったとき、惑わされて、
口のきけない偶像のもとへ連れていかれるままになっていたことを知っています。3それ
で、はっきり言っておきますが、神の霊によって語る者は、誰も「イエスは呪われよ」と
は言いませんし、また、聖霊によらなければ、誰も「イエスは主である」と言うことはで
きません。4霊の特別な恵み（カリスマタ）にはいろいろな種類がありますが、恵みをく
ださるのは同じ霊です。5奉仕にはいろいろな種類がありますが、仕えるのは同じ主に対
してです。6働きにはいろいろな種類がありますが、すべてのもののうちにあって、すべ
てのことを行われるのは、同じ神なのです。7人それぞれに霊が現れてくださるのは、全
体の利益のためです。8すなわち、ある人には霊を通して知恵の言葉が、ある人には同じ
霊によって知識の言葉が与えられ、9ある人にはその同じ霊によって信仰が、ある人には
その唯一の霊によって病気を治す特別の恵みが、10また、ある人には奇跡を行う力、ある
人には預言、ある人にはいろいろな霊を見分ける力、ある人にはさまざまな異言、ある人

にはその異言を解釈する力が与えられています。11以上すべては、唯一の、また同じ霊の
働きであって、霊はお望みになるままに、人それぞれに恵みを分けてくださるのです。
12体は一つでも多くの部分があり、体のすべての部分は多くあっても一つの体であるよ
うに、キリストの場合も同じです。13実に、わたしたちは、ユダヤ人であれ、ギリシア人
であれ、奴隷であれ自由な身分の者であれ、洗礼を受けてみな一つの霊によって一つの体
に組み入れられ、また、みな一つの霊を飲ませていただいたのです。14確かに、体は一つ
の部分ではなくて、多くの部分から成り立っています。15たとえ、足が「自分は手ではな
いから、体に属していない」と言ったとしても、それで体に属さないということではあり
ません。16また、たとえ、耳が「自分は目ではないから、体に属していない」と言ったと
しても、それで体に属さないということではありません。17もし、体全体が目であったら、
どこで聞くのでしょうか。もし、体全体が耳であったら、どこで匂いを嗅ぐのでしょうか。
18ですから、神はお望みのままに、体に一つひとつの部分を備えてくださったのです。
19もし、全部が一つの部分であったら、体はどこにあるのでしょうか。20ところが実際、
部分はたくさんあっても、体は一つなのです。21目が手に向かって、「お前はいらない」
とは言えず、あるいはまた、頭が足に向かって、「お前たちはいらない」とも言えません。
22それどころか、体のうちでほかよりも弱いと見える部分が、むしろずっと必要なのです。
23また、わたしたちは、体のうちでほかよりも見栄えがしないと思われる部分を覆って、

よりいっそう見栄えがするようにします。また、不体裁なものは、もっと体裁よくします。
24体裁のよい部分には、その必要はありません。しかし、神は劣っている部分をよりいっ
そう見栄えよくし、調和よく体を組み立ててくださったのです。25体のうちに分裂がなく、
かえって、各部分が分け隔てなく互いのことを心し合うようにしてくださったのです。
26それで、もし体の一つの部分が苦しめば、すべての部分もともに苦しみ、もし一つの部
分がほめたたえられれば、すべての部分もともに喜びます。

27さて、あなたがたはキリストの体であり、一人ひとりその部分なのです。28そして、
神は教会の中で人々を次のように任命されました。第一に使徒、第二に預言者、第三に教
師、次に奇跡を行う者、それから病気を治す特別の恵みを持つ者、人の世話をする者、司
る者、種々の異言を語る者などです。29みなが使徒でしょうか。みなが預言者でしょうか。
みなが教師でしょうか。みなが奇跡を行う者でしょうか。30みなが病気を治す特別の恵み
をもっているのでしょうか。みなが異言を語るのでしょうか。みながそれを解釈するので
しょうか。31だが、あなたがたは、より優れた特別な恵みを得ようと努めなさい。

ここで、わたしは、遥かに素晴らしい道を示しましょう。

2―序　信仰告白とキリスト教協働体の成立

この章の解釈に入る前に二点おさえておきたい大前提がある。その一つは、聖霊によって初めて「イエスはキュリオス（主）である」という信仰告白が可能であり、それがキリスト者およびキリスト教協働体（キリストのソーマ）を成立さす根拠になることである（3－4）。次に、すでに解釈された三一的表現である（4－6）。ここでは別に三位一体論が説かれているわけではなく、キリストのソーマの一体的形成に父なる神と御子キュリオスと聖霊とが協働するという意味なのである。われわれはこの点をふまえ、（聖）霊の働きとキリストのソーマとの関係について二人の釈義家の解釈を参照したいと思う。

2―1　R・B・ヘイズの解釈

先述のようにヘイズはデューク大学神学部で新約聖書の倫理とパウロ書簡の研究を主として教鞭をとり（一九九七年当時）、他方でユナイテッド・メソジスト派の聖職者として教会にも従事しているという。その牧会的態度は各ペリコペーの釈義の後に述べられる「教師・説教者のための黙想」に窺えよう。

われわれは十二に関するヘイズの四区分を少々パラフレーズして次に示したい。[123]

①1-3。導入部。聖霊はすべてのキリスト教告白の根拠である。
②4-11。聖霊は各人に現れる。この様々な現れは、一つの源からであり、全体の利益を目的とする。
③12-26。ソーマによるキリスト教協働体の比喩的説明。その部分の多様性と相互依存(感応道交)。
④27-31a。教会協働体の部分としての諸々のカリスマと職務。

われわれは、①に関してはその内容を「序」の一つの大前提で述べた。

②についてはやはり「序」でその三一的表現に言及したが、ヘイズはそこで語られる三つの言葉(カリスマ、奉仕、働き)は、相互に明確に区別されるべきではないとし、7がその精神を伝えているという。すなわち、「人一人ひとりに霊が現れること(phanerōsis)は、全体の益(to sympheron)のためである」と。その霊の現れの一覧表が8-10に示されている。ヘイズはこの個々の現れ(カリスマ)の正確な意味を詳細に分析しても無意味だと考える。というのも、パウロはカリスマに関する明白な絵図を示していないからであり、また他の手紙で別な表を示しているからである(ロマ十二6-8、エフェ四11-12、一コリ十二28-30)。

以上のようなカリスマによる信徒皆の協働一体化は、前に言及したようにコリント教団における霊的熱狂主義者のエリート主義、例えば異言のカリスマの尊崇などに対するパウロの警告となっていよう。

次に③のペリコペーに目を転じると、そこでは正に「キリストのソーマ」が主題となっている。その考察に入る前に一点だけ注意を促しておきたい。それは「キリストが、エクレーシアというソーマの頭」（コロ一18）というキリスト頭性論であり、これはソーマに対するいわば外的統治者の意味が強い[124]。

これに対し、「一コリ」十二の「キリストのソーマ」はむしろ内在的な意味での、キリスト者の霊による一致即キリストという神学を披いていると思われる。われわれはこの神学が、思想的には「使」九4－6におけるパウロのダマスコ体験に窺えると解する。というのも、

---

123 （一コリ・へ）三四八頁。

124 他に「コロ」二19、「エフェ」一10、22－23、二15以下、四15－16などにもキリストの頭性が強調されており、体全体はこの頭に結びついて、頭のおかげで互いに触れ合い、各部分のカリスマに従って働いて、愛に基づいて大きく成長していくと述べられている。エフェ、コロは、キリストが教会のみならず、宇宙の霊的諸力の頭であり、一切はキリストを頭として結び合わされる（anakephalaiōsasthai, エフェ一10）と宇宙論的黙示録的なキリストの頭性の地平を披いている。従ってエフェ、コロが、キリストはソーマ（協働体）の頭とするのは、そこに天、地、地下の一切の頭（キュリオス、フィリ二11）とする頭性の神学が背景としてあるからと言えよう。

「サウロ、なぜわたしを迫害するのか」（4）と「主よ、あなたはだれか」というサウロの問いに対する応答「わたしはお前が迫害しているイエスである」とは、パウロが迫害する者たち（後にキリスト者と呼ばれる人々）とイエスとの自己同一性を示すからである。われわれはパウロの「キリストのソーマ」の発想が直接ダマスコ体験に由るというのではなく、それが聖霊体験としてこの発想の噴出の震源になったと考える。

ヘイズもパウロが存在論的に多くの成員から成る教会を直接キリストと同一視している（27）と述べており、教会協働体が単なる社会学的な組織を超えた霊的実在である点を強調する。[125] だから「キリストの体」は比喩であるという時、それは修辞的語法と勘違いしてはならない。つまり、われわれが人間の思惟や感性を超えた実在を語る時、否定神学的語法や比喩などに拠らざるをえない言語的限界に生きていることを自覚しなければならないと思われる。

ヘイズは13の「みな一つのソーマに成るため洗礼を受け」の洗礼をいわゆる水の洗礼を意味せず、また「一つの霊を飲ませてもらった」をルターやカルヴァンの様に聖餐式を意味しないと解釈する。その洗礼とは協働体が全体として霊の力に浸され、ユダヤ人やギリシャ人、奴隷や自由人といった民族的社会的身分の差を無として一体に成ること、正にキリストのソーマに成ったのだと解釈する。以上の考察は、③12-26の眼目であり、われわれも自らの解釈を展開した。

④27－31ａ。このペリコペーは、霊的なエリートの誇り（異言など）を牽制しつつ、31ａで「さらに偉大なカリスマ（複数）を求めよ」と勧め、十三における愛の賛歌に跳入する。こうしてパウロは信徒がすべてのカリスマを通して一致して生きるための道を愛として示していく。

2—2　J・A・フィツマイヤーの解釈

フィツマイヤーは、米国のカトリック大学の名誉教授で、新約学、古アラマイ語、クムラン文書に関する泰斗である。またイエズス会士として活動した。

彼は十二を三区分する。①「霊の識別」の表題をもつ1－3と②「カリスマの多様と一つの霊」という表題をもつ4－11と③「一つのソーマにおける多数の成員」という表題下の12－31である。

われわれは全体としてフィツマイヤーの解釈に注目すべき点は見出さないが、幾つかのコメントを次に付したい。①についてはすでに多くの釈義家の説を紹介した。②の中で「霊の現れは全体の益のためである」（7）の「現れ」は彼によると、「ガラ」五22で語られる霊の

125 （前掲）三四八—三四九頁。

実り（実りは単数形。従って続く愛、喜び、平安、寛容、柔和はみな異なる多数の実りではなくあくまで一つの実りとして示されている）と異ならないとされている。これも注目すべき解釈である。

10「いろいろな霊（pneumata）の識別」について、1の霊の賜物（pneumatika）と区別されるべきとしている。というのも、1の pneumatika は、聖霊に由来するが、10の pneumata は、神やサタンや他の人間にも由来しうるので、その正しい識別のカリスマが要求されるからだという。この識別は真の預言者と偽の預言者の判別に役立っているが、それに限られるわけではない。特に協働体の中で誰かが、自分は神の霊に由って語っているとし、他の人々を支配するようになる場合、それがサタン的妄想か異常な心理状態に由るのかの判別は、全体の益の為に必要となるからである。

③に関するフィッツマイヤーの解釈を考察すると、パウロは協働体の成員を、まずキリストと同定し（十二12）、次にキリストのソーマと同定し（27）、たまたまそれをキリスト協働体・エクレーシアと同定している（28）。

フィッツマイヤーは、このキリストのソーマという考えは、パウロがコリント教会の諸々の分派・分裂事態に直面して以来浮上してきたもので、パウロのダマスコ体験（イエス＝迫害されているキリスト者たち）には関係がないとつき離す。この考えはそもそもルカ神学の要素でさえないからである。しかしわれわれは前述の如く、歴史的因果関係を超えてダマスコ体験とキリストのソーマの思想は、類型的に（typeとして）反照し合うと考える。それは霊に関することを、歴史研究とその言語操作に還元できるのかという本論の根本的な問いにも関係することで、フィツマイヤーは釈義家としてそこまでは考えていない。そのことは、彼がこのソーマの用法の起源を探りつつ、集合人格説やグノーシス的な原人のソーマ説などを棄て、それが古代ギリシャ哲学に由来するとしたこと、つまり政治的総体として認識された市民社会やポリスの観念をパウロが利用したと解したことに現れている。これに対し、われわれはすでにヘイズと共に「キリストのソーマ」が社会政治的組織を超えた霊的実在の次元にあると弁論した。

次には、これまでの西欧的解釈とは異次元の東洋ヘブライ的解釈（ハヤトロギア）をとり上げてみたい。それは新・旧聖書理解に用いられる西欧的思想概念を超えて、その枠外で聖書、われわれのパウロ理解、さらに本論全体に新たな視点、展望をもたらしうると思うからである。

3——有賀鐵太郎におけるハヤトロギアとそのキリスト論的中断およびプネウマ体験

有賀によると、ヘブライ的思考方法はハーヤーの論理に拠るとされる。ハーヤーとは、「生成する、在らしめる、働く、在る」などを一如として含む三人称単数完了形動詞である。これに対しギリシャ的思考法は、存在（to on）の実体（ousia）に関わるロゴス（学知）、つまり存在論（ontologia）と言える。このハーヤーの論理を、ギリシャ的ロゴス（学知）を通して解明しようとする歴史神学的方法論の視点に立つのがハヤトロギア、つまりハーヤーに関するロゴスである。有賀はこの方法論を拓開するに際し、ギリシア思想史やユダヤ教の解明分析の道を採らず、次の二点をとり上げる。それはすなわち、一方でギリシア的学知とヘブライ的ハーヤーの論理が交わる一人の人格（フィロン、オリゲネス）の在り方の思想的究明であり、他方で「出」三14の神名に現れる「エヒイェ」を中心とするハーヤーの働きの究明となる。エヒイェとはハーヤーと同根の一人称単数形未完了動詞であり、その性格について有賀は次のように述べている。「現在は過去的なものとしてハーヤーという完了形がそのまま適用されているのであるが、神は常に働く者として、エヒイェという未完了形が、しかも絶対的主体として働くのであるから一人称が、用いられるのは当然である。〔……〕

主体がまず存在して、それが働く、と考えられているのではなく、むしろ働くことのうちに主体が自らを啓示するのであって、主体・即・働き、働き・即・主体なのである」[126]と。このエヒイェはヤハウェ神として「出エジプト」からわれわれが知るように、イスラエルの歴史を通して、奴隷の民をエジプトから解放し民と契約を更新しつつ働いていくのであるが、逆に民の契約違反や偶像崇拝などの罪業によって、バビロン捕囚などを契機に歴史から自らを隠す（隠れたる神。イザ四十五15）。有賀によるとこのエヒイェ・ハーヤーに根差すハヤトロギアは、自らもエヒイェであるイエスの十字架の死によって終止符を打たれたとする。この中断はしかしハーヤーそのものの内に基礎付けられる。なぜならエヒイェであるヤハウェ（ハーヤーと同語根の神名）は「ハーヤーせしめる」と同時に「ハーヤーせしめない」のであるから。この徹底的に中断されたハーヤーの裂目から再出発の新しい息吹が吹き出る。それが十字架のイエスから逃げ散った弟子たちが目にした復活と聖霊の体験である。聖霊体験はしかもそれ自体の内に論理の胎動をもっており、その契機がプネウマトロギア（聖霊論）

126 （ハヤト）一八九頁。われわれは有賀がオリゲネスをハヤトロギア解明のためにとり上げたように、ニュッサのグレゴリオスをとり上げた（雅）。加えて拙著『愛の言語の誕生』新世社、二〇〇四年を参照されたい。ハヤオントロギアを破る神秘家として有賀が名指すM・エックハルトについては、（宗・言）の第十章を参考にされたい。

と呼ばれる。このプネウマトロギアを出発点としてキリスト教的ハヤトロギアが展開する。それがギリシア哲学のオントロギアと結合して、ここにハヤオントロギアが成立し、ギリシャ、ラテン教父を通し後のキリスト教思想として展開する。しかしそれは存在論をかかえ込む以上、西欧的存在論の枠組みを突破できず、終止エヒイェ的活力を希求しては見失っていくことになる。有賀はこのハヤオントロギアを破るモデルとして神秘思想をあげている。例えば、西欧中世の神秘家M・エックハルトは、スコラ的なオントロギアの枠を破って、ハヤト的福音理解を大胆に提唱していると考える。彼に霊は働いたのである。因みにわれわれの言うエヒイェロギアも、ハヤトロギアを継承しつつ、現代的ハヤオントロギア（存在神論）と全体主義および他者論や物語り論などという、有賀とは別の文脈で展開したもので、それは「むすびとひらき」において開陳したい。

これまで以上のように聖霊論をたどってきたわけであるが、最後に大略その要点と精華を示そう。

4——むすび——聖霊の諸特徴

聖霊論の肝心な点をここで概観したい。

①、聖霊による救済が集中的に扱われ、終末論的黙示文学的規模で救済が示される「ローマ」八章の理解の前提として、アダムの死を身に蒙り、罪と死のノモスの下に絶望する「わたし」の悲劇を描く七章の解釈が求められる。七と八の対比は深刻でありかつ希望でもある。そのことはわれわれが、聖霊の現存とサタン的力の狭間にあることの自覚をうながす。

②、ケーゼマンはパウロこそが神学思想上キリスト論と聖霊論を結合したと語ったが、ダマスコにおける栄光のイエスの唯一回的体験がそのパウロ神学の基礎となっている。八15で「神の子とする霊を受けた（アオリスト）」と語られる場合、ケーゼマンは霊を受けた時は洗礼時であるとするが、しかしわれわれはバートンと共にそれがダマスコ体験にまで溯源すると考える。というのも、そこから霊はキリストの代理として持続的にパウロやキリスト者の間で、歴史を通して働き続ける（一ヨハ二1）からである。

③、聖霊は一方でキリストとの一致をもたらし、人を神の養子とし、終末的自由と復活の希望をもたらす。七のキリストなき「わたし」への決定的な神愛の応答がそこにある。他方でノモスが求める要求を「キリスト者」において満たす。その要求の極みは愛であり、そこから愛の実を生む倫理的（むしろ霊の実の）生き方が横溢する。この生き方は、聖化といえ、その内実は「ガラ」五13以下に詳しい。義認はこの聖化の生き方の端緒であり、変容において協働の方位をとる。この聖化の歩みを表現するにあたってわれわれはアリストテレス倫理学を含む「倫理」の言葉に代わって「(聖) 霊の実」を用いる。

④、聖霊は、宇宙論的レヴェルで被造物全体に終末論的変容をもたらすエネルギーであると共に、「キリストのソーマ」「エクレーシア」をその諸々のカリスマによって形成する。この諸々のカリスマが従う道は愛に他ならない（一コリ十三）。

⑤、以上のように神の子と成りゆく人間とその神の子の栄光の自由に与り、腐敗から変容する希望にある全被造物は、正にプネウマによる変容の予感とプロセスの只中にあり、本論第七章の変容論を今日の時代に開披しもたらす。

⑥、聖霊の働きを現代においてさらに新しく眺める地平は、前述の有賀博士のヘブライ的ハーヤー、さらにわれわれの構想するエヒイェロギアという新しい方位に沿って拓かれると思われる。この点は「むずびとひらき」において究明していきたい。

変容論

序——霊の主導による変容

われわれはこれまで栄光のイエスに出会ったパウロから出発し（第二章）、キュリオスとされたイエスについて究明し（第三章）、イエスが超克した律法について（第四章）、続いて神がイエスを通して信仰者にもたらした義化や聖化の地平および神自らの義を考察し（第五章）、義化や聖化の根源にイエスと共に呻く霊の地平を洞察してきた（第六章）。この霊の地平こそ、新しいアイオーンであり、そこでいわばすべての変容が生起する。本第七章では本論の核心（変容論）に跳入していく。

われわれが変容と言う時、それは何を意味するのか。パウロは「われわれは主の霊の働きによって、主と同じエイコーンに似た形（モルフェー）に変えられていく」（二コリ三18）とか、「キリストは、われわれのソーマを彼の栄光のソーマと同じモルフェーに象る」（フィリ三21）とか、「自然のソーマが蒔かれて、霊的なソーマが復活する」（一コリ十五44）とか、「あなたがたの肢体を義の奴隷とし、聖なるものとせよ」（ロマ六19）とか述べている。それに従ってわれわれは如上のソーマ的なキリストの形への同形化のプロセスを変容と呼ぶのであり、そこには聖化も含意される。

今「ロマ」八を大略復習すれば、命をもたらす霊のノモスが、パウロ（わたし）あるいは信仰者（あなた）を罪と死とのノモスから自由にし（2）、キリストの霊を持って霊に従って歩む者に変え（4－8）、神の子とする霊を授けた（15）。この霊によって「アッバ、父よ」と叫びながら、受難を生きつつ旧いアダムのアイオーンから新しい栄光・復活のアイオーンへと変容していく（16－17）。これら全体の変容を主導するのは、如上の「二コリ」三18が示すように霊に他ならない。

この霊の主導を根底的な変容のエネルギー、変容因として念頭におきつつ、パウロの諸テキストを解釈・考察していきたい。

その粗筋を予め示しておこう。

第一節では、聖化も問題となる「ロマ」六1－23のテキスト解釈が進められる。

第二節では、諸テキストがとり上げられる。すなわち、①「二コリ」三6－四6、②「二コリ」四7-15、17、③四16-五10、17、④「ガラ」五13-25、⑤「ガラ」三23-四11、⑥「一コリ」十五20-28、⑦「一コリ」十五35-56である。

これらのテキスト解釈を通して本論の主題であるソーマ的変容が注目される。

1――義化・聖化を含む変容について――基礎テキスト・「ロマ」六1-23

「ロマ」六1-23

[1]それではどうでしょうか。恵みが増し加わるのを期待して、罪の中に留まるべきだと
いうのでしょうか。[2]決してそうではありません。罪に対して死んだわたしたちが、どう
してなお罪のうちに生き続けることができるでしょうか。[3]それとも、あなたがたは知ら
ないのですか。洗礼を受けてキリスト・イエスと一致したわたしたちはみな、キリストの
死にあずかる洗礼を受けたのではありませんか。[4]わたしたちはその死にあずかるために、
洗礼によってキリストとともに葬られたのです。それはキリストが御父の栄光によって死
者の中から復活させられたように、わたしたちもまた、新しい命に歩むためです。
[5]その死にあやかってキリストと一体となったとすれば、わたしたちはその復活にもあ
やかって一体となるでしょう。[6]わたしたちの内なる旧い人間がキリストとともに十字架

につけられたのは、罪に縛られた体が滅ぼされて、もはや罪に仕える奴隷でなくなるため
であることを、わたしたちはよく知っています。7死んだ者は罪から解放されているので
す。8キリストとともに死んだのなら、また、キリストとともに生きることにもなるとわ
たしたちは信じます。9死者のうちから復活させられたキリストは、もはや死ぬことがな
いと、わたしたちは知っています。死はもはやキリストを支配していません。10キリスト
が死んだのは、ただ一度、永久に罪に対して死んだのですが、キリストが生きているのは、
神に対して生きているのです。11同じように、キリスト・イエスに結ばれてあなたがたも
罪に対して死に、神に対して生きている者であることを弁えなさい。12あなたがたの死ぬ
べき体を罪に支配させ、その欲望に屈服してはなりません。13また、あなたがたの五体を、
罪に仕える邪なことのための武器にしてはなりません。かえって、自分自身を死者の中か
らよみがえったものとして神にささげ、また五体を救いの義に役立つ武器として神にささ
げなさい。14なぜなら、罪があなたがたを支配することはないからです。あなたがたは律
法のもとにあるのではなく、恵みのもとにあるのです。

15では、どうなのですか。わたしたちは律法のもとにあるのではなく、恵みのもとにあ
るのだから、罪を犯そう、ということになるのでしょうか。決してそうではありません。
16あなたがたは知らないのですか、服従するために自分を奴隷としてささげるなら、その
服従するものの奴隷となる、すなわち、死に至る罪の奴隷となるか、あるいは、救いの義

に至る従順の奴隷となるか、どちらかです。[17]しかし、神に感謝します。あなたがたは、
かつて、罪の奴隷でしたが、規範としての教えに委ねられ、それに心から従う者となり、
[18]罪から解放され、救いの義の奴隷とされました。[19]このことは、あなたがたの人間とし
ての弱さの故に理解し難いことですから、わたしは人間的な言い方をしているのです。あ
なたがたは、かつて自分の五体を奴隷として汚れと不法にささげ、神の法に背く者となっ
たと同じように、今は、自分の五体を奴隷として救いの義にささげ、聖なるものとなりな
さい。

[20]あなたがたは、罪の奴隷であったとき、救いの義に対しては自由の身でした。[21]今あ
なたが恥じているような振る舞いから、その時、どんな実りを得ましたか。そのような振
る舞いの行き着く先は死なのです。[22]しかし、今や、罪から解放され、神の奴隷となって
いるあなたがたは、聖なるものとなるための実りを得ています。その行き着く先は永遠の
命です。[23]罪が支払う報酬は死であり、神の恵みの賜物は、わたしたちの主イエス・キリ
ストとの一致による永遠の命なのです。

このテキストの諸解釈者を次の順でとり上げたい。（1）ケーゼマンと川島重成、（2）ヴィルケンス（一九八〇年）、（3）ムー（一九九六年）、（4）ジニャック（二〇一四年）である。

まずケーゼマンの紹介とその善き解説者でもある川島重成の解釈およびわれわれのコメン

トを以て始めよう。

1―1　E・ケーゼマンと川島重成の解釈

ケーゼマンはこのテキストを含む六章が、罪のマハト（力）からの自由を問題にしていると述べた上で、12‐23は新しいアイオーンの突入としての洗礼（義化）に拠るこの自由が、ただ奉仕の実践（聖化）においてのみ享受され続けうることを示しているとする。

つまり、「義認と聖化」がテーマとなっているわけである。すでに述べたように、ケーゼマンは、従来プロテスタント主義において「義認はキリスト者の生の始まりであり、それを実証するものとして必然的に聖化がそれに続かねばならないと考えられた」とまず語り、義認の一回性と聖化の連続性を区別することによって、聖化を信仰者の精神的成熟、つまるところキリスト支配を度外視した人間論的な倫理のレヴェルへと還元したという。他方でパウロは「義認の出来事を時間的に限定せず、また（この義認による）新しい生の歩み（聖化）を同様に復活の力が地上において投影される恵みの働きとして理解している」ので、如上のプロテスタント主義的見解は支持されないと考える。[127]

それではケーゼマンは「義認と聖化」についてどのように語るのであろうか。

22では、救いの現在（今）において、この世の諸力からの解放としての自由が語られている。そして18－20において語られてきた「義への奴隷」に代わって突如「神への奴隷」が語られる。それはパウロにあって「義は、義認の判断や、ましてや信仰の義の賜物に限定されえず〔……〕恵のしるしの下にある神の支配がこの義の内容の中心であり、義認とはこの支配に与ること」に他ならないことを示す。[128] この支配への参与こそ、自由なのであり、新しいキリストへの従順の生き方であり、主キリストを証言する奉仕「聖化」なのである。それが永遠の生命への先駆として終末論的意義を帯びる。結局ケーゼマンの「義認と聖化」は次のように表現されよう。義認とは「神がわれわれのために存在し、賜物として自らを与えること」と言える。他方で「聖化とは、この世の世俗性の中でまた自己の誘惑に直面して、われわれが神のための存在であることを、ソーマにおいて表明しつつ生きること」であると言えよう。[129] ここで「ソーマにおいて」と語られるわけは、12－13が示すように、「罪の力はさら

127 （ケ・ロマ訳）三二九頁。ケーゼマンは、ブルトマンの義認と聖化に関する理解を示す定式「汝が現在そうであるところのものに成れ」を尊重しつつも批判する。それはなぜか。ブルトマンのこの定式において「直接法…現在ある」と「命令法…成れ」との間、つまり「賜物（ガーベ）」と「課題責任（アウフガーベ）」との間に逆説的緊張が見られるが、ケーゼマンはそこに賜物と責任をキリスト支配の下で観るパウロに対して、賜物をその賦与主キリストから分離し、キリスト教的自己実現（責任論）の中にくみ込み、人間論的に解釈する傾向をかぎとって批判するわけである。

128 （前掲）三五三頁。

にこの世を支配し、そこからわれわれの身体性においてわれわれを脅かしている」からである。[130]

川島は、六8における「キリストと共に死す洗礼＝義認」と「キリストと共に生きる聖化」を一つの全体でありつつ区別されると語り、この「キリストと共に」に先んじて「キリストにおいて」という絶対的な恵みの地平を示唆している。というのも、義認と聖化の一致は「キリストにおいて」のみ生起するからである。この点はすでに述べられたが、われわれとしてはさらに「(聖) 霊において」を付加したい。その際、変容は義化と聖化の二相を含む動態である点を念頭におこう。

というのも、われわれはケーゼマンと共にパウロにあって初めてキリスト論と聖霊論が結合されるのであり、従って両論は一体的であるにしても、各々の粗筋をもっている以上、義化をキリスト論的に、聖化を聖霊論的に語る地平が現成すると思うからである。またわれわれは人間が「語る」というロゴス的立場も、神の恵み、復活、義認、霊、聖化などの現実に対して限界をもっており、本来沈黙しなければならない処（ウィトゲンシュタイン）を敢えて語ろうとする点をすでに示唆した。そうである以上、一方で語られざる霊の働きにインスピレーションを蒙りつつ（これは霊的熱狂主義を意味するものではない）、他方でロゴス的神学的律法主義の陥穽にはまらないよう思索し語ることに自覚を深めなければならないであろう。

1—2　U・ヴィルケンスの解釈

ヴィルケンスは余り「聖化」についてはふれていない。しかし19で彼は、不法化（anomia、アルファ否定辞によるノモスの欠如を示す語）が、本来は生命をもたらす神のノモス（七10）からの疎外を表しているのに反し、聖化とは、洗礼を受けた者がその肢体を義にささげ、自らを聖なる者として証し（一テサ四3－5）、終末時に教会協働体が聖化の作用領域になるように働くことだ（一テサ五23）と解釈する。

22で彼は、聖化はキリスト者が倫理的業績をあげることではなく、かえって信仰者における神の働きであること、つまり神の働きとしての聖化を通して永遠の生命がわれわれに実りとして与えられることであると一歩聖化概念を深めている。しかし彼が聖化に余り言及しないのは、洗礼が決定的な賜物として霊を与え、それがキリスト者を無法な肉への仕えから救い、義への奉仕の生を可能にすると語られるように、神の義、義化の現実性を洗礼に求めるからだと思われる。われわれとしては、ケーゼマンの「義認と聖化」の論が、義認と聖化と

129　（前掲）三五〇頁。
130　（前掲）三三六頁。

をキリスト論的に終末論的アイオーン的視点から解釈し、協働体と信仰者に聖化の道を披いていると考える。ただし聖霊論はさらに展開されるべきではなかろうかと思われる。

1―3　D・J・ムーの解釈

ムーもわれわれも六章全体が、1‐14と15‐23の二段落に分別されると分析する。というのも、恵みの増大を期待して罪を犯そうという考えに反論する意味で1‐2と15が対応し、五体を義の奴隷としてささげよという勧告の意味で12‐13と18‐19が対応し、内容的に両者は死に至る罪の奴隷となるか、あるいは義に至る聴従（hypakoē 16）の奴隷になるかしかないという二者択一の迫りとなって対応しているからである。

ムーによると19でパウロは不法（a-nomia）の二回の反復によって「あなたがた」がかつて肢体を不法にささげたことを強調し、今は義に肢体をささげよとの勧告を際立たせている。しかもこの義は聖化へと導く。ムーはパウロの聖化の用法が能動的な意味、つまり聖と成りゆくプロセスを含意していると解釈する（一テサ四3‐4、7‐8）。因みにここで言われる義とは、神の前における正しさである。また「一テサ」四の聖化概念は、われわれの言う変容・聖化の一部を成す意味で、本論よりも狭義の用法である点に注意したい。

22に関して言えば、今恥じている過去の行為が生んだ実りは今や聖化の刈り入れを産む実りに取って代わられている。そしてこの聖化の収穫を導く最終的な実りが、永遠の生命に他ならない。

われわれとしてはムーが、パウロの手紙を駆使しつつ聖化のプロセスに関する説明をさらに展開して欲しいところである。この点はヴィルケンスにも若言を呈したい。

1—4　A・ジニャックの解釈

ジニャックによるこの段落の解釈でわれわれの注目する点は、17‐18と20‐22を「変容」(transformation) と理解していることである。[131] すなわち、かつては罪の奴隷であったが、今や義（神）の奴隷と成っているという風に、かつて——今の対比で語り出される変容である。従ってジニャックにあって聖化は、この変容、つまり旧いアイオーンから新しいアイオーンへの決定的転換の動態にキリスト者の身がおかれることである。この変容はわれわれにとっても終末論的現実でありかつヴィジョンとなる。

以上から変容は、義化と聖化をキリストにおいて、さらに聖霊においてわれわれのソーマ的在り方を深く時熟させる二契機として含むことが明らかになった。ここで時熟とは終末論

131　(ローマ Gi) p. 259.

的な動態、復活体へと熟させるヴィジョンを表わしている。

2——変容をめぐって——関連テキスト

第一節では、「ロマ」八の霊の働きをふまえ、六17-22が主にとり上げられ、ケーゼマンから諸解釈者の解釈を、われわれの問題意識の下で批判的にコメントし辿った。第二節では、変容に関する諸テキストを前述の順序で辿りたい。

2—1 文字と霊 「二コリ」三6-四6

「二コリ」三6-18

6 神は、わたしたちを新しい契約に奉仕する、つまり、「文字」にではなく「霊」に奉仕する資格のある者としてくださいました。「文字」は人を殺し、「霊」は人を生かすからです。

7 もし、石に刻みつけられた「文字」によって死に仕える奉仕が栄光に包まれ、モーセの顔にある、消え去るはずの栄光のために、イスラエルの子らは彼の顔を見つめることが

できないほどであったとすれば、8まして、「霊」に仕える奉仕がいっそう栄光に包まれ
ていないなどということが、どうしてありえましょうか。9人を罪に定める奉仕に栄光が
あるとすれば、人を義とする奉仕は、遥かに栄光に満ち溢れているのです。10実に、かつ
て栄光を受けたのも、この点からすれば、遥かに優れた栄光の前には栄光を受けなかった
ことになっています。11もし、消え去るはずのものが栄光を帯びていたのなら、まして、
永続するものはいっそう栄光に包まれているのです。

12これほどの希望を抱いているので、わたしたちは大いに大胆に振る舞っており、13ま
た、消え去って行くものの最後をイスラエルの子らに見られないようにと、モーセが自分
の顔に覆いを掛けたようなことはしません。14しかし、彼らの理解は鈍くなりました。実
に、今日に至るまで旧い契約が朗読されるとき、その同じ覆いがまだ残っています。そこ
で、キリストにおいて旧い契約が破棄されたという事実が、覆いを取り除かれずに隠され
ているのです。15確かに、今日に至るまで、モーセの書が朗読される時はいつでも、彼ら
の心には覆いが掛かっています。16しかし、主のほうに向き直るなら、その覆いは取り去
られるのです。17この主は霊であって、主の霊がある所には自由があります。18顔の覆い
を取り除かれて、わたしたちはみな、鏡のように主の栄光を映し出しながら、主の霊によ
って栄光から栄光へと、主と同じ姿へと変えられていくのです。

「二コリ」四1－6

1以上のようなわけで、わたしたちは、神の憐れみによってこの奉仕の務めを受けてい
るのですから、気を落としはしません。2かえって、恥ずかしくて人目をはばかるような
ことを捨て去り、悪賢い生き方をせず、また、神の言葉をゆがめず、真理を明らかにして、
神の前ですべての人の良心の判断に、わたしたち自身を進んで委ねています。3なお、わ
たしたちの福音に覆いが掛かっているとしたら、それは滅びる人々にとって覆いが掛かっ
ているのです。4彼らの場合、「この世の神」が信じない人たちの心の目を眩まして、神
の似姿であるキリストの栄光に関する福音の光が、輝くことのないようにしているのです。
5実に、わたしたちは自分自身を宣べ伝えているのではなく、イエス・キリストこそ「主」
であると宣べ伝えています。わたしたちは、イエスのためにこそあなたがたに仕える者な
のです。6なぜなら、「闇の中から光が輝き出るように」と命じられた神は、わたしたち
の心の内に輝いて、イエス・キリストの顔に輝く神の栄光を悟らせるように、光を与えて
くださった方だからです。

このテキストの解釈者は以下の通りである。（1）R・P・マーチン（一九八六年）、（2）C・G・クルーズ（一九八七年）、（3）E・ベスト（一九八七年）、（4）P・バーネット（一九九七年）、（5）S・ヘイフマン（一九九八年）。

パウロはこのテキストで変容に関して、それを「旧い契約（文字、モーセの書、モーセの顔に輝く栄光）」から「新しい契約（霊、福音、主の栄光）」への転換、つまり旧いアイオーンから新しいアイオーンへの決定的移行として開示している。この変容の起動力にして推進力は他ならぬ（主の）霊であることが明示されている（三17-18）。そしてパウロも含めて福音の宣教者は、この新しい契約の核心である霊に仕え、この変容の只中にあって自・他共の変容を生き抜くのである。以上がわれわれの参究するテキストの内容であり、粗筋である。

R・P・マーチン

マーチンはこのテキストを二段落に分け、前段（三7-18）を、「二つの契約の下における生」、そして後段（四1-6）を「使徒職、ケリュグマ（使信）、奉仕」という風にタイトルを付けテーマを明示している。

前段でイスラエルの子らが旧い契約に固執し、主の栄光の観想を妨げる覆いを取り去らないでいるのは、彼らのポーローシス（頑なさ）の故であることが強調される（14、ロマ十一7-8、25）。「しかし主の方に向き直れば（epistrepsēi アオリスト仮定法三人称単数形）、覆いは取り去られる」（16）。これは新共同訳であるが、マーチンは「向き直る」の主語は、三人称でも特定の誰かではなく、一般的な意味がよいとしている。その意味で新共同訳は妥当であろう。

他方でマーチンによると、パウロの関心は主の方に「向き直る」回心というよりも、主の前で覆いを取り去ることの方にある。その際、主の御前に向かって行って覆いを取り去るモデルは、モーセである（出三十四34）。しかしパウロは「われわれは皆、顔の覆いを除かれて」モーセ律法の文字を超えて、霊の働きによって主の栄光を見る新しいアイオーンを視野に入れている（18）。17では、人が向き直る「主」はプネウマ（霊）だと語られる。この霊は、新しい契約が神と結ばれる終末時に、全く新しく人々の中におかれ、主の掟を守らせる霊（エゼ三十六26‐27、エレ三十一31‐34）ではない。というのも、上の預言者の預言する終末の霊は、やはりモーセ律法を完全に遵守させようとする霊なのであり、パウロの言う霊はモーセ律法を超え廃棄する新しいアイオーンの霊だからである。マーチンはこの霊について、それはペルソナ的な聖霊であるというより、旧約の民が交流を拒まれた神へとわれわれを導くダイナミックな働きをもつ霊であり、この霊がわれわれを神の子とする。つまり、霊とは罪と死から自由にされ神の栄光に与る人の自由の源泉なのである。以上の点についてわれわれは「ロマ」八の解釈と参究を通して十分に了解した。加えて、「向き直る」の主語はパウロであると解釈した点に注意したい。

18はこの段落の壮大な結論となる。主の栄光を katoptrizomenoi のギリシア語は、「映す」とも「観る」とも訳しうるが、ここでキリスト者は顔の覆いを取り除けられており、覆いをかけられて見ることができないユダヤ人との対比でいえば、「映す」より「観る」の訳が適切である。metamorphoumetha は、変容させられるの意であり、キリスト者が原型である神のエイコーンたる主キリストの姿に造り変えられていくプロセスを示す。このプロセスは段階的に「栄光から栄光へ」と表現され、その頂点はキリストと共に栄光を授かることであろう（ロマ八17、29－30）。そしてこれらの終末論的な壮大な変容のプロセスは、根源的に主の霊によって推進されるのである（18c）。以上の議論は、われわれの先の解釈の確認である。

　後段の四1－6に関してマーチンは、それが二14－17との間に円環的構成（ring-composition）をなすという。すなわち、パウロの閉じかけている思考が、以前の議論述定に再び返り、諸概念の円環的関係が完成されるという構成である。その構成を次に見よう。

　パウロの福音の敵対者は、「滅びゆく者たち」（二15、四3）であり、彼らは「神の言葉を売り歩く者」だが、パウロは自分たちは誠実に（二17）、神の言葉を曲げずに伝えるべきだ（四2）と自戒している。そのためには、神の御前で（二17、四2）生きなければならない。こうした宣教者パウロのケリュグマの本質は、神のグノーシス（二14）、神の栄光のグノーシス（四6）に他ならない。

　こうしたパウロの福音の光を人々の心の目を晦まして見えないようにしているのが「この世（アイオーン）の神」である（4）。この世の神とはパウロ的に解釈すると（十一13－15）サタンであり、そのサタンに心の目を晦まされている apistoi（欠如のアルファ＋信ずる人々、不信の徒）とは、サタンに仕える者である。つまり、パウロの敵対者、偽使徒を指す。

6は4の闇と光の対比を承け、光のテーマを展開する。6aの「闇から光が輝き出るようにと言われる神」においてパウロは、旧約を念頭においている。その場合、一般的には「創」一3「光あれ」が典拠だとされるが、「光あれ」だけではパウロの6aの句と一致しない。他の可能性は「イザ」九1の暗闇を歩む人々の上に「光が輝くだろう」であるが、この預言的約束は引用句と異なり、神を主語とする神の直接的な言葉となっていない。

そこでマーチンは、「イザ」四十九6の主の僕(しもべ)が「諸国民の光」となって働くという句をあげ、「使」十三47での同句の引用と兼ね合わせて、この「諸国民の光」の役割が、異邦人伝道の光ともいえるパウロの使命で充足されたことを指摘する。こうして闇から輝き出る光は、パウロとその福音を指すことになる。マーチンは、光、神の声、伝道などの言葉を通してパウロがダマスコ体験に思いをはせていたと考える。「わたしたちの内に輝いた(アオリスト)」神は、パウロの内にも、あのダマスコ途上で輝いたと思われる。

パウロの福音は、この神の栄光に関わる知・悟り(グノーシス)に収斂しているが、その栄光はキリストの顔(キリスト自体)に輝く。パウロはダマスコ途上で、そのキリストの顔に輝く神の栄光を観たわけである。その栄光体験が光の天使を装うサタンとその偽使徒を霊的に識別しうるカリスマの根源となっていよう(一コリ十二10)。以上マーチンの解釈の紹介に重ねてわれわれの解釈を開陳した。

る。

C・G・クルーズ

クルーズの注解は、理解し易く、しかし学的水準が確かなバランスのとれた書となっている。

クルーズによると、①三7-18の段落は、パウロが新しい契約にあって霊に仕える奉仕者であることを、彼の福音の敵対者（十―十三章）に対して弁証し論争する性格をもつと指摘する。その後で彼はこの段落を（1）7-11と、（2）12-18との二部分に区別する。

（1）は、「出」三十四29-32を解釈し、新しい契約の栄光が次の三点で旧い契約をはるかに凌駕することを説く。（i）霊への奉仕は、死への奉仕より栄光に満ちている（7-8）。（ii）義を賦与する務めは、断罪する審きの務めよりも栄光に輝く（9）。（iii）永続する務めは、（モーセの顔に輝いた）消えゆく務めより栄光に満ちている（11）。

（2）は、「出」三十四29-39を解釈し、パウロはそこで次の二点を強調する。（i）モーセに対し、パウロは新しい契約への確信から、自らの奉仕において大胆に語る（パレーシア）。（ii）同時代のユダヤ人に対し、パウロや信仰者は顔から覆いを除かれて神の栄光を見うる。この覆いとは、イスラエルの民の心の頑なさ（ポーローシス）である（詩九十五8、ヘブ三8）。しかしこの覆いは、「主の方に向き直れば、取り去られる」（16）。クルーズは、16が「出」三十四34を下地にしており、「出」（七十人訳）ではモーセが「主」なる神に向かうと描かれているので、主は16でも神を指すとする。続く17「主は霊である」の主も、キリストでなく神を指すとする。但し「主は霊」の表現は、一対一的同定でなく、「主が霊としてわたしたちに現臨」するとのゆるやかな関係であると解釈する。この主の霊の支配によって、信仰者は律法の隷従に代わり、自由を享受できる。

われわれとしては、主＝神というクルーズ説に対し、覆いがキリストによって除かれる（14）との表現に基づき、主＝キリストの可能性を採択したい。

さて最後にマーチンの言う堂々とした尊い結論18に着手しよう。クルーズは、中動態動詞katoptrizomenoiを、「映す」より「見る」と取り、顔の覆いが除かれてモーセが主の栄光を見たように「わたしたちも主の栄光を見る」と解釈する。そしてパウロの「神の栄光を見る」とは、福音の真理・光を通して、「キリストの顔に輝く神の栄光を知る知識の輝き」（四3－6）を見ると解釈している。さらに「わたしたちは皆、主の栄光を見ながら、栄光から栄光へと、主と同じ姿（エイコーン）に造り変えられていく」の解釈にかかり、metamorphoumetha「造り変えられる」や「栄光から栄光へ」の表現が変容の継続性を表すとしている。クルーズは、この変化を倫理的変化と見る（ロマ六1－4、一コリ六9－11、二コリ五17、ガラ六15）。この倫理的変化は、旧約の預言者によっても先駆的に語られている（エレ三十一33、エゼ三十六25－27）。これらの変容の根源は、霊として現臨し体験される神に拠る（18c）。

以上がクルーズの解釈であるが、われわれとしてはさし当たって次の二点をコメントしておきたい。第一点は、「栄光から栄光へ」の変化は果たして倫理的変化に尽きるのかという問題であり、それを証明するパウロの手紙の引用は余り説得的でないとの印象を与える。次に「主の方に向き直る」表現の「主」の意味を専ら「出」三十四34に拠って、「神」と解釈するわけであるが、そのようにキリスト論的視点を飛ばしてよいものかどうか問題である。

パウロは②四1－6の段落において、三7－8で語られた霊に仕える務め（diakonia）を想起し、自分がかつて神の教会の迫害者であったにも拘らず、それが神の憐れみによって授けられた務めであるという深い自覚を吐露し、「この世の神」とその偽使徒に心が晦まされないように福音の光を輝かせる務めを宣言する。その務めはイエス・キリストを主であると宣べ伝えることである（四5）。この箇所や、「一コリ」十二3（霊によるイエスは主との告白）を念頭におくと、クルーズ説に反して、三16の主はまずキリストを指すとする解釈が一層文脈に合っているのではないかと思われる。

6の「光が、闇の中から輝き出るだろう、と神は言った」の典拠に関してはマーチンの解釈を紹介したが、クルーズも「創」一3を典拠の一つとして挙げる。その場合、「パウロはキリストにおける神の栄光の啓示を、原始の闇が光によって追い払われたという神の創造のみ業に似せて語っている」[132]ことになる。もう一つの典拠としてクルーズは「イザ」九1「闇の中を歩む民は、大いなる光を見、死の陰の地に住んでいた者たちの上に光が差し込んだ」

132（ク・二コリ）一一六頁。

を挙げ、それは「マタイ」四16でも引用され、イエスの働きを表すとしている。続く句で上述の神は「イエス・キリストの顔に輝く神の栄光を悟る光を与えてくれた（phōtismon tēs gnōseōs tēs doxēs）」とある。「光を与える」と訳されたphōtismonは照明を意味し、それはパウロの回心時に生起した神の栄光を映すイエスによる照明に遡源するとクルーズは解釈する。さらに彼は4－6のキリスト論の最も明確な展開を「コロ」一15－20のキリスト賛歌に求めて、この段落の解釈の締めとしている。いずれにせよ、光はイエス・キリストの働きを指すといえよう。

E・ベスト

ベスト教授はスコットランド国教会（長老派）系の神学校で研究および教鞭をとった新約学者であると同時に牧会にもコミットしている。そうした略歴が彼の注解書に窺われる。

まず第一に、三7－18に関してベスト教授の解釈を紹介し、コメントを試みたい。この第一の段落の「旧い契約と新しい契約」というベストの見出しが示すように、それは1－6の段落のテーマを承けている。そのテーマは端的にパウロの言葉「文字は人を殺し、霊は人を生かす」に存する。パウロはその言葉の意味を、「出」三十四29－35に関するラビ的聖書解釈を下地にキリスト論的聖霊論的に解釈している。「ラビ的」について今詳細にできないが、現代の歴史批評的聖書釈義と異なる点が指摘されよう。[133]

先にクルーズの注解で新しい契約が三点で旧い契約を凌駕する点を示した。他方で、ベストに拠ると9でパウロは信仰義認にふれているという。

第二段落（12－18）では覆いと覆いの除去がテーマとなる。前述の「出」には、覆いはモーセの顔のはかない栄光を隠すために掛けられているとなっているが、パウロは正にイスラエルの人の心に覆いが掛けられているという風に意味を変える。それは要するにパウロ時代のユダヤ人が、キリストの福音を受け容れなかった心の頑なさを意味している（14）。しかし主の方に向き直った「わたしたち」には覆いは除かれている（16）。件の「出」のテキストでは「主」は神を指すが、ベストは新約では「主」をほぼ常にキリストにあてはめているので、16と17ａの主はキリストを指すと解している。これはわれわれの解釈であった。次に17ｂの「主の霊」とは「神の霊」を意味し、聖霊を指すという。こうして主に立ち帰った人は、新しい希望と大胆さ（パレーシア）（12）および聖霊に拠る自由（17）に生きうる。そしてその生は正に変容そのものに他ならない。それは神の栄光を見る生である。ここでベスト

133 ラビ的解釈の哲学的応用としてE・レヴィナスの「タルムード講話」が参考になる。E・レヴィナス『タルムード四講話』（内田樹訳）国文社、一九八七年。『タルムード新講話』（内田樹訳）国文社、一九九〇年。（風来）第一部第三章を参照されたし。そこでは、気（ルーアッハ）、psychisme, inspiration を通してのヘブライ的解釈とでもいう解釈法の説明がある。

は牧会者らしく、神の栄光による変容は、日毎交わる人々を通してもたらされると例示している。こうして人は主と同じ姿に変えられていく（metamorphoumetha）、栄光から栄光へと(18)。ベストは、パウロ神学にとって重要な変容に関するテキストを挙げている（ロマ八29、十二2、一コリ十五49－51、フィリ三21）。本論の核心に関わるこれらのテキストについては後に解釈したい。

われわれが別に注目したいのは、ベストの「パウロと旧約聖書」の項目である。というのも、そこで彼はパウロにおける上述のような律法が救いに無意義・無効であるという確信の根拠には、ダマスコ体験があると語っているからである。

さてわれわれは次の段落四1－6の参究に着手しよう。ベストはこの段落を1－2、3－4、5－6の三組に区別し、三組目の「イエス・キリストの顔に輝く神の栄光を悟る光」をクライマックスとしている。

第一の組ですでに注目したことだが、それはパウロの霊への奉仕が自分の意志によらず専ら「神の憐れみ」によるという点である（一コリ十五9－10など）。

第二の組における「この世の神」（サタン）のあらゆる目眩しや迫害にも拘らず、奉仕に専心できるわけが「神の憐れみ」に他ならない。このパウロの奉仕・宣教の核心をなすのが、三組目で語られる「光」である。そこでは「神の似姿であるキリストの栄光に関する福音の光」（4）、「イエス・キリストの顔に輝く神の栄光を悟る光」（6）が語られ、ベストはこの光を「創」一3の闇を払う光と同定し、そのように福音は人々の心を開き、神の栄光を悟るグノーシスを与えると解釈している。勿論パウロの心にこの光が射し入ったのはダマスコ体験においてであった。そしてベストに従うと、われわれの隣人との交わりを通してこの光は垣間見られるという。

以上の様にベストは、パウロがダマスコにおける光体験に基づき、彼が霊への奉仕をしていることを明示すると共に、その福音の光に与った人々の霊による変容のプロセスと極みとを解釈・解説している。これはわれわれの変容論にとって重大な光となる。

P・バーネット

バーネットは新約学教授であり、オーストラリア・北シドニーの司教である。彼はコリント人への手紙において、磔刑にかけられ復活したキリストに基づく「弱さの中での強さ」を主要な福音的テーマとする（三7－18）。

バーネットによると7－18は6のキリスト教的ミドラシュだと考える。すなわち、7－18では「出」三十四29－35が解釈されるが、それはモーセが会見の幕屋で神の御前にある時は顔の覆いをはずし、出る時イスラエルの子らはモーセの顔に輝く（神の）栄光を垣間見て畏れ、モーセは再び顔に覆いをかけるというテキストに対するパウロのラビ的釈義である。その際、パウロとラビの解釈の相違はその終末論にある。「今こそ救いの日」（六2）とパウロが語るように神の約束は、その御子キリストによって成就されたのであるから。7－11は「もし……ましてや」の対比文によって三つに区切られる。彼の終末論は、その三つの区分を含む三つのテーマ、つまり霊、義、恒久的な栄光を通して性格付けられよう。そしてこの終末論的な「霊に仕える奉仕を包む栄光」はどこで見られたのであろうか。バーネットは、それをかつてモーセの栄光しか見なかったイスラエル人パウロがダマスコ途上で見た栄光と解釈する。そしてこの栄光を「わたしたちみな」が見る（18）ことができるのは、「キリストの栄光」を宣べ伝えるパウロの福音に依るのである（四3－6）。

バーネットは、三7－18のクライマックスである16－18においてもダマスコ体験の重要性を指摘する。というのも13－15で「イスラエルの子」「彼らの精神」「彼らの心」と複数形で語られているのに対し、16ではそのイスラエル人の間で「誰かが主の方に向き直るなら」と単数形「誰か」が強調されているからである。この「誰か」は一方で自伝的に言えばダマスコ途上でのパウロを示し、他方で代表者として語れば、「主の方に向き直る」「わたしたちみな」の範例としてのパウロを示すことになろう。これはわれわれの採る解釈である。この「主」は霊であるので、この「向き直り」の根底に霊が働いていると言えよう。このようにしてその心から覆いを除かれた「わたしたちみな」は、主キリストへと、彼のエイコーンと同じ姿に変容されていく（meta-morphoumetha）（18）。

ここでバーネットの義についての興味ある解釈に言及したい。すなわち、パウロによって神の義が義なる者（キリスト）の死を通して不義なる者に転嫁された（imputed）と教えるテキストがあるとしても（二コリ五21）、他方で18では義は信仰者が完成に到るまで徐々に彼らに分かち与えられる（imparted）というものである。この解釈はルター的な転嫁の義認論を超えて信仰者がいわば実存的参与的に神の栄光へと変容していく実在的変容論であるといってもよいであろう。それは本論の変容論に通底する。

バーネットは、四1－6の内容を次のように要約している。すなわち、以前までこの世の神に仕え、福音の光に盲目であったパウロは、神の憐れみによって回心した。それはパウロがダマスコ途上において神の栄光をイエス・キリストの顔において見たからである。それ以降彼は霊に仕え、人を義とする奉仕者として福音を宣べ伝えた。その福音の光を通して他の多くの人々も心の覆いを取られ、神の栄光を見るに至る。

次に各節に関するバーネットの注解とそれに関するわれわれの解釈・コメントを述べていきたい。

5では、イエス・キリスト「キュリオス」とあなたがたの「奴隷」である私たちという表現が見出される。そこにおける「キュリオス」と「奴隷」の対比が注目される。6は、パウロが「奴隷」という理由に言及する。ここでバーネットは「〈闇から光が輝き出よ〉と命ぜられた神が」、「わたしたち」という複数形を、「わたし」という単数形に解釈しているのには驚かされる。その理由として彼は、二14－七4に一貫して語られる新約の奉仕者に関する一人称複数「わたしたち」は一般的な使徒職を指すこと、対して1－4の直接的文脈はパウロの奉仕職に関係していることの二点を挙げている。このパウロの心に輝いた神の光は、福音を通して他の人々の心にも輝き波及するのである。パウロはその意味で、すべての信徒の範例でありかつ代表であると言えよう。

ところでここでバーネットは興味深い問いを提出する。つまり福音は聞かれるので聴覚的であるのに、どうしてそこに「光を見る」という視覚的メタファーが重ねられてくるのかという問いである。われわれとしてはパウロのダマスコにおける光の体験が余りに強烈で、彼の福音の言葉に激しくその光の輝きが反映し、福音を聞く人々がその心の中であたかも神の光を見るような体験をするからであると解釈する。実に心から闇の覆いが除かれ、栄光が輝き出るのである。

バーネットは他の解釈者と共に、三7－四6にわたる光の表現の中に、ダマスコ途上でのパウロによるイエスの栄光体験を読み取っており、その光を福音を通して体験する人々もまた主と同じ姿に変えられる変容の現実性を語っている。この変容の現実性は死ぬべき体を復活に導く聖化と関連しよう（ロマ六18－23、八12－17、一コリ十五50－54、ガラ五16－25など）。その意味でわれわれの言う変容は、霊の働きにより主に向き直る聖化であって、転嫁の意味の義認をも含めた唯名論的な生き方ではなく、またブルトマン的な実存的生とも異なる。

S・ヘイフマン

S・ヘイフマンは「コリントの信徒への手紙二におけるパウロの旧約聖書利用」（インター五二）を著し、その題目の下に、この手紙でパウロが十五箇所で明白な旧約引用をなし、四十六箇所で言及している点にふれ、それら旧約はパウロの新しい契約への使徒性に関する根拠付けとなっていることを示している。われわれは彼の解釈全体を吟味することはできないので、三6－四6の範囲で本論にとって関連する解釈をとり上げコメントしたい。

ヘイフマンは、モーセの顔覆い（出三十四29－35）においてパウロが自分の宣教奉仕の特徴を旧約と対比して述べている箇所を解説する。この点はわれわれもすでにふれているが、ヘイフマンの解釈の興味深い一点をあげておこう。それは「永続する」（menein）に関わる点である。つまりパウロはモーセの文字への奉仕が消え去るのに対し、新しい契約における義と霊への奉仕は永続するもの（to menon）と主張している。さらにヘイフマンは、九9におけるパウロの七十人訳「詩編」百十二9の引用「彼は惜しみなく分け、貧しい人に与えた。その義は永遠に続く（menei）」に注目し、神の義に基づいてこそ、霊の「新しい契約」が永続し、パウロの宣教が根拠付けられると解釈する（三4－11）。そしてこの動詞（menein）が、終末時に永続する三つのもの、信仰、希望、愛に用いられていることは（一コリ十三13）、これら信、望、愛こそが神の民が終末に向かって変容していく根拠・エネルギー源だと言えよう。

ヘイフマンは、四1-6の解釈に着手する。彼は栄光を中心とする四4と6との並行関係から、この世の神によって心が頑なにされ福音の光に盲目とされた民が、心の覆いを除かれ神の栄光を見、キリストと同じ姿に変容してゆく新しい創造の時代を生きつつある現実を指摘する。今この並行叙述を再現してヘイフマンの解釈を確認したい。

4 a　この世の神が、
b　信じようとしない人々の心を
c　くらまし、
d　神の似姿であるキリストの
e　栄光に関する
f　福音の光を
g　彼らには見えないようにしたのです。
6 a′　創造（「光あれ」）の神が
b′　私たちの心の内に
c′　光をかがやかせ
d′　イエス・キリストの御顔にある
e′　神の栄光に関する

f′ 知識の光を
g′ 私たちに与えて下さったのです。

われわれは、a－gとa′－g′の記号に拠って対応関係を一層明確にした。この4と6のテキストはまた「創」一26（神の似姿）、「創」一3と「イザ」九1（闇の中から光を輝かせる）という旧約を下地にしていることも明らかであろう。

最後にこの手紙がコリントの人々にもつ意義についてヘイフマンと共に次のように語ることが許されよう。すなわち、パウロのように人々がキリストに向き直って神の栄光を見るというこの変革の体験（三18）に拠って人々が永続する霊への奉仕に参与し、信仰、希望、愛に生きれば、自ら「キリストの手紙」となって多くの人々に読まれ照明を与えることができる（三2－3）。この世の神、つまり創世記の蛇による神の言葉の虚無化への誘惑の只中で。自ら「キリストの手紙」となるは、変容の譬えとして注目に値する。

以上で①の解釈を深めたので、次に②によってますます変容論を参究していきたい。

2—2 死と生命 「二コリ」四7－15、17

7 ところで、わたしたちは、このような宝を「土の器」の中に入れて持っています。この上なく優れた力は、神のものであって、わたしたちに由来するものではないことが分かるためです。8わたしたちは四方八方から苦しめられますが、行き詰まりはしません。途方に暮れますが、望みを失いはしません。9迫害されますが、見捨てられはしません。打ち倒されますが、滅びはしません。10わたしたちは、いつもイエスの死に瀕した状態を体に帯びています。それはまた、イエスの命がこの体に現れるためでもあります。11実に、わたしたちは生きていますが、イエスの故に絶えず死の危険にさらされています。イエスの命が、わたしたちの死すべきこの身に現れるためです。12そこで、死がわたしたちの内に働いていますが、命があなたがたの内に働いていることになります。13「わたしは信じた。それ故、わたしは語った」と聖書に書いてあるとおり、信仰をもたらすその同じ「霊」をもっているので、わたしたちも信じ、また、そのために語ってもいます。14主イエスを復活させた方がイエスとともにわたしたちをも復活させ、あなたがたとともに御前に立たせてくださることをわたしたちは知っているのです。15これらすべてのことはあなたがたのためであり、それ故、恵みはいっそう多くの人々のもとで増し加わって感謝は満ち溢れ、神の栄光があるようになるのです。

17わたしたちの一時的な軽い苦しみは、想像を絶する、永遠の重みある栄光をわたしたちにもたらすのです。

このテキストで参考にする解釈者はほぼ①と同じである。(1)R・P・マーチン、(2)C・G・クルーズ、(3)E・ベスト、(4)P・バーネット、(5)R・J・アレン。四7-15は、すべてのキリスト者がイエスに倣って苦難と聴従の道をたどるという文脈で、使徒パウロの苦難を通して復活する希望を語っているペリコペーである。

R・P・マーチン

マーチンは、まずこのペリコペーにおいて人間イエスの名がわずか10-14の5節の間に六回頻出する点に注目している。それはなぜか。彼によるとパウロは、人間イエスが生きたようにキリストの使徒が辿る苦難と聴従の道行きを示したかったせいであるという。実際パウロの敵対者である一部のコリント人は、パウロが弱く苦しんでいる人物であると知って、それ故彼の使徒性を否定していたからである。この点を踏まえるとこのテキスト内での、次の三つの特異な表現が理解されるという。(i)イエスの死に瀕した状態(tēn nekrōsin tou Iesou)(10)、(ii)「わたしたちの死すべきこの身」(en tēi thnētēi sarki hēmōn)(11)、(iii)イエスとパウロの同じ姿の生がコリント人に直接もたらす恵み(15)の三つである。

以上の点をふまえマーチンの本論と関係する解釈をコメントしていこう。

パウロは10で次のように語っている。「わたしたちは、いつもイエスの死(nekrōsis)をソーマに帯びている。それはまたイエスの命(zōē)がこのソーマに現れるためだ」と。ここで死と訳されたネクローシスはここと「ロマ」四19でのみ用いられている希少な言葉であって、死に瀕した状態、あるいは死にゆく状態を指すというのが多くの釈義家の意見である。その場合、パウロはその奉仕の生においてイエスの受難を告知するだけでなく、自らそのソーマにおいて死にゆく体験をしていることになる（フィリ三10）。

しかしイエスにとって死は終りでなく、彼は今や甦って力に満ちて生きている。その甦りの生命はイエスの使徒のソーマに現れている。従ってソーマは、磔刑のイエスへのパウロの参与の場であるというだけでなく、神の力が現れる媒体なのである。この解釈からマーチンは、コリントでのパウロの敵対者が彼らのカリスマ的な奇跡やしるしに訴えて宣教した（十二12）のに対し、パウロ自身は自らの弱さの中に神の力を洞察して語った（十二1－10）という。われわれは勿論この弱さは、パウロのサルクスに与えられた一つの棘、多分彼の身体的な苦痛や疾患をも含むと考える。

11にあってもパウロや使徒たちは日々（aei）、イエスの故に死に引き渡されている（paradidometha）とある。ここでの「引き渡す」（paradidonai）は、イエスが受難と死に向けて祭司長や律法学士などに引き渡される時に用いられる術語である（マコ十33、マタ二十18、ルカ十八32、一コリ十一23など）。従ってキリストの死と甦りの生との一致が、パウロの受難と死にさらされて生きる生の根拠に他ならない。そこにおいて「死すべきサルクスに」、イエスの甦りの生命が現れるのである。ここでのサルクスは、10のソーマと同義である。マーチンは、七5のサルクスと二13のプネウマがほぼ同義である点を付言している。

以上われわれの変容論にとってこのペリコペーで重要なのは、10と11である。なぜならそこでは、ソーマにおいて死に渡されている、死に瀕した状態にあることが逆説的に生命に通底する。すなわち、イエスの甦りの生命は、ソーマ、死すべきサルクスにおいて現れるという仕方で受難・死を根拠とする身体的甦りへの変容が語られているからである。

C・G・クルーズ

クルーズは四7－15の段落を、土の器の中の宝（四7－12）と信仰の霊（13－15）との二つのテーマに区分して解釈する。まず彼は土の器を、安価な土製のランプと解し、宝を福音の光（4）とし、この器が象徴するパウロたち使徒の弱さと福音の光（宝）という神のこの上なく優れた力（dynamis）との対比を逆説的に示している。その例示が8－9であり、十一23－33からその実際の受難の内容が知られる。10－11では、パウロを範型とする使徒の身体が帯びるイエスの死とその死に与る使徒の身体に現れるイエスの甦りの生命とが、並行法に拠って証言されている。つまりパウロは、イエスの死と甦りの生命をその身において経験するわけである。しかしその日々の死の経験の中でパウロに現れる主イエスの力が、彼とコリント人の中に働くことになる（12）。従って受難の只中で働く神の霊を蒙ってパウロは信じ語る（13－15）。その際、彼は七十人訳「詩篇」百十五1を引用し、彼と受難する詩篇作者とが同じ神の霊を蒙って信じ語るのだと言って旧約の苦しむ義人とも連帯する。その意味でイエスの受難、パウロたちの受難、旧約の義人の受難の系譜は、その底に今日に至る人々の受難をも含み込み、およそあらゆる人々の受難を復活の生命へと導く霊的エネルギー源であり、かつ道であるのだと言えまいか。

E・ベスト

ベストの注解で第一に注目されるのは、安い素焼きのつぼに収められた宝は何かという問いとそれに対する答えである。ベストはその宝を、パウロの異邦人への奉仕、あるいは回心の時に彼の心を照らし出した光、あるいはキリストの顔に輝く神の栄光を悟る知識（グノーシス）として列挙し、結局これら三者は相互に深く関連していると説く。というのも、ダマスコ途上でパウロの心を照らし出した光は、キリストの顔の内に神の栄光を見るように導き、同時に彼に異邦人宣教の務めを与えたからである。

次に注目されるのは、パウロの受難と神の支えを表す8－9における四つの対立的表現が、10－12でさらに三つの対立的表現を通して一般化されているという指摘である。その際、イエスのネクローシスをパウロはその身体に帯びるが、そのネクローシスとは正にキリストの死への参与に他ならないので、それによってキリストが死から生命に甦ったように、パウロの身体に甦りの生命が現成するのである。このパウロと使徒たちの死から生への変容は、さらにコリントの人々に働き同じ変容をもたらす（12）。これはわれわれの変容論に協働体的地平を披くといえる。

P・バーネット

バーネットは、奉仕の務め、生と死（四7－15）というペリコペーを、一、奉仕、死に渡される（7－12）、二、その実り、コリント人に対する生命（13－15）という風に二区分している。

まず一の区分においてわれわれの変容論に関わる解釈をとり上げ、コメントしてみたい。彼は7において「神の栄光を悟らせるべく与えられた光」である宝とそれを運び持つ脆いパウロたち土の器との対比を確認し、その対比は三18－四6における神およびキリストの栄光と四7－五10における神の言葉を運ぶ使徒の弱さとの対比に対応付けられると解する。この二重の対比が、すでにわれわれが見たように8－12で語られるわけである。

第二区分の冒頭句13は、聖霊論と変容論とが関係する文脈で注目される。「われわれは（詩篇作者と）同じ信仰の霊（to auto pneuma tēs pisteōs）を持っているので」（13a）は理由句となって13を始める。その際、バーネットはこの霊を「聖霊」として解釈する（一コリ十二3）。新約において霊の到来が終末論的であっても、パウロは詩篇作者の苦難の生に同じ聖霊の働きを認める。これはテキストから明らかである。とすれば、われわれがクルーズの解説で最後に言及したように、苦難と復活の系譜にやはり歴史を通して聖霊が働くことを思わざるをえない。そして聖霊は、時空を超越する限り、旧・新約を通して七通八達の働きをするといえる。後述するが、聖霊の時間性は、過去―現在―未来の形で広がる線状的物理的時間観だけでは理解できないのである。この点と13の句「(聖書に) 書かれてある通りに」が連関する。すなわち、この「書かれてある」という完了受動形動詞は、一方で神的受動形(passivum divinum) としてその著者を神と示し、また完了形は今日に至るまで書かれた言葉が働き続けていることを示す。この点をふまえると、聖書がその著者たる神に支えられ、今日に至るまで語りかけていることが知られ、そうした理由で、パウロは詩篇作者と自分とを重ねて語ることができたのである。

R・J・アレン

アレンはまずコリントの協働体における「お偉い使徒の方々」(十一5、十二11) と弱く苦しむ貧相なパウロの対比を際立たせる。前者は、真のキリスト者とは奇蹟や神からの啓示や宗教的な激しい高揚感などによって証明されると考えていた。パウロはそれを逆転し、そうしたお偉い使徒のこの世的知恵を愚かとする復活に至る十字架の知恵、弱さの中の強さの福音を示す (一コリ一8－12、二コリ十二1－10)。その実証としてパウロは7を通して自分の土の器のような無意味で壊れ易いソーマの生が、実は宝、つまり十字架と復活を告げる福音を秘め、それ故弱く死すべき身体がキリストの復活の生への道であり、変容の場であるという確信を説くのである。永遠の生命に導く身体的変容に対するこの確信は、次のペリコペー（四16－五10）を通して深められていく。

2―3　仮の住まいと天上の住まい　「二コリ」四16－五10、17

四16ですから、わたしたちは気を落としません。かえって、たとえわたしたちの「外な
る人間」が滅び去るにしても、わたしたちの「内なる人間」は日に日に新しくされていま
す。17わたしたちの一時的な軽い苦しみは、想像を絶する、永遠の重みある栄光をわたし
たちにもたらすのです。18わたしたちは、「見えるもの」にではなく、「見えないもの」に
こそ目を注いでいます。「見えるもの」はこの世限りのものですが、「見えないもの」は永
遠に続くものだからです。

五1なぜならわたしたちは、今仮の住まいとしている地上の住処が滅びても、神が用意
してくださった建物をいただくことを知っています。天にある、人の手で造られたもので
ない永遠の住処です。2実に、わたしたちは、天からいただくその住まいにぜひ身を置き
たいものと願って、この地上の住処で溜息をついているのです。3天の住処に身を移した
なら、わたしたちは裸のままではいません。4確かに、この仮の住まいにいるわたしたち

は、苦しみに打ちひしがれて溜息をついていますが、今の住まいから身を移したいと思っ
ているのではなく、死ぬはずのものが命に呑み込まれてしまうように、天から与えられる
住まいに、重ね着をするように身を置きたいと思ってのことです。5わたしたちがそうな
るのにふさわしいようにしてくださったのは神であり、神はその手付けとして霊をお与え
くださったのです。
6そこで、わたしたちはいつも安心しているのですが、この体に住みついている間は、
主のもとを離れているのだと知っています。7見えるものによってではなく、信仰によっ
てわたしたちは生活しているからです……。8わたしたちは安心しているのですが、体の
住まいを離れて主のもとに住みつくほうがいいと思っています。9そこで、体に住みつい
ていようと、体から離れていようと、主に喜ばれる者でありたいとひたすら望んでもいま
す。10なぜなら、わたしたちはみな、キリストが座る裁きの座の前に立って、善であれ悪
であれ、体を住まいとしていた間に行ったことに応じて、一人ひとり報いを受けなければ
ならないからです。
17ですから、誰でもキリストと一致しているなら、新しく造られた者です。古いものは
過ぎ去り、今は新しいものが到来したのです。

このテキストで参究する解釈者はほぼ①②と同じである。すなわち、（1）R・P・マー

チン、(2) C・G・クルーズ、(3) E・ベスト、(4) P・バーネット。

四16－五10、17は、目に見えるものに囚われている「外なる人」に対し、目に見えないもの、永遠の神の栄光、天にある住居に目を注ぎ、神が手付金として与えた霊に支えられて日々変容する「内なる人」の在り方を示し、さらに神の審きの前に「内なる人」を生きるように勧めている。

R・P・マーチン

マーチンは前述のように16－18で、滅びゆく見える者に関わる外なる人と見えない新しいアイオーンに関わり、日々新たに変容する内なる人の対比をし、そこからこの対比を五1－10において、地上の住居と天上の住居への対比にシフトさせて変容を論じている(1－2)。

問題は3「それ(地上の幕屋)を脱いでも、わたしたちは裸のまま(gymnoi)ではない」である。というのも、地上の幕屋を脱ぐ時と裸でなく新しい天上の住処に移る時の連関が問題となるからである。地上の幕屋を脱ぐことは死ぬ時である。とすると、天上の住処に移る復活時まで中間的時間、つまり身体なき裸の状態が続く。パウロは確かに体のない時を認め(一コリ十五35－38)、それが一時的であることを認める(一コリ十五42－44)。しかし彼はその死後の身体なき裸の状態を恐れる。なぜなら彼はユダヤ人として、身体なき状態は、人が人でなくなると考えるからである。ギリシャ・ヘレニズム思想なら逆に身体なき状態は、知性的魂の浄化解放、本来的自己への回帰と考えるであろう。パウロは死すべき地上の身体が重ね着するように霊的な身体・生命に呑み込まれることを熱望する（4）。それはパルーシアまで生きて復活のキリストと出会いたいという熱望である。パウロはこの身体なき中間的時間についてこれ以上論じないが、死ぬにしろ生きるにしろ神は復活への手付けとしての霊を与えたので、むしろその希望に生きることを勧める（5）。この身体に生き信仰によってキリストと交流しつつ、主に喜ばれる倫理的生を送り、審きの日にキリストの審きの座の前に正しい者として立つことが最重要だと勧め論ずる（7－10）。

パウロの以上のような論は、終末論的な切迫感に満ちていることは明らかであろう。信徒は今やキリストと一致して新しい創造物（kainē ktisis）となっている。旧いアイオーンは過ぎ去り、新しいアイオーンがすでに到来している（完了形 gegonen）（17）。

C・G・クルーズ

クルーズによる四16－18の解釈も、外なる人と内なる人との対比を軸に展開される。この内なる人は、日々新たにされ、新しく造られた者となる（五17）。クルーズはこの内なる人を「心、人格の中心」と捉え、この人の日々の変容の注解として「エフェ」三16の祈りを挙げている。「御父が、ご自分の栄光の豊かさに従い、内なる人に働きかけるご自分の霊によって、あなたがたに力を与え、強めて下さいますように」と。

五1‐10の解釈に当たってクルーズは1節の「なぜなら」(gar)という接続辞に注目する。というのも、それは先行節四17「今の時の軽い苦しみは、内なる人間を通して、想像を絶する、永遠の重みある栄光を生み出すからである」(ロマ八17、22‐23参照)と後続節五1とを緊密に結ぶからである。1aにおける「今仮の住まいとしている地上の幕屋(skēnos)が滅びても」の句における幕屋は一般的にskēnēが用いられ、この稀なskēnosは、七十人訳では比喩的に人間の身体を表すので、ここでもその意味に解される。この地上の幕屋が滅ぶ、つまり人間が死んでも、神によって、人の手によらない永遠の天の住処が授けられる。その永遠の住処とは、信徒に約束されている復活体に他ならない。その復活体を着たいとパウロたちは地上の幕屋にあって呻き求める(2)。しかし問題はマーチンにおいてそうであったように、「裸の、ソーマなき状態」である。パウロはソーマなしを至上とするグノーシス的救済観反駁の意味も含め、その裸を不完全な状態として忌避する。新しい天上の復活体を切望する。彼のこの切望は二つの喩えで表現されよう。一つ目は、擦り切れてしまった衣をおうためもう一枚重ね着をする喩えであり、二つ目は、死ぬはずのソーマが復活の生命体に呑み込まれて、復活体に変容するという喩えである。この変容について本論とも深い関係のある聖書テキストが二箇所指摘されている。一箇所目は、「ロマ」八23の「ソーマの贖い」であり、二つ目は、「フィリ」三21の「賤しいソーマが、キリストの栄光のソーマに変容すること」である。この変容の根拠は、本論「聖霊論」において強調されたように「霊」に他ならない(5)。しかしパウロは再臨の前の自己の死を認識していたようで、その場合、信仰によってではなく直接「主の許に住む」ことができると喜んでいる(8、フィリ一23参照)。パウロはこの裸の中間的時について説明していないが、最も重要なことはキリストの審きに正しく適うべく、主に喜ばれることである(4-10)。そして主に喜ばれることの実践はソーマを通して行ったことであるとしているが、そのためソーマ的に主のエイコーンに変容してゆく実践的生が前提とされているわけである。本論における精神的というよりもむしろソーマ的変容の意義をここに洞察できよう。

E・ベスト

ベストにおいてわれわれが関心をもつ点は、「裸のまま」という死と復活の間の中間時に関する解釈である。この中間時は二つの視点から接近されるという。一つ目の視点は、出来事が生起する時間経過は、われわれにとって過去→現在→未来という線状的物理的なプロセスである。この視点では、死がキリストの再臨に先行するとすると、復活・再臨と死との間に何が生起するのか疑問のまま残る。われわれはそのような超越的な生起を捉える理性能力をもってはいない。これを永遠の相の視点で見れば、死と再臨の時間差は問題でなく、死後直ちにキリストと共におり、天上の住処に住むといえる。この視点に立ちうるのは、理性的時間観では不可能であり、先述の聖霊的時間の視点を必要とするといえよう。

以上からわれわれは中間時の理性的探求が限界をもっていることを自覚し、むしろ霊に支えられて主に喜ばれる変容的生を生きる方向への転換を促されているのである。

P・バーネット

われわれはバーネットの通覧的視点と解釈をとり上げようと思う。

彼は三18「栄光から栄光への変容」と四16−18「内なる人の日々の変容」との対応を次の三点を通して確認する。その一点目は、三18の「主の栄光を見つつ」と四18の見えないものに目を注ぐ」における視覚動詞の対応であり、二点目は、終末論的対象、つまり三18の「主の栄光」と四17の「永遠の重みある栄光」との対応である。三点目は、三18の「主と同じエイコーンの姿に変えられる」という場合、神を変える主体とする神的受動形と同様な受動形をとる四16の「内的人間が日々変えられていく」との対応である。以上の対応は、終末論的な旧いアイオーンから新しいアイオーンにかけての多層な変容が三―五章の主要テーマであることを際立たせ、本論の変容論の内容を充実させる。

また四16の外的人間対内的人間、17の今の一時的な苦しみ対永遠の栄光、18の見えるもの対見えないもの、五1以下の地上の幕屋対天上の住居という対応関係は、テキストの連続を通覧させる図式となっており、それは神の霊の働きによって終末論的復活の地平に跳入するダイナミズムを生み出していると思われる。

件の「裸の中間時」に関してバーネットは、それを終末論的緊張の文脈で解釈する。すなわち、死は一方で忌避すべき身体なき裸の状態をもたらすが、他方で主のもとに住みつく好ましい契機である（8）。だから、死は両義的で終末に面した、パルーシアをひかえた緊張と言える。これに対し終末のパルーシアにあってキリスト者は天上の住居に移り、死すべきソーマが復活の生命に呑み込まれる（4）。このようなパルーシア以前の死は、魂の裸の状態と主の許に住むという終末論的緊張に他ならない。

以上われわれは「二コリ」三6から始まり、五10にまで及ぶテキストを通し変容論を考究してきた。その変容は、旧いアイオーンから新しいアイオーンへの転換の文脈において、朽ちゆくソーマがキリストの栄光のソーマへと変容する性格を帯び、その原動力は聖霊に求められることが明らかになった。

次にわれわれは、「ガラテヤ」五13－25のテキストに参究したい。

2―4　肉の業と霊の実り　「ガラ」五13－25

[13]兄弟のみなさん、あなたがたは、自由を得るために召されたのです。ただこの自由を、
罪を犯す足がかりとして肉に与えず、愛をもって互いに仕えなさい。[14]律法全体は、「隣
人を自分のように愛せよ」という一句を守ることによって果たされます。[15]しかし、もし

互いに噛み合い、食い合っているとするなら、互いに滅ぼされないように気をつけなさい。[16]わたしが言いたいのはこうなのです。霊の導きに従って生活しなさい。そうすれば、決して肉の欲望を満たすことはありません。[17]なぜなら、肉の望むところは霊に反し、霊の望むところは肉に反するからです。肉と霊とが互いに対立しているので、あなたがたは、望むことを行わないでいるのです。[18]もし、霊に導かれているなら、あなたがたは律法のもとにはありません。[19]肉の業は明らかです。すなわち、姦淫、猥褻、好色、[20]偶像礼拝、魔術、敵意、争い、そねみ、怒り、利己心、不和、仲間割れ、[21]妬み、泥酔、度外れた遊興、その他このたぐいです。前にも警告したように、改めてあなたがたに警告します。このようなことを行う者は、神の国を受け継ぐことはできません。[22]しかし、霊の結ぶ実は、愛、喜び、平和、寛容、親切、善意、誠実、[23]柔和、節制です。これらを禁じる掟はありません。[24]キリスト・イエスのものとなった人々は、肉をその欲情と欲望とともに十字架につけてしまったのです。[25]わたしたちは霊の導きに従って、生きているとするなら、また、霊の導きに従って前進しましょう。

このテキストの解釈者・釈義家としてわれわれが参考にするべくとり上げるのは次のような研究者である。著作年順に名を記す。

（1）山内眞（二〇〇二年）、（2）浅野淳博（二〇一七年）、（3）C・S・キーナー（二〇一

八年)、(4) D・A・デシルヴァ(二〇一八年)。

山内 眞

山内は件のテキストを区別するに当たって、①13−15(愛と肉の対比)を前提とし、②16−18(霊と肉の対比)、③19−23(肉の業たる悪徳と霊の結ぶ実との対比)、④24(しめ括り)に区別する。その際彼は、①と②が対応するとし、それは愛が霊の実であるからだという(22)。

この区別をふまえ、まず②16「霊(の導き)に拠って歩みなさい(peripateite)」の解釈から始める。パウロにあって「歩む」は「倫理的霊的生きざま」を指す。そこで山内は「なぜ、霊が歩みの規範なのか」と問う。その理由として、第一に霊が罪と死の力から自由にする働きをもち(ロマ八2)、第二に霊は霊に拠って歩む者において自由の生と永遠の生命とを可能にする働きをもっているからだ(六8)と考える。われわれの変容論との関連でパラフレーズすれば、信仰者がキリストと同じ姿に変えられていくのは、主の霊に拠る(二コリ三18)。それは苦難をいわば道として忍びつつ、愛に生き栄光から栄光へと変容しつつ、やがて復活する道行きである。このように変容の歩みの規範は霊であると語ることができよう。

17に関して多様な解釈が施されてきたが、山内は、まず「欲する」(epithymein)を、人間の根本的な我欲の意味(ロマ七7−8)ととるのでなく、中立的な意味にとる。その場合

17bの意味内容は、「霊と肉が人間を戦場として互角に戦う故」、信徒は霊に属するこれらのこと（tauta）と肉に属するこれらのことのどれをも欲求できない矛盾した葛藤状態に陥るということである。

19－21の「肉の業」以下は後で考察するとして、22の「霊の実は、愛（agapē）…節制（自制）」に関する山内の解釈に言及しよう。山内はここで「愛」が冒頭におかれているのは、五6、13－14における至上の道・キリストに倣う道としての愛の文脈に拠るとする。続く他の徳目の列挙には格別の意味はないが、最後の「自制」の言挙げは意図的であるとされる。それはどうしてか。

「自制」（enkrateia）が、元来古代ギリシア哲学の倫理的概念として成立し、殊にストアに至って自由の為に自己抑制のできる自律的人間像の理想とされた。これに対し旧約の七十人訳にはこの語は現れない。新訳でもわずかでパウロにあって自制は、「自由を肉の働く機会とするなという勧告」(13)のしるしとして徳目表を締め括っていると解釈される。それゆえ自制は、ギリシア的な自律的人間の自己抑制ではなく、霊の自由な歩みのしるしとされているといえよう。

24は、13からの霊的歩みの可能根拠を示す締め括りの言葉であるとされる。そこでは「しかし、キリスト・イエスのものは、肉を激情（pathēma）と欲望（epithymia）と共に十字架に掛けた」とある。

ここで「キリスト・イエスのもの」とは、キリストの身体に属する者であり、三27においてその帰属は洗礼に拠るとされる。続く「肉を十字架に掛けた」における「十字架に掛けた」はアオリスト形で一般の注解者は一回限りの洗礼の出来事を指すと解釈する。実際にわれわれは洗礼がキリストの死・十字架に与ることであり、キリストに属することであるというパウロの明言を想い出すことができる（ロマ六3－6）。その場合の「肉」とは、「ロマ」六6も援用すれば、旧いアイオーンに属する人、自己中心的我意に生きる者を意味しよう。ここでは、洗礼を受けた人が肉を十字架に掛けたという主体的決断が強調されている。しかし山内は、それが自力主義に陥らないために先に「キリスト・イエスのもの」という表現が示され、その決断も根底的にキリストの導きに拠るという。激情と欲望については後述するが、山内は悪徳表は外的な諸悪を指すのに対し、これらは心の動き・内的な欲情を指すという。

以上、われわれは、山内のテキスト解釈を、本論の課題・変容論との関連で紹介しコメントした。

浅野淳博

先にも紹介した浅野は、五16－24のペリコペーにおいて「キリストに倣う倫理的なあり方の困難さを熟知しつつ、その困難さにおいて神の霊の指導が確かなことを告げる」[134]と述べた上で、倫理的なあり方がパウロによって美徳と悪徳のリストによって具体的に区別され、美徳は「霊の実」として、悪徳は「肉の業」として各々言挙げされている点を指摘する。この序論的文脈において浅野は、ギリシア的徳論とキリスト教的倫理とを区別する。

その点をふまえわれわれも変容論との連関で、ギリシア的な有徳な人格形成とキリスト教的な倫理的人格形成とはどのようなものかを予め考察してみたい。

徳(aretē)は、古代ギリシア哲学にあって人間の卓越性を意味する。その線で邦訳では力量あるいは器量と訳される。[135] その力量、器量は肉体や知性だけの卓越性ではなく、よく生きるための魂の器量であることを開披したのはソクラテスであった。弟子のプラトンは、魂の器量を四枢要徳(勇気、節制、正義、知恵)に大別した。それを承けたアリストテレスは、徳を知性の器量(知性的徳)と人柄の器量(倫理的徳)に大別した。従ってアリストテレスにとって「もの惜しみしない心の宏さ」「大度」(eleutheriotēs)、「雄大な心」(megalopsychia)、「壮大な仕事に莫大な金銭を注ぎ込んで立派に仕上げる性向」である「豪気」(megaloprepeia)などが典型的な倫理的徳となる。

134 (浅・ガ) 四二頁。
135 加藤信朗『ニコマコス倫理学』アリストテレス全集13、岩波書店、一九七三年。第四巻第一—三章参照。

このギリシア的徳に対して人間の善さを明示するのが、「ガラ」五22の「霊の実」（単数）であって愛がまず挙げられる。イエスの山上の説教（マタ五―七）では、この霊の実に対応するキリスト者の神の心に適う様々な在り方が説かれるが、やはり愛敵（五43－48）が際立っている。その他二、三キリストが説く人の善き在り方を大略拾って見ると、「マタ」十一25－30では「知恵ある者」に対する「小さき者」（nēpios）、「柔和な者」（praus）、「心の謙遜な者」（tapeinos）が挙げられる。また十八21以下には「赦し」が強く勧められている。パウロに目を移すと「コロ」三12－15では、「霊の実」との重複はあるものの、「思いやり」「親切」「へり下り」「赦し」「平和」などが挙げられ、至上の生き方として愛が説かれている（14）。愛の賛歌（一コリ十三）はその精華である。また「ロマ」五6－10では、愛敵の根拠としてキリストの全き対他的生き方が説かれている。以上のように福音書やパウロを概観すると、愛敵に極まる愛を中心に、へり下り、赦し、柔和、子供のように小さき心が人間の根源的生き方として勧告されていることが解る。それはギリシャ的徳の大度的、卓越的在り方とは余程異なると言わねばならない。新約では「フィリ」四8で「徳」（aretē）が一回限り用いられているが、それはわれわれがすでに検討したように、この8で「徳」と共に挙げられている人の善き在り方との文脈からすれば、決してギリシア的徳を意味しない。

ギリシア教父からラテン教父、そしてトマスやM・エックハルトの系譜においては、ギリシア的徳概念をキリスト教的な人間論で変容させてゆく努力が続けられた。今その歴史に立ち入ることはできないが、ここでニュッサのグレゴリオスの「アパテイア」の徳で例示してみよう。ストア哲学においてアパテイアは、その語がア（否定辞、欠如辞）＋パトス（情念）から成立する合成語であることが示すように、すべての情念への「不受動心」として倫理的理想とされた。グレゴリオスはその点は継承しつつも、アパテイアは、神の善美に与ろうと欲する人間の情熱的な愛（パトスやエロス）にさらに展開すると述べる。[136]

こうしてグレゴリオスはアパテイアをいわば超越的情熱としての徳に変容させるのである。以上のキリスト教的在り方が、超越を問題とせず、天家国家を治めるための道徳を積む儒教的理想・修己治人とはかなり異なることもここで付言しておきたい。

われわれはすでに、神の心に適うキリスト者の生き方を「徳」と表記して解説することを止めた。むしろパウロの表現「霊の実」を用いる。またこの霊の実と「一コリ」十二における霊の特別な恵み（カリスマタ）も、いずれも愛のエネルギーを分有し、愛に向けて統一される意味で、ある種の連関にある。しかしカリスマが信徒各人のもので一つの教会建設に向けられるのに対し、霊の実は全体として信徒の在り方を示す点で両者は異なる。[137]

さて本ペリコペーの浅野の解釈に着手したい。彼はそれを、(a)五16‐18、(b)19‐21、(c)

---

136 （雅）第一講話。拙著『愛の言語の誕生』新世社、二〇〇四年、三三一―四〇頁参照。

137 （浅・ガ）四二五―四二六頁。

22－24に区分する。

(a)の16でパウロは、終末論的に霊に従う者は決して肉の欲望を満たさないと、いわばあるべき姿を述べているという。17ではこの点をふまえ、終末にあってキリスト者は霊肉の間で葛藤し、霊肉の間に逡巡して何もなしえないという山内説を批判する。すなわち、肉に対し霊が対峙するので、「（霊の促しに従う限り）肉が促す（これらのこと）を行わない」「肉の欲望を満たさない」（16）[138]と。

(b)19以下の「肉の行い」に関し、浅野は悪徳表を三種類に分ける。性的不品行（porneia）などの性的悪徳、偶像崇拝などコリント人の改宗以前の異教との外的関係を表す悪徳、そして敵意などガラテア協働体内部での分裂を表す悪徳の三種である。

特にポルネイアに注目しよう。というのも、ポルネイアは異教の神殿娼婦との性関係を意味しうる。その場合、キリスト者がポルネイアを通して偶像礼拝に抱き込まれる懸念があるからである。

(c)22以下の霊の実としてのアガペーは、古典ギリシア文献にはほぼ皆無で、プラトン、アリストテレスなどは友情（philia）、情熱愛（erōs）を用い、ストアはアガペーを快楽（ヘードネー）と同定したという。いずれにせよわれわれはアガペーを筆頭とする霊の実群とギリシャ的徳とを比較し、そこでアガペーの性格を示したように思う。「愛の実」の中の自制については、すでに山内説で検討された。また24についても、参究された。

最後に浅野説が本論と非常に関連する問いをもつことに注目したい。それは「霊と肉との葛藤がキリスト者の現実なら、改宗前の非キリスト者には霊の促しがなく、それは肉の欲望のみで生きる状態か」[139]という問いである。

今日的なわれわれ（日本人など）の歴史的あるいは文化的宗教的経験に拠れば、非キリスト教の民族・宗教に様々の聖人・聖者が存在し、さらに「ロマ」二15を挙げるまでもなく、多くの人々は良心的に生きている。キリスト教的な「神の似姿」の用語を借用すれば、人は皆様々な罪悪に生き、地獄の様な社会や対立を生んできている中に、自覚はしないにしても創造以来「神の似姿」を担っている。われわれは、非キリスト者がキリスト・イエスを自らの人類的家族の長子として自覚し告白しないという点で、キリスト者と区別されると考える。他方でキリストの霊が受洗していない非キリスト者に全く働かないとも断言はできない（使十44－48）。多くの非キリスト者が霊の実に生きているからである。これらの諸点については本論の「むすびとひらき」で後述するとして、今浅野の考えを引用しておきたい。「キリスト者は、神を体現するキリストの霊を授かった者として、キリスト特有の在り様に倣うという動機に基づいた倫理的営みを通して、隣人（非キリスト者など）と共に隣人に対して仕え

138 （前掲）四一八頁。
139 （前掲）四三四頁。

る道を模索する」[140]と。このようにわれわれは、キリスト者の今日的変容問題として担うのである。

われわれの変容論の探求はさらに続く。

C・S・キーナー

このペリコペーの大要をキーナーは次のように記す。すなわち、肉の情熱を克服するのは最早律法でなく、人を内面から変容する終末論的な霊である。パウロは、この霊に従う限り神の掟に従うとする。パウロはここで「エゼ」三十六26-27のテキストに言及しているという。それは「二コリ」三3における新約の部分を成しているからである。「二コリ」三3にはコリント教会の信徒が愛に満ちた生活を送り、キリストの生と教えを体現している、いわばキリストが書いた「キリストの手紙」とされている。そして「墨ではなく生ける神の霊によって、石の板ではなく肉（サルクス）の心の板に、書きつけた手紙です」と宣べられているのである。キーナーは、この「肉の心に書きつける」という表現を、「エゼ」三十六27への言及としている。

この「二コリ」三3についてE・ベスト説を紹介しよう。キリストの愛に生きるコリントの人々とは、キリストが執筆者と成って、彼らの心にキリストの生の内容を書き込んだ「手紙」に譬えられる。彼らの肉の心は、石の板に十戒が書かれた旧約の石の心から聖霊によって変容されている。これは「エゼ」十一19、三十六26、「エレ」三十一33の預言の実現である。C・G・クルーズも大略同様の解釈を示している。

バーネットは、この「キリストの手紙」であるコリントの人々には、キリストの霊が現存し、彼らに命を与え（二コリ三6）、自由にし(17)、栄光から栄光へと変容させ、キリストのエイコーンと同じ姿へと変える(18)。この変容はすでに前述のエゼキエルやエレミヤ預言者によって預言されたが、今や新しい神の約束・旧約の実現として現実となっている。肉の業（ガラ五19）でなく、霊の実として現実となっている(22)との解釈を示している。[140]

われわれとしてはすでに何度も検討したように、旧約の預言者が新しい神との契約を説き、霊によってトーラーの実践が可能となると預言したレヴェルは、依然トーラー中心の旧いアイオーンの枠組みにあることに注意しなければならない。そのトーラーが唯一、新しいアイオーンと結ばれる一点は「愛」であることを想起したい（ガラ五14、ロマ八4）。

次にキーナーの霊と肉（サルクス）および身体（ソーマ）に関する見解を瞥見したい。[141] 彼は一般にギリシャ思想が情念と結びつく体に対して理性の離在性・優位を強調したことに対し、パウロが復活に通ずるソーマを評価したことを対置し、パウロの肉と霊との対比に

140 （前掲）四三四頁。

141 (Gal, K) pp. 251–255.

目を移す。というのも、このペリコペーが、「ロマ」八4－6、9、13などのように霊と肉の対比と霊による歩みへの勧告を主な筋としているからである。霊と肉の対比はすでに「創」六3、「エゼ」十一19、三十六26など旧約に見られるという。キーナーは、エゼキエルでは、神がその民の肉の中に新しい霊と心を注ぎ入れると解釈する。旧約にあって肉は単に可死性と弱さを意味するだけだが、死海文書では加えて罪に対する傷つき易さを意味する。パウロでは肉は人間的有限性と罪への隷属性とを意味する。またパウロは肉と欲望（epithymia）をしばしば結びつける（本ペリコペー、ロマ六12、十三14、エフェ二3など）。その際、欲望はすでに論ぜられたように、人間の罪がそこを最大の足がかりとして働く情念であることを忘れてはならないであろう。

D・A・デシルヴァ

デシルヴァはアシュランド神学校の新約聖書とギリシャ語の教授であり、「ガラテヤ書」の法廷的解釈に対して、歴史・社会学的文脈を重要視しながら他の研究者とよい対話を成しているとされる。その一端は『ヘブライ人への手紙』に関する修辞学的社会学的注解に見られる。

われわれは、デシルヴァの解釈の中から本論の変容論との関係で注目される二点をとり上げてみたい。

その一点目は、キリスト者の自由という変容の事態である。四1－10では、ガラテヤ人たちが御子による贖い以前に、宇宙の霊的諸勢力の下に奴隷となっていたが、今や御子の霊によって神の養子に変容する自由の境に至ったと述べられる。五1以下では、ガラテヤ人はキリストによってトーラー（特に割礼規定）から自由にされたと語られている。このペリコペー（五13以下）では、肉の欲望からの自由が説かれ、それは個人的自由の境涯から協働体の自由へと広められ、互いに愛によって仕え合う霊の自由の地平が拓けている（13－15）。この自由を否定神学的表現で語れば、ガラテヤ人は最早、トーラーの下におらず（18）、呪いの下におらず（三10）、トーラーの下にも（23）、養育者の下にも束縛されていない（25）と語れよう。このようにガラテヤ教会の信徒個人と協働体に自由の変容が生じているのである。

二点目は、パウロにとってトーラーがもつ二つの方向付けである。第一の方向付けは、割礼を受けトーラーの細則遵守によって義とされるという法的方向付けであって、これはすでにパウロは廃棄している。第二の方向付けは、キリスト者によって「満たされている」（peplērōtai）トーラー全体の方向付けである。その「満たし」は「レビ」十九18から引用されるように「隣人愛」に拠る。しかしキリスト者がこの隣人愛を実践することは、すでに旧約レビ的掟のレヴェルを超え、霊による。それは「愛によって働く信仰」（五6）に根差し、霊の導きに従って歩み前進し（25）、霊の実を結びながら復活体に向けて霊的変容を遂げる道行きである（二コリ三18）。この道行きは、旧約の次元に最早ない。

以上四人の釈義家の解釈を参照しつつ、われわれは徳論、霊の実、自由論、肉（サルクス）論などを概観しつつ、霊による変容論を深めた。その変容は、エレミヤ、エゼキエルなどの旧約預言のレヴェルを超え、その射程は世界の各宗教の霊的伝承や現代人の生き方との対話の可能性にも及んだ。

2―5　諸霊への隷属から神の子の誕生　「ガラ」三23‐四11

23信仰が現れる前は、わたしたちは、律法の下で監視され、信仰が啓示されるようにな
るまで、閉じ込められていました。24こうして、律法は、わたしたちが信仰によって義と
されるように、わたしたちをキリストに導く養育係となりました。25しかし、信仰が現れ
ましたので、わたしたちはもはや養育係の下にはおりません。
26あなたがたはみな、信仰によってキリスト・イエスと一致し、神の子なのです。27洗
礼を受けてキリストと一致したあなたがたはみな、キリストを着ているのです。28そこに
はもはや、ユダヤ人もギリシア人もなく、奴隷も自由な身分の者もなく、男も女もありま
せん。あなたがたはみな、キリスト・イエスにおいて一つだからです。29キリストのもの
であるなら、それこそ、あなたがたはアブラハムの「子孫」であり、神の約束によって、

その恵みを受け継ぐ者なのです。

四[1]つまり、こうなのです。相続人は、子供である間は、全財産の持ち主でありながら僕(しもべ)と何の変わりもなく、[2]父の定めた日までは、後見人や管理人の下にあります。[3]同様に、わたしたちも子供であったころには、宇宙の構成に携わる諸霊に、奴隷として仕えさせられていました。[4]しかし、時が満ちると、神は御子をお遣わしになり、女から生まれさせ、律法の下に生まれさせたのです。[5]それは、律法の下にある人々を贖い出すためであり、また、わたしたちが神の子としての身分を受けるためです。[6]あなたがたが子であることは、神がわたしたちの心に、「アッバ、父よ」と叫ぶ御子の霊を送ってくださったことによって明らかです。[7]従って、あなたはもはや奴隷ではなく、子です。子であるなら、神によって定められた相続人でもあります。

[8]ところであなたがたは、神を知らなかったころ、本来神でない神々に奴隷として仕えていました。[9]しかし、今では、神を知っている、いや、むしろ、神に知られているのに、どうして、また、あの無力で何の助けにもならない「諸霊」に逆戻りして、再び改めてその奴隷になろうとするのですか。[10]あなたがたは、いろいろな日、月、季節、年などを守っています。[11]わたしは、あなたがたのために苦労したことが、無駄になったのではないかと、あなたがたのことを心配しています。

このペリコペーの釈義家とその釈義参照の順は、④と等しい。

山内 眞

われわれは山内の各節に関する釈義を本論に即してとり上げ、コメントしたい。[142] 前提として22aでは、キリスト以前のすべての人が罪の虜になっているが、22bでは、それはアブラハムへの人間救済の約束がイエス・キリストへの信仰を通して実現するためだと語られている。

問題は、多様な解釈をよぶ23の pistis に関わる。山内は、三19（約束された子孫・キリストが来るまで）、24（キリストの時まで）を手がかりに、この pistis をキリストを指すとし、23aを「キリストが到来する以前」と訳する。それ以前にアブラハムの信仰を例外として信仰は存在していなかったことを意味する。だからキリストの到来は、救済史を二分する出来事である（24－25、四2）。キリストの時まで「わたしたち」ユダヤ人やガラテヤ人に対してトーラーは養育係となった（完了形 gegonen、山内はこの完了形をアオリストの意味にとる）。キリスト（ピスティス）が到来して、「わたしたち」をトーラーの呪いから解放した（25、三10－14、四1－4）。山内はこの解放を個人的なレヴェル（四4－5）と解釈している。26では、三23－25の「わたしたち（＝ユダヤ人）から」、「あなたがた（＝ガラテヤ人）」と主語が変わる。27における「キリストの中に洗礼を受けた」は、ガラテヤ人がキリストのソーマに組み込まれることを示す（一コリ十二13）。「キリストを着る」もキリストとの一致を示すメタファーである。そこには民族的、宗教的、社会的、自然的な差別は撤廃される。例えば割礼や奴隷制による差別（フィレモン16‐17）は廃絶される。29のアブラハムへの言及は、三6以下のアブラハム論の締め括りとなっている。

四は四1‐7と8‐11に区別される。[143]

1‐2は、三23‐25を承けて「わたしたち」がトーラーの管理下にあることを示す。だが問題は3aの解釈となる。というのも、この節で突如「宇宙の諸元素」（ta stoicheia tou kosmou）という表現が、律法に代わって登場するからである。この「宇宙の諸元素」については、どんな釈義家も、それが宇宙天体や諸民族を支配する霊的諸力、サタン的勢力の総称であるという点で一致している。この宇宙的諸霊が天体や諸元素をも支配し操るので、こ

142　山内によると本ペリコペーの構成は大略次のように区分される。23以下では、わたしたち（ユダヤ人）の状況が語られる。23‐24は、キリスト到来までユダヤ人はトーラーの下に監視されているが、25‐29では、キリスト到来後、人は神の子（養子）の身分を授かるという。四1‐3は、内容的に三23‐24と対応し、四4‐7は、三25‐29に対応するとされる。

143　山内は四1‐7の構成を次のように考える。1‐2はローマ・ヘレニズム法を引用した譬えとなっている（三15を参照）。3はその結論である。4‐5は信仰告白伝承の引用で、続く6はキリストの贖いが、御子の霊の授与であることを述べ、7を結論とする。

の諸力を和らげる祭儀、占星術や魔術などが行われるとされる。この3aでこのストイケイアが言挙げされるのは、パウロがガラテヤ人のストイケイアへの復帰傾向を念頭においているからであろう。他方でパウロは律法支配下にあり、罪の虜となっているのはすべての人だと述べている（三22-24）。その限り四3aの「わたしたち」とは、ユダヤ人キリスト教徒、異邦人キリスト教徒を指し、ストイケイアへの隷属は、律法への隷属と深く関連しているといえよう。この点については、8-9の山内の解釈を参照して考究したい。ところで山内は、6の子と7の子の意味を区別する。6bは、洗礼に際し、神が「わたしたちの心」にアッバと叫ぶ御子の霊を送ったことが述べられ、この派遣によってすべての人間は神の子に成りうるという神の子への変容可能性のうちにあるわけである（6a、4-5）。以上の神的摂理を通し、個々の信徒（あなた、7）はすでに現実に子であり、相続人なのである。だから、6の可能的な子と7の現実の子は区別される。因みに山内は「アッバ、父よ」は、「キュリオス・イエスース」（一コリ十二3）、「マラナタ」（同十六22）と同様、協働体の礼拝における神への呼びかけ、歓呼であるとしている。

四8-11は、ガラテヤ人のストイケイアへの再転向をテーマとする。パウロのガラテヤ人への叱責は、8の「かつて」と9の「今」との対比によって際立っている。山内はガラテヤ人はパウロの敵対者から、トーラー遵守の一環としてストイケイア・神々への従属を求められたと解釈する。われわれとしてはそれがトーラーとストイケイアが、同じ文脈で語られる所以となっていると理解する（四1－5）。それでは、10の語る祭儀行為は、ユダヤ教のそれか、あるいは異教のそれかという問いが生ずる。もしガラテヤ人が律法遵守と関連してストイケイアへの従属を強いられているとするなら、この祭儀行為は律法への回帰を中心とするユダヤ教の祭儀であろう。すなわち、安息日、新月の祭り、仮庵の祭りなどの季節の祭り、年始などであろう（ロマ十四5－6）。

このペリコペーでは、ピスティスが正にキリスト自身とされ、キリストの到来がそれ以前のトーラー支配下の呪いの時とそれ以後の霊を授かり、神の子として変容する時とを二分する革命的開闢である点が際立つ。その意味で、われわれはキリスト者の根底的変容の説示に驚嘆せざるをえないが、他方で宇宙的サタン的諸力と関連し、回心者を再びトーラーの呪いの下に閉じ込めようとする敵対者、光の使いに見せかけるサタン（二コリ十一14）の誘惑は依然続いてゆくわけである。変容が個人的レヴェルから宇宙的終末論的人類的レヴェルにまでわたってゆく程に、われわれはサタン的誘惑の次元を自覚しなければならないであろう。そして如上の誘惑の次元が、現代にあってどのような心の病、政治経済軍事的諸力の形で現出するかの問題意識を深めていきたい。

浅野淳博

われわれは、山内の解釈で得た問題意識を以てこれから変容論を深めるべく浅野の解釈を参照・コメントしていきたい。

三23を浅野は次のように訳す。「この信頼性が到来する前、私たちは律法の下に拘留され、来るべきその信頼性が啓示されるまで閉じ込められていた」と。ここで信頼性と訳されたpistisは、一般には信仰を意味するが、浅野は、それが十字架によって示された神に対するキリストの誠実さを意味すると解する。この信頼性が啓示される（apokalyphthēnai）という句における啓示の動詞は、一16においてパウロに神が御子を啓示したという表現でも用いられており、従って23の啓示の背景にパウロの個人的なダマスコ途上の「黙示体験」が洞察されるとしている。因みに前述の「信頼性」と訳されたpistisには、端的にキリスト自身を意味するという解釈があることをわれわれは予め指摘しておきたい。

トーラーは、24の「養育係」（paidagōgos）としてユダヤ人を保護・監督し、キリストの新しいアイオーンに引き渡す役割をする。浅野はこの養育係を、トーラーだけでなく、非ユダヤ人を監督下におく「この世の諸元素」、つまり神的諸勢力をも意味するとする。これら養育係から人を解放する根源は、信頼性の啓示、つまりキリストとの出会い、一致体験に他ならない（二19－20）。そこで浅野は、「キリストへの参与」をトピックとして開陳するのである。まず浅野は、キリストへの参与（キリストにある）概念を中核として、いわゆる義認論を二次的としたA・シュヴァイツアーの神秘主義を退け、キリストへの信仰により神との正しい関係の回復を意味する「義認・義化」理解のため、参与論を展開する。われわれはすでにサンダースにおける参与的言語論に言及したが、今一度変容論を深めるべく、浅野説をとり上げよう。

パウロにおいて多用される表現「参与」は「キリストにおいて（en）ある」の表現と「キュリオスにおいて（en）ある」の表現に代表されるが、この表現群はキリストの贖罪行為を主とする客観的ニュアンスをもつという。対して、「わたしたちがキリストにあって」という表現群（ガラ二17、三14、一コリ一2、二コリ五17など）では、キリスト者の主観的ニュアンスが窺えるという。このキリスト者各人の参与は次に連帯へと展開し、キリストの体（ロマ十二5）、皆一人（一つを意味するhenでなく、heis）と強調される教会論（ガラ三28）へと展開される。浅野はここで参与のメタファーとして「キリストを着る」（三26－27）、「キリストの体」（一コリ十二21－27）などをとり上げ、民族、社会的身分、性差なども超える愛の協働体の地平を示している。それは現代がかかえる多様な差別と憎悪を超えゆく新しい協働体言語や文学の創成への大きな発条（ばね）になると思われる。

四4では、パウロは救済史の自覚の下に、時が満ちると神は御子を遣わした（exapesteilen）と述べる。その御子の派遣は、律法からの解放、神との養子縁組の実現およびその実証としての聖霊の派遣（6）と連動する。四6に至って、浅野は養子縁組の成立と聖霊派遣の生起の同時的現成を説明して、上述の連動を確実なものと証明する。しかしこの連動は変容論との関係でいうと多層的であるとわれわれは考える。つまりそれは、個人的な養子縁組の次元から、その連帯としてのキリスト教会の成立そして救済史的な次元での聖霊に拠るトーラーからの解放と全人類的な諸霊からの解放を含む。そしてその結実として全人類がアブラハムの子孫になるという地平を披く。以上の連動は、新しいアイオーンへの創造的変容と言える。

四9では、パウロは新しい壮大な変容のヴィジョンの開けにも拘らず、ガラテヤ人が「再び弱く貧しい諸元素」に隷属しようとしている不信仰を難詰している。すでにふれたように、諸元素・神々の表現によってガラテヤ人の異教信仰とユダヤ人のトーラー遵守への隷属が意味されていた。しかし、浅野は四9においてガラテヤ人の異教への復帰は考えられないという。というのも、それはユダヤ教トーラーへの復帰を説くパウロの敵対者にガラテヤ人が影響されないように勧告する手紙全体の執筆意図に合致しないからだという。そのことは、10におけるあなた方は、「日や月や季節を守っている」という句の解釈からも証明されている。この「日、月などを守る」ことは、一つには、異教信仰の祭日を祝うという意に解釈される。しかし、先述のガラテヤ書執筆の意図からしてこの解釈はやはり唐突だとされる。二つには、ユダヤ暦に従う祭儀への参加や律法遵守への復帰の意に解釈されうる。このユダヤ教回帰の解釈では、ガラテヤ人が元の異教に戻ることを意味する「逆戻りする」(9)が理解できなくなる。

従って第三の解として、異教信仰とユダヤ律法を融合させ、その両者を兼ねる旧アイオーンへの復帰と解釈できる。

以上のように浅野の解釈を考究し、コメントしつつ、一方では、新しい創造的変容、他方では旧いアイオーンたるトーラー主義や神々への隷属という退行的変容の現実に逢着した。また以上の変容が、古代ローマ支配や現代世界の神々（新宗教、経済・政治権力、技術支配、軍事的権力など）支配においてどのようなインパクトを持ちうるかも問題となった。

C・S・キーナー

本ペリコペーの粗筋と解釈は一応辿ったので、キーナーの解釈については次の諸点を中心にして参究したい。

（イ）三23、25の「ピスティス」をめぐって、次に（ロ）「わたしたち」（三23－25、四3－5）と「あなたがた」（三26－29、四6－11）の対比と人称代名詞の内容について、（ハ）最後に「神々」「ストイケイア」「日月など」（四8－10）の連関について参究したい。

（イ）、キーナーは、三23、25のピスティス（信仰）をキリスト自身と解釈する。そのわけは第一に、24の eis Christon をキリストの到来の時と解釈するからであり、第二に、「信仰が啓示される（apokalyphthēnai）」（23b）は「神の子が彼に啓示される」（一16）、「福音をイエス・キリストの啓示を通して受けた」（一12）と重なり、信仰は神の子、イエス・キリストを表現すると解釈するからである。（ロ）、「わたしたち」は二15－17のそれと同様に、律法の支配下にいる者を指し、対して「あなたがた」はガラテヤ人を指すとする。（ハ）、回心前のガラテヤ人が崇拝していた神々は、小アジアにおけるギリシャ・ローマの神々、例えば、ゼウスとかヘルメスであり、またピシディアのアンティオキアで礼拝されていたローマ皇帝など（使十三13以下）でもあり、太陽、月、星、地母神などの本来の神々でもあった。それらの神々についてパウロは、「一コリ」八5で言及し、同十20ではそれらはデーモンと見なしている。これらの神々と「宇宙のストイケイア」との同定は確実ではないが、他方で四3でストイケイアが律法論の文脈で突如描かれる以上、ストイケイアへの隷属は、律法と諸霊への隷属を意味する。パウロが四10でガラテヤ人がユダヤ暦を守ることにショックを受けるのは（11）、彼らの過去の異教的祭儀の実践と等しいと考えているからである。キーナーは以上から、日は安息日、月は新月の祭り、季節はユダヤ人の仮庵祭などの祭り、年は七年毎に休耕によって土地を休ませる安息年やヨベルの年（レビ二十五1以下）と解釈している。

D・A・デシルヴァ

われわれは、デシルヴァの解釈についてもキーナーを参究した仕方で、（イ）～（ハ）の諸点に集中して参究・コメントしていきたい。

（イ）デシルヴァは、なぜパウロが三23、25でピスティスの到来を語ったのかを問題とする。というのも、三15－18の文脈を考えるとパウロはむしろ「キリストあるいは一人の子孫（スペルマ）が来る前に」と書いただろうからという。しかしここで「信仰の到来」は、「子孫あるいはキリストの到来」に匹敵する客観的で歴史的事件として解釈される。実にガラテヤ人も、この「信仰の到来」を、権威的トーラー支配に終止符を打つキリストあるいは子孫の到来として聞いたのであるから（三19）。

（ロ）三26の冒頭の「皆」（pantes）は強意形なので、デシルヴァは「あなたがた」を洗礼を受けたすべてのキリスト者としている。四6の「あなたがた」は直接的に御子の霊を授かったガラテヤ人といえる。問題になるのは四3の「わたしたち」の内容である。デシルヴァによれば、パウロは「ガラテヤ」のユダヤ人キリスト教徒に対して彼らも改宗前に「世界のストイケイア」の支配下に生きたことを想起させる（3）。と同時に、異邦人改宗者に彼らの回心はトーラーからの解放であることを想起させている（5）とする。従って「世界のストイケイア」の許にいた「わたしたち」とは、「トーラー」の許にいた人々、つまりユダヤ人キリスト者を含み、同様に以前に真の唯一神でない神々に仕えた異邦人キリスト者をも含むことになる。

（ハ）それでは「世界のストイケイア」とは何か。四8の本来神でない神々とは、「知恵の書」十三（特に10）に語られている偶像を指そう。ガラテヤ人など異邦人はこうした神々に隷属していた。デシルヴァはさらに語を継いで、パウロにとっては、キリストと分離させてユダヤ人を支配していたトーラーも、キリストを知らずにいた異邦人を支配した「宇宙の諸霊」も人間を奴隷とする一対の力に他ならない。その見解に従えば、10で言及される天体と関わる祭儀は、ユダヤ教の祭儀であろうと、異教の祭儀であろうと、ガラテヤ人からキリストの自由を奪う意味で、本質的に違わないことになる。

われわれの眺め

以上四人の解釈者を参照しつつ、われわれは変容論を深めた。その変容論の要は、キリストの到来で、われわれは三23、25のピスティスをキリスト自身と解釈する。それ程ピスティス到来の表現は、唐突であるだけに、旧いアイオーンから新しいアイオーンへの変容における強力なレトリックであり、開闢的な救済の出来事を開示しうるのである。また一方でユダヤ教のトーラー遵守を彼らガラテヤ人に説得するパウロの敵対者ユダヤ人キリスト者の攻勢にさらされ、他方でキリストへの信仰から後退する危機にあるガラテヤ人にとって、その後退は同時に、「宇宙のストイケイア」への隷属ともなる。四8‐10は、このようなトーラーとストイケイアへの隷属復帰という負の変容のリスクをも示しているのである。それにも拘らず、パウロは御子の霊に信頼し、怨親平等、キリストを着て一致する神の子の地平を拔き勧めている（三26‐29）、それは「一コリ」十二が示すような協働体的変容であり、さらにわれわれが解釈した終末論的宇宙論的な万物の変容に連動してゆくことをここに確認したい（ロマ八）。

この変容論の締め括りおよび確認としてわれわれは引き続き「一コリ」十五における個的、

協働体的、宇宙論的な変容のテキストをとり上げ、三人の解釈者を参照し、コメントをする。十五章全体は、パウロによるキリストの復活伝承の告知から始まり、終末時に至りキリストに倣う者が復活し、キリストが彼らを支配する「神の国」を父に渡し、最後の敵である死を滅ぼし、かくてすべてのものを従わせる父に自らが従う、つまり、「すべてにおいて神がすべてになる」大円団を迎えるという粗筋を示している。そしてこの終末論的変容の文脈でパウロは個々の身体の変容と最初のアダムの自然的身体（sōma psychikon）から第二のアダムの霊的身体（sōma pneumatikon）への変容および死者の復活変容などの多相な変容を描き切っている。

2―6　死の滅びと神の国の現成　「一コリ」十五20－28

20しかし、今やキリストは死者の中から復活され、眠りに就いていた人たちの初穂とな
られました。21一人の人間を通して死はやって来たのですから、また、一人の人間を通し
て死者の復活もやって来るのです。22アダムに連なってすべての人が死ぬのと同じように、
また、キリストに連なってすべての人は命あるものとされるのです。23しかし、これは
各々自分の順番に従ってのことです。つまり、初穂であるキリスト、次に、キリストが再
びこの世に来られる時に、キリストのものとなっている人々というようにです。24その後、

世の終わりが来ます。その時、キリストは支配するものすべて、また、権力あるものや力
あるものすべてを滅ぼし、国を父なる神にお渡しになります。25すべての敵を踏みつける
まで、キリストは国を統治することになっているからです。26最後の敵として死が滅ぼさ
れます。27「神は、すべてのものをその足の下に従わせた」からです。しかし、「すべての
ものが従わせられた」という場合、すべてのものをキリストに従わせた方がそれに含まれ
ていないことは明らかです。28そして、すべてのものが御子に従うその時には、御子ご自
身もすべてのものを従わせてくださった方に従われます。これは、神がすべてにおいてす
べてとなられるためです。

以上の粗筋を念頭において解釈に入ろう。解釈でとり上げる著作者の順は2–6、2–7を通して同じである。（1）G・D・フィー（一九八七年）、（2）R・B・ヘイズ（一九九七年）、（3）J・A・フィッツマイヤー（二〇〇八年）。

G・D・フィー

21–22は、20の「眠りについた人々の初穂（aparchē, firstfruits）」というメタファーの並行的説明文で、これまでわれわれが言及したアダム＝キリスト論が最初に使われている箇所

である（十五45－49、ロマ五12－21）。因みにフィーによると、H・コンツェルマンはこのアダム論においてパウロが、「原人」（primal man）に関する神話的シェーマを用いていると釈義し、彼をそうした釈義家の代表格であるとする。しかしフィーは、コンツェルマンたちの釈義に根拠や意義はないとしている。[144] 23－24では、世の終わりに至るまでの復活の順について語られる。まず初穂であるキリスト、その次はパルーシア時にキリストのものである人々である。その後に世の終わりが来る（24）。パウロはこの終わりの時の二大生起を語る。（A）その時キリストがその国を父なる神に渡すこと、（B）その時キリストはすべての支配する者（archē）、権力者と勢力者を滅ぼすこと、である。時系列からすれば（A）と（B）は逆なのであろうが、われわれは（B）が25と直接連続するという文脈をとるため、（B）は（A）に先行されたと理解する。25の主語を神とする説もあるが、ここでは「詩」百十1の引用句であるので、「詩」に即して主語はメシア・キリストであると解される。26での最後の敵としての死の滅亡は、初穂としてのキリストの復活による死の克服というよりも、キリストに属する人々の終末論的な復活におけるキリストの勝利を指すと見られる（54－57）。27は「詩」八7の引用で、「すべてのものをその足の下に従わせた」のは神であるとされる。従ってメシア・キリストがすべての諸力や死を従わせ滅ぼすという働きには、窮極的には神

144　（NICNT, IC, F） pp. 750–751 （Note 2）.

が働いていることになる。こうして最後に神がすべてにおいてすべてになる(28)。これが変容論の極みなのである。最後にフィーは、このペリコペーは単に復活証明のために書かれているのでなく、キリストを初穂とする復活とその今日的祝祭である復活祭のヴィジョンで読まれるべきだと付言している。

R・B・ヘイズ

ヘイズ解釈で本論との関連において注目すべき点をいくつか考察したい。

第一に、20および23で言挙げされる「初穂」の譬えである。初穂は20bに述べられているように続く大きな収穫を目前にしている。ヘイズはここでパウロがユダヤ教黙示思想の枠内で死と復活を解釈していると考える。すなわち、その枠内では決して一人の人の復活を語って終わるということはない。救いは神の裁きに即して集合的なのである。そこに個人主義的復活観はない。従って初穂の譬えは、全体の人々の復活の終末論的切迫を意味しているわけである。

次に24の「キリストが、すべての支配と権威、勢力を滅ぼす」という文が注目される。「滅ぼす」(katargein)は、26および一28と二—6で終末論的位相で用いられ、支配、権力、勢力という宇宙論的諸力(時にはサタン)の終末論的滅亡を示すが、同時に政治的な意味をも含むという。すなわち、ローマの植民地におけるコリントの政治経済的繁栄の力やローマ宗教の神殿および愛の代表的女神アフロディテ神殿などの宗教的力などへの批判である。それは現在の世界的権威に目を奪われるのでなく、復活をもたらす神の力を通してすべてを見るという心や視点の転換・変容への招きなのである。

J・A・フィツマイヤー

フィツマイヤーの解釈は前二者とほぼ内容的に一致している。われわれとしては20の「初穂」の解釈が変容を示唆するものとして興味深い。「初穂」は神に捧げられ、聖なるものとみなされ、全収穫を予示するしるしとなる。イスラエルは神に初穂を捧げるよう指示されている（出二十二28、二十三19、申十八4など）。この初穂はキリスト教への改宗者を意味する（十六15、ロマ十六5）。それは手付金、来たるべきものの保証（二コリ一22、五5のような霊である arrabōn）をも意味する。従ってこの初穂、改宗者、手付金などは未来に豊かに生じる何か生命的変容の地平を披く表現といってよいであろう。

以上から本ペリコペーは、キリストの復活を初穂として始まり、そのキリストを生き神の国を形成するキリスト信徒の増大とそれを阻もうとする政治権力や宇宙的勢力の滅亡を描き、そしてキリストがその御国を父に引き渡し、神が一切を治める救済史的終末論的窮極点への壮大なヴィジョンを描いている。そのヴィジョンは、現代の権力を超克するようにわれわれを巻き込んでゆく。そうした表現は実に賛美の歌のような言語行為的変容表現となっている。

以上のような⑥に続いて、そのヴィジョンの中に立ちつつ「一コリ」十五35－56の解釈に着手したい。

2―7 自然的身体から霊的身体へ 「一コリ」十五35－56

35ところで、「どのようにして、死者は復活するのか。どのような「体」でやって来る
のか」と言う人がいるかもしれません。36愚かな人よ、あなたが蒔くものは、死ななけれ
ば命あるものとなりません。37また、あなたが蒔くものは、後で成熟する「体」ではなく、
麦であれ何かほかの穀物であれ、ただの種粒を蒔くのです。38すると、神はお望みのまま
に、それに「体」にお与えになります。39すべての「肉」は同じ「肉」ではなく、それど
ころか、人間の「肉」、獣の「肉」、鳥の「肉」、魚の「肉」、それぞれ別なものなのです。
40また、天に属する「体」もありますし、地に属する「体」もあります。しかし、天に属
する「体」の輝きと、地に属する「体」の輝きとは違っています。41太陽の輝き、月の輝
き、星の輝きは、それぞれ別であり、一つの星と他の星とでは輝きが違います。
42死者の復活も、これと同じです。蒔かれる時は滅び去るはずであったものが、復活す
る時は滅びないものになります。43蒔かれる時は卑しかったものが、復活する時は輝しい
ものとなります。蒔かれる時は無力であったものが、復活する時は力あるものとなります。

44自然の命の「体」として蒔かれて、霊的な「体」として復活するのです。自然の命の
「体」があるなら、霊的な「体」もあります。45それで、聖書にも「最初の人間アダムは、
命あるものとなった」と書いてあるのですが、「最後のアダム」は自ら生かす霊となりま
した。46しかし、最初にあったのは、霊的な「体」ではなく、自然の命の「体」であり、
その後で霊的な「体」があるのです。47「最初の人間」は地から出たもの、土で造られた
ものですが、「第二の人間」は天から来たものです。48土で造られたものはすべて、この
土で造られた「最初の人間」と同じであり、また、天に属するものはすべて、この天に属
するものである「第二の人間」と同じです。49そして、わたしたちは、土で造られた「最
初の人間」の似姿となっているように、天に属するものである「第二の人間」の似姿にも
なるでしょう。

50兄弟たち、わたしが言いたいのは次のことです――肉と血は、神の国を受け継ぐこと
ができないし、滅びるはずのものは、滅びないものを受け継ぐことはできません。51さあ、
ここでわたしは、あなたがたに一つの神秘を告げます。わたしたちは、みながみな眠りに
就くわけではありません。しかし、わたしたちはみな変えられるのです。52最後のラッパ
が鳴り響くとき、たちまち、一瞬のうちにそうなります。ラッパが鳴り響き、死者は復活
し、滅び去らないものとされ、そして、わたしたちは今とは異なるものに変えられるので
す。53この滅び去るはずのものが、滅びないものをまとい、また、この死ぬはずのものが、

死なないものをまとわなければなりません。54この滅び去るはずのものが、滅びないもの
をまとい、この死ぬはずのものが、死なないものをまとう時にこそ、聖書に書かれている
言葉が成就するのです。

「死は勝利に呑まれた。
55死よ、お前の勝利はどこにあるのか。
死よ、お前の刺はどこにあるのか」。
56死の刺は罪であり、罪の力は律法です。

以下のテキスト解釈でとり上げられる著作者とその順は2－6に等しい。

G・D・フィー

フィーによると、1－34では「死」(nekros)が十一回頻出、本ペリコペー(35－58)では三回しか現れない。対してソーマに関して言えば、35－58で十回現れるが、1－34では皆無だという。これは単に対比に終わるのではなく、死(者)とソーマの深い関連を表すとされる。フィーは、その連関のしるしを三点挙げている。(イ)35aで「どのようにして、死者は復活するのか」に続いて35b「どのようなソーマで来るのか」と表現されている。(ロ)復活する(文字通りには、立ち上げられるの意)の場合、1－34では「死者の復活」が、

35–58では「ソーマの復活」が主題となっている。（ハ）特に52「死者は復活し、滅び去らないものとされ」において「滅び去らない」は42–49の鍵語であり、52は35の冒頭の問いかけ「どのようにして死者は復活するのか、どんなソーマで来るのか」の答えとなっている。このことは本ペリコペーの重要なテーマが、死体の蘇生ではなく、死者のソーマ的復活・変容であることを示す。それは同時にソーマのレアリティを含む。

フィーは、本ペリコペーを35と58によって括られた括り構造を通しての文学単位とし、三つの部分に区別する（36–44、45–49、50–57）。

第一部分（36–44）で、パウロはコリント人に対する霊的天上的なソーマ理解の手助けとして、種子と成熟した植物体の譬えを示し、そして動物と天体における体（の輝き）の多様な違いと、復活体と自然な生命体の違いとを類比的に説明する。

第二部分（45–49）で、パウロはアダム・キリスト論を用いる。すなわち、七十人訳「創」二7のミドラシュ風解釈（引用でありかつ解釈である）「アダムは生けるプシュケー（psychē）に成った」を用い、アダムの自然的な（psychikon）ソーマの元を説明し、これに対し復活したキリストの霊体身体（sōma pneumatikon）を対比する。これは決して実体的二元論ではない。それはわれわれも第一の人アダムと同じ身体であるが、キリストによって霊的身体へと変容する、つまりキリストのエイコーンに似るという希望の表白なのである。

第三の部分（50–57）は、全体のクライマックスとなる。51の「神秘」（mystērion）について、われわれはすでに説明した。フィーの表現を借りれば、それは「一般に隠されたものではなく、かつて隠されていたが今やキリストを通して開示されたもの[145]」の意味であり、その神秘とはパルーシアにおける変容に他ならない。この変容は、ラッパ（角笛）の響きを合図に一瞬の内に生起する。この最後のラッパの鳴り響きは、ユダヤ教の預言的黙示録的伝統を承けている。それは「ヨエ」二1の「審きの日の切迫」を、「ゼカ」九14の「主の到来の宣告」を、「イザ」二十七13の「地の四方からの神の民の参集への呼びかけ」を意味する。

この変容は、パルーシアまで生きている者や死者や全キリスト者が天上的な存在に跳入する終末論的出来事である。

フィーによると十五章全体にとって決定的な語は「霊的な」であるという。というのは、コリント人の中の霊的エリート・グループは、自分達は異言などの特別なカリスマをもち、そのままで天上的存在であると誇った。従ってソーマは賤しいものとして無視した。これに対してパウロは「否」をつきつけ、復活はパルーシア時にのみ生起し、そこでどんな賤しく呪われた身体であろうとキリストの栄光の身体に変容すると説いたのであった。その復活とは同時に死への勝利であり（54-55、ロマ八1）、今やパウロはその勝利を与えた神に感謝する。

われわれは以上のように、2-6の宇宙論的で壮大な救済的な復活変容論を承け、その文脈において復活体を多様な喩えを通してイメージしつつ、その窮極的な姿がパルーシアにおいて現成することを希望できたのであり、他方で様々な宗教に見られる人間の自己神格化の悲劇（オウム真理教など）に対してパウロの警告に傾聴すべきことを学んだと言える。

次はさらに変容論を深めるためR・ヘイズの解釈に参究し、われわれの考察を続けたい。

R・B・ヘイズ

コリント人の復活否定論には、魂・ヌースは身体を超越した高貴な存在であるというヘレニズム思想がある。パウロは35から「相手に仮説的な反論をさせて、それに対して再反論し説明するディアトリベー」によって議論を始める。彼は、死者の復活が死体の蘇生ではなく、新しい栄光に満ちた身体的状態への変容であると説く。36－41でパウロは自然界での類比を用いる。復活は種が成熟した植物体に変わるような出来事であるが、しかし収穫を待たないと種子からだけでは成熟体については知りえない。同様に復活体についてもパルーシアを待たないと正確には知りえない。パウロはまた動物や天体についての類比を語る。古代神話では天体は神的なものだと考えられていたので、コリント人は復活体を天体の輝きの類比で理解し易かったであろう。その類比での暗示を与えてパウロは、42－44で、蒔かれる時弱く賤しい自然の（psychikon）ソーマは、復活において輝かしい霊的な（pneumatikon）ソーマになると説示する。さらにパウロは、45－49でアダム・キリスト論を用いて説明する。それ

145　(Ibid.) p. 800.

は、七十人訳「創」二7で語られる「アダム・人は eis psychēn zōsan（生ける魂）と成った」の psychē（自然的魂）によって psychikon（自然的な魂によって活性化されている）ソーマを説明したいからであったろう。

ヘイズは45－49を次のように要約している。「私たちの死すべき体は、私たちの現在のあり方を活気づける力である魂（psychē）に形を与えた。しかし復活の体は神に与えられた霊（pneuma）に形を与える」[146]と。従ってこの復活体はわれわれの「霊のソーマ」になるわけである。ヘイズは、この自然のソーマから霊のソーマへの変容を、「フィリ」三20－21を引用して明示しているが、この点は本論の身体的変容におけるキリストとの同形的一致と同じ解釈である。詳細については次章で述べたい。

50－51は、本論にとって重要なテキストである。というのも、これまでパウロは現在の生と復活の生との（非連続の）連続を説いていたのに対し、パルーシアにあってはそれまで生きている者も死んだ者も突如として、ラッパの音（ユダヤ教黙示文学の表現、イザ二十七13など）と共に変容する（allagēsometha）と説く。53－54は、この変容にあってキリスト者の現在の艱難と希望に満ちたソーマ的生が全く廃棄されず、栄光のソーマの内に止揚されることを開示する。その止揚は、栄光の着物を「まとう」という表現に窺える。

こうして最後にパウロは、「イザ」二十五8（ヘブライ語聖書）や「ホセア」十三14を文字通りにではないが引用して、死（罪、トーラー）への勝利を宣言し（54－55）、この勝利について神に感謝し（57）、現在に生きる者に対し希望の壮大なパノラマを開きそこに招くのである。

以上のようにヘイズの解釈へのわれわれの参究は、本論のソーマ的同形的なキリストへの参与の本質面を変容として示してくれた。

J・A・フィッツマイヤー

これまでわれわれは本ペリコペーの大要を検討してきたので、今はフィッツマイヤーの解釈で本論に興味ある点を参究したい。

注目すべきは初代教会の復活に関するケリュグマ（3b-5a）にあって、死者とかソーマという言葉が用いられてはいないということである。12に至って死者の中からの復活が問題化され、35で本格的に「どのようにして死者は復活するのか」（第一の問い）、「どのようなソーマで来るのか」（第二の問い）が問われる。

われわれがすでに見たように、第一の問いは、50-57で、第二の問いは、36-49で説明されている。われわれとしては復活論において原始キリスト教のケリュグマではなく、パウロがソーマを主題化している点に大いに注目したい。

146（一コリ・へ）四三五頁。

50 - 57に至って、どのように死者は復活するのかという35の第一の問いが問われている。この問いに対しては本論が関係する変容がその答えとなるが、パウロ自身がパルーシアにおける霊的ソーマへの変容を経験しているわけでもないので、ユダヤ黙示文学の表象に頼って描いている。ラッパなどがその例である。

「私たちが変えられる」(51 - 52) における「変えられる」(allagēsometha) は神的受動形 (passivum divinum) で主語は隠されているが神である。であるから、パウロは第二部分の締め括りで、神に感謝するわけである (57)。

われわれは、フィーとヘイズの解釈の参究において、2 - 7における自然的身体から霊的身体への決定的な終末論的変容のヴィジョンについて解説したので、今はそれを再説しない。

2—8　むすび

本章では変容 (metamorphē , symmorphos, allassein) が主題であった。この主題に関係した表現を大略示して本章のむすびとしたい。苦難、栄光から栄光へ、主と同じエイコーンへ、ソーマ的変容 (自然的ソーマから霊的ソーマへ)、パルーシアにおける復活、死への勝利、協働体、キリストのソーマ、被造物の宇宙的変容、キリストが父なる神へ国を引き渡す、諸勢力の服属、死の滅び、神がすべてにおいてすべてとなる終末的変容の完成。この表現群を見ると、変容においては、旧いアイオーンから新しいアイオーンの現成が根本的な内実になっていることが了解されよう。つまり、個から始まり終末的宇宙論的協働体に至る変容のヴィジョンが示されているのである。その中で、われわれとしてはソーマの変容に注目したい。このソーマの変容は、原始キリスト教のケリュグマにはないパウロ独自の発想に拠る。従ってそれはパウロ独自の福音と実践の根拠となったダマスコ体験に遡源すると思われる。そのことを前提とする変容とは精神（ヌース）、魂、いわゆる人格などを核心とせず、ソーマの変容が核心で、それがキリストのソーマへの同形化として示唆されている点が本論にとって重要である。

以上をふまえて次章においてわれわれは本論の最終章に入る。そこでは本論「パウロの神秘論」のテーマ「パウロにおけるソーマ的受難と同形化の神秘」における「神秘」の意味が特に参究されよう。

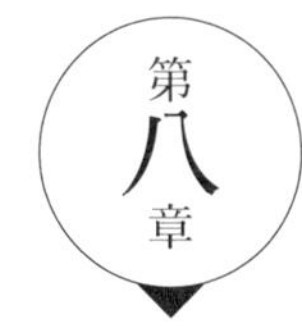

ソーマ的受難と変容の神秘論

——パウロ神秘論を構成する諸テーマ（ソーマ、受難、サタン的諸力との戦い、終末、変容、同形化、相生、神秘）

この章ではその表題や副題が示すように、ソーマと受難（苦難）、変容の核心・キリストへの同形化、宇宙的諸力との終末論的闘争、神秘が主要なテーマとなる。神秘は神秘論として本論の筆者子による釈義的哲学的神学的な構想に基づいて形成されているのでその内容については「むすびとひらき」で述べたい。その前に神秘を拓開するソーマ・苦難・キリストへの同形化などの諸テーマに関わる諸テキストを参究したい。以前に検討したテキストについては復習という形で第八章の表題および副題の意図にからめて大略ふり返ってみる。テキストは二節に分けられ、復習を兼ねたテキストや概観するテキストは第一節で、本論にとって重要なテキストは第二節で参究されることになる。件のテキストは以下のようなものである。

第一節。1-1、「フィリ」一19-25、1-2、同三7-11（復習）、1-3、「二コリ」

四7－14（復習）、1－4、「二コリ」十一23－33、十二7－10、1－5、「ガラ」四13－14、1－6、「ロマ」八18－30（復習）、第二節。2－1、「フィリ」三12－21、2－2、「ガラ」二19－20、三13。

1——諸テキストにおける各テーマの分析と洞察

1－1　「フィリ」一19－25

これに関しては、次の著作者を参照する。（1）F・B・クラドック（一九八五年）、（2）J－N・アレッチ（二〇〇五年）、（3）J・ロイマン（二〇〇八年）。

F・B・クラドック

われわれはクラドックに依り、「フィリピ人への手紙」を書いたパウロの状況の解説から始めたい。パウロの逮捕の理由は不明だが、彼は多分ローマ以外のカイサリアかエフェソにおけるローマ総督下の護衛兵のいる兵舎などで監禁されていたと思われる（一13）。その監禁下でパウロはフィリピの人々に次のように語りかける。「私は囚われの身にある時にも、福音を立証し論証（apologia）している時にも、あなたがたを心に留めているからです。あなたがたはみな、わたしと恵みを分ち合っているのです」（一7）。この文の「福音を論証し立証する」という表現は法廷用語であり、パウロは獄に監禁され審問されているが、法廷の裁きにさらされるのは福音そのものなのである。このようなパウロの囚われた状態がかえって「ますます福音を広めるという結果をもたらした」（12）。その一例として、パウロがこの手紙の最後の言葉「皇帝の官邸に勤める人たちが（フィリピ信徒に）よろしくと言っています」（四22）は、パウロの福音を通してローマ総督の官邸に勤める人々さえ、キリスト者に回心したことを示唆しているとみられる。特に注目すべきは、パウロがフィリピ人と恵みを分ち合うという段である。われわれとしては本論との関連で、一29－30を挙げざるをえない。そこでは「キリストへの信だけでなく、キリストのために苦しむことが恵みだ」と告げられ、正にかつても現在もフィリピ信徒がパウロの苦しい戦いを自らの同じ苦しい戦いとして経験していることが、激励も含めて明示されている。このキリストの死に（パウロを通して）与ることが、死と復活の地平を待望する地平を披くのである（三10）。

以上の「フィリピ書」の根本的メッセージを念頭においてわれわれは、本ペリコペーをクラドックの提案に従って広い文脈（一12－26）に置いて俯瞰したい。クラドックは、12の「福音の前進・広がり（prokopē）と25の信仰の前進・広がり・深まり（prokopē）の二つの言葉が広文脈一12－26を括り構造に成しているという。この広文脈はさらに福音の前進を述べる12－18とパウロの監禁状態とそれに関わるフィリピ信徒との関係を活写する19－26に分別されるという。本論は以上の文脈においてこの19－25を参究するわけである。

パウロは監禁を含めた、使徒としての苦難を喜んで蒙ると語る（18）が、にも拘らず彼はヨブ記「これがついにはわたしの救いとなる」（十三16、七十人訳）を引用し（20）、処刑をも含めた死の苦難と救いの確信の間をゆれ動いているように見える。真相はどうか。

クラドックの説明は、余り明確ではなく、本論の関わる20－25の逐語的釈義を施していない。われわれはクラドックの意を汲みつつ、自ら解釈するとパウロの異様な表現にぶつかる。それは「（死と生の）どちらを選ぶべきか、わたしには分からない」（22）、「この（死と生の）二つのことの板挟みに合っている」（23）という悲痛な迷いの言葉である。ところがわれわれが翻って考えてみると、パウロは裁判官ではないのだから、自分が処刑されるか無罪放免されて生きるかについては決定権をもたないわけである。それではどうして彼は自らの生死を主体的に決定できるかのような語り方をするのか。それは23が示すように、死とは彼が「この世を去ってキリストと共にある」端緒であり、それはいわゆる肉体的な死を超えた死の地平であり、その地平でローマ権力（による処刑）はいささかもパウロの主体的信仰に影響を与えることはできないからである。他方でパウロは「あなたがたのためにサルクスにとどまり」（24）、「あなたがたが信仰を深め、その喜びを味わうように」（25）、使徒的主体として働く志向を心にもちそして福音の広がりを喜びとする。こうしてパウロは信仰主体として死と生の間をゆれ動く。しかしパウロは結果的に釈放され、「そのソーマを張って」(20)愛の道行きを続ける。それはキリストのために苦しむ戦いであり、フィリピの人々はその戦いに与るのである。

ここでは苦難の信仰的次元と(フィリピ)協働体への愛が明示されている。

J-N・アレッチ

われわれは「フィリピ書」を通しローマ権力下におけるパウロの獄中監禁状態と迫害などによるフィリピ信徒の困難な状況を瞥見した。そして本ペリコペーの粗筋を浮き彫りにしたので、以下本論に関係のあるアレッチの解釈をとり上げコメントしていきたい。

20でパウロは「今やわたしのソーマにおいてキリストが偉大とされる」ことを望むと述べている。われわれは、このソーマの意味を問いたい。前述のようにソーマは、サルクスとの対比で人間全体を意味することを見てきた。しかしアレッチは、ここでソーマが人間全体を意味するなら、26と同様に「わたしにおいて」が用いられるのが常套だという。むしろソーマは12-18の文脈、つまり囚人として肉(サルクス)においてキリストを伝えているパウロの身体的な苦難の状態を表すと解釈した方が適切だとする。実際、21-26では、一人称単数の動詞が頻出し、パウロの個人的ソーマ的状況が際立っているのである。

次にアレッチは、21-22と23-24の両句に並行法を見出している。それを以下に図式化してみたい。

a 21、わたしにとって生きるとはキリストであり、死ぬとは正に利益である。
b 22、もしこの肉で生きるなら、それはわたしにとって実りある働きである。
a′23 b、わたしはこの世を去って（analysai）キリストと共にありたいと欲んでいる。その方が遥かに善い。
b′24、しかし肉に留まることは、あなたがたのためにはもっと必要だ。

われわれはこの a b と a′b′ の平行的図式を見ながら、その内容解釈に参究していきたい。まず21の「生きる」は両義的である。一つにそれは現世の肉において（福音のために）生きることを意味し、他方で信仰を通してやがて復活しキリストと共に生きることを意味しうる。われわれとして、この両義性を「生きる」の豊かさの表現として受けとりたい。次に死ぬことがどうして利益なのかが問われよう。この場合の死は、文脈上死一般でなくパウロに切迫していた処刑の意味にとれる。それが利益だというのは、死後キリストと一致できるからである。パウロのいう死を一層よく理解するためには、23 b の「この世を去る」（analysai）を検討しなければならない。この世を去る目的は、キリストと共にあることに他ならない。ところでこの文脈では、それは終末論的パルーシア時での「キリストと共にあること」ではなく、極めて具体的現実的な死後のことを示している。実際21－24は死後直ちにキリストと共にあることを示す特異なテキストである。パウロは信仰によってこの世でキリストと一致して生きれば、死後もキリストと離れることはないと確信していたのであろう。他方で彼はパルーシアにおけるキリストとの一致をも確信していた(一テサ四17、五10、フィリ三21など)。パウロ書簡の中では、このパルーシアにおけるキリストとの共在が、パウロの神学的主張であり、対して「フィリピ書」の個人的なキリストとの共在は極めて特異な主張であるといえる。それにも拘らずパウロは肉に留まり、フィリピの人々との信仰と受難を共にする体験を選ぶのである(29-30)。その受難は使徒の特権ではなく、すべての信徒の特権として神から恵みとして与えられた(echaristhē)。ここでは、パウロのソーマ、受難、キリストとの相生の特別な意味が際立っている。

J・ロイマン

ロイマンの解釈もわれわれの本論と関係する点を中心にとり上げ参究していきたい。

20の「わたしのソーマ」をロイマンは、パウロの人間存在と信徒としての具体性を明らかにする意味で、「my own self」と訳す。これは前の解釈者の理解と表面的に等しく見えるが、パウロの身体的受難の意味合いを20に洞察していない点でわれわれの理解と異なる。

23の「キリストと共に」は、洗礼に始まる信徒の日常生活(ロマ六)、あるいは信徒の死後、あるいはパルーシアなどで実現するが、パウロの場合、死後におけるキリストとの関わりの持続を強調すると思われる。

以上の三者の解釈から、パウロが死後キリストと共に在ることよりも、その獄に囚われ迫害されるという受難やその後のフィリピ信徒と共なる受難を神からの恵み（カリス）と受けとって、そのソーマにおいてキリストの偉大さを宣べ伝えてゆくという道を歩く、あるいは歩いたことが明らかとなった。パウロにとって受難は、苦行や外面的な迫害・危害ではなく、キリストへの愛と兄弟愛へ通ずる必然的な道行きといえる（20、24－25）。

1—2 「フィリ」三7－11

このテキストについてはすでに本論で解釈・検討を加えたので、ここでは本第八章のテーマに関わる重要な神学的釈義的論点に言及したい。

ここでパウロはユダヤ教も神からの賜物であるにしても、彼にとってダマスコでのキリスト体験がそれと比較できない程の絶対的な転換、新しい創造的開闢であったことを大前提としている。その大前提の下にパウロは異様な言葉を発する。すなわち、「キリストの復活の力（デュナミス）を知り、キリストの諸々の苦難（パテーマタ）に与ることを知り、その死の形に同形化されてゆき（sym-morphizomenos）、なんとかして、死者からの復活に逢着したい」（10－11）と。異様であるというのは、言葉の内容の順序が、復活→死→復活となっているからである。キリストの受難―復活論や教会暦を想起しても一般に死から復活、あるいは聖金曜日から復活の主日へという順になっている。どうして如上のような異様な順になるのであろうか。われわれは、人間の苦難さらにキリストの受難の本来的な意味合いが、復活の光の下でなければ自覚できないからだと考える。闇の深さは闇の中では見えない。光の照射につれてのみ次第に闇は深さを表すように。キリスト者は洗礼と共に復活への道行きを歩み、破壊され死んだ人間関係の只中で人々との出会いと相生において復活・再生を生きつつ、受難の道としての意義を悟りキリストの死を体現し（10 c）、こうして受難することを通し、キリストの死と同形化しつつ、やがて復活の地平に跳入する。従ってわれわれはキリストの復活の力こそ、われわれにおけるキリストの受難と死への同形化のエネルギーであり、キリストの栄光のソーマ（復活体）への同形化へ向ける根拠であることを知るのである（三21）。予め言えば、このキリストの死と再生への同形化が本論が言う神秘だと一まず言挙げしておきたい。以上拙速ではあるが、ソーマ、受難、同形化、神秘にふれた。

1―3　「二コリ」四7-14

すでに繰り返し指摘したようにコリントの人々の間には一種の霊的エリート主義者がおり、パウロを弱く苦しんでいる者として見下していた。しかしパウロはそうした土の器のように弱い自己を認め（四7、十1、ガラ四13以下など）、正にその器の中に、弱さの中に神の栄光に関わるグノーシスと神の力の発現を語り、その弱さの生こそ、キリスト・イエスの生の道行きだと宣べ伝えた。この四10－14には、イエスの名が六回も頻出することから、イエスの受難と復活に対するパウロの聴従を表していると考えられよう。そのことは10－11にあって顕著に表現されている。すなわち、イエスの死に瀕した状態（ネクローシス）を自らのソーマに運び、日々イエスの死に引き渡されているパウロや使徒たちは、死に引き渡されたイエスの生を生き、それ故イエスの生命をその身（ソーマ、サルクス）に体現し、復活を希望しうる（14）。このパウロたちの死からイエスの生への変容は、同時に彼らに聴従するコリントの人々の協働体的変容へと連動する（12）。すなわち、パウロは旧約の苦しむ義人の詩編（百十六10）を引用し、同じ霊によって旧約の義人もパウロも語っているとする。とすれば、すでに見たように、その同じ霊を通し、イエスの受難、パウロたちの受難、コリント信徒の受難、旧約の義人の受難そして今日のわれわれの受難を包み込み連帯させる地平が拓けてくると言えよう。これは今日の物理学的線状的な仕方で過去→現在→未来と数え、そこに諸事件を置きつなげる実証的時間観では把握できない地平である。後述するように、復活、聖霊、信望愛など多くの聖書的表象もそうした線状的実証的クロノロジー（これは歴史カイロスと異なる）では把握できない点を指摘しておきたい。このペリコペーでは以上のように、霊の時間（カイロス）に生きつつ、現代においてわれわれが受難を通して旧約の義人やパウロと連帯する地平、キリストとのソーマ的一致、弱さの中の強さなどのテーマが深く洞察された。

1―4　「二コリ」十一23-33、十二7-10

十一23-33において パウロが続々と言挙げする苦難のリストは圧倒的であり、その一つ一つを実証史的に検証してパウロが何時、何処で、どんな事情の下にそうした苦難を蒙ったのかを実証することはできない。ただ唯一明らかなのは、それらの受難をパウロがどんな自称の使徒（13-14）よりもはるかにキリストに仕える者（diakonos）として蒙るということである（23）。パウロはロマ八35においても、同じように受難の小リストを挙げている。そしてわれわれがすでに解釈したようにこれらの具体的艱難の背後には、一層巨大な宇宙的霊的諸力が働いていることが洞察される（ロマ八38-39、エフェ六12、コロ一16など）。従ってわれわれはパウロのソーマ的受難とは、反キリストのサタン的諸力、掟を利用して死をもたらす原理としての罪（ロマ七7以下）、回心以前の異教神やトーラーに復帰するよう説得するサタン的使徒（ガラ三1-4、四8-10、二コリ十一13-14）に対する戦いであり、それらから蒙る苦しみだということができる。しかもキリストがそうしたサタン的諸力と戦った以上、パウロや使徒たちの戦いはキリストの戦いと受難への与りに他ならない。そしてその戦いと苦しみの場は正にソーマなのである。

他方でわれわれにはパウロが、第三天にまで上げられ、そのパラダイスで得も言われぬ不思議な言葉を聞いた神秘的体験が伝えられている（十二1－6）。しかしその途方もなく素晴らしい神秘的体験は、パウロを高揚し、高慢にする毒素を含んでいた。その高慢の誘惑を避けるべく、一つの棘、サタンの使い（アンゲロス）がパウロのサルクスに与えられた（edothē）という。この棘を与えた者は誰であろうか。それはパウロが神にこのサタンの使い、棘を去らせてくれるように願ったこと（8）が示すように神に他なるまい。実際、神は神の義人を苦しめるように要求するサタンに許しを与えるやりとりが報告されている（ヨブ一12、二6）。パウロの棘もこの事情に該当すると思われる。しかし主は「お前はわたしの恵みで十分だ」と答える。その恵みとは、弱さ、苦難の只中にあってこそ、キリストの力が発揮され強くあるということである。実にわれわれは、キリストがその十字架に至る受難にあって、その弱さにあって神の力と知恵を体現し示したことを知っている（一コリ一18－二5）。だとすれば、パウロの受難や弱さにおける力の発現の生とは、正しくキリストの生の道行きに聴従してゆくことだと言えよう。そして世の終わりに人々が復活し、キリストがすべての霊的諸力を服属させて父にその国を渡し、神がすべてにおいてすべてとなる完成に向けて（一コリ十五23－28）、十字架のキリストを宣教し、自らもそのキリストに倣うパウロの「弱さにおける強さ」の生は続いてゆく。従ってキリストへのわれわれの同形化には、この「弱さにおける強さ」が核心となるといえよう。

以上われわれは宇宙論的終末論的文脈において、パウロを範型とするキリスト者の苦難、ソーマ、変容、「弱さにおける強さ」などの意味を洞察した。

1―5 「ガラ」四13‐14

[13]先に、病気がきっかけで、わたしが福音をあなたがたに伝えたことを、あなたがたはご存じです。[14]そして、体が弱くてあなたがたのつまずきの元となるわたしを軽んじもせず、嫌いもせず、かえって、わたしを神の使いであるかのように、またキリスト・イエスであるかのように、受け入れてくれました。

ガラテヤの本テキストに関しては、次の解釈者を順に紹介する。(1) C・B・カウザー(一九八二年)、(2) 山内 眞(二〇〇二年)、(3) 浅野淳博(二〇一七年)、(4) C・S・キーナー(二〇一八年)。

C・B・カウザー

本テキストの文脈はかつてパウロがガラテヤに滞在した時(第二回宣教旅行?)、キリストへの信仰による救いの福音を説き、ガラテヤの人々はそれを受け容れ、神の子の道を歩き始めた。しかしユダヤ教の律法を守ることが救いのために必要であると説くユダヤ人キリスト者がその後ガラテヤ人の許で宣教し、人々を再び律法に隷属させた（四8-11）。それをパウロが嘆き、過去の福音宣教時「体が弱く病気」であったと述べる。その弱ったパウロの姿は、「あなたがたの所に行った時、わたしは弱っており、恐れに取りつかれ、ひどく不安な状態」（一コリ二3）と同じ状態だったと思われる。

カウザーは、パウロの病はどのような種のものであったかと問う。その病は、ガラテヤ人がパウロを拒絶するに足る種のものであったことは間違いない。他方で彼は余り根拠のない説として、一つは悪魔憑き、二つ目は視覚障害をあげている。悪魔憑きというのは、コリント人がパウロにしたかも知れなかった「軽蔑する」がヒントになる（14a）。というのも、「軽蔑する」は、文字通りには「吐き出す」（ekptyein）を意味し、それは、悪魔憑きを忌み嫌う態度だからである。視覚障害は、ガラテヤ人がパウロに目を与えたいと願ったという句（15）に基づく。これらの説を筆者子が引用するのは、パウロの病いについてわれわれの想像や類推を広げるための一助である。

山内　眞

山内は古代にあって病気は一般に悪霊が体にとり付くことに起因すると考えられていたので、ガラテヤ人はパウロを「サタンの使い」（二コリ十二7）として忌避できたのに、却って

「神の使いのように」、さらに尊崇の態度を表し「キリスト・イエスのように」彼を受け容れたという点に注目する。そのサルクスの弱さに起因する悪霊・サタンにとり付かれたようなパウロの苦難は、逆にガラテヤ人による彼およびその福音の歓待の契機となった。この歓待を通してガラテヤ人はアブラハムの子孫に変容し、彼らにキリストの受難（そして復活）への参与者と成る道が拓けた。そのようなガラテヤ人たちが今になって律法主義・偶像礼拝に再び回帰するとしても、パウロは宣言する。「わたしの子らよ、キリストがあなたがたのうちに形づくられるまで、再び、わたしは生みの苦しみを味わっている」（19）と。どんな苦難を蒙ろうとパウロが福音を伝え続けガラテヤ人の再生に努める根拠は、本論の求める「神秘」をパウロが生きるからである。すなわち、「生きているのは、もはやわたしではなく、キリストこそわたしのうちに生きておられる」（二20）からである。

浅野淳博

浅野は、「二コリ」十10「パウロに会うとソーマは弱く話しは軽蔑すべき」の表現において「ガラ」四13の「肉の弱さ」と14の「蔑む」とが併用され、パウロが体つきも貧弱で、話も取るに足りないと敵対者律法主義者に酷評され蔑まれている受苦を強調する。そしてその受苦を十字架のキリストの受難と重ね合わせている（二コリ一一―四）。パウロはその意味でイエスの死に瀕した状態をその身に体現し、キリストへの愛の狂気のうちに生きる（二コリ五

13－15)。だからガラテヤ人はパウロを「蔑む」(exoutheneō) ことはしなかった。

浅野はこのパウロをガラテヤ人は「神の使い」のように受け容れたという受容の仕方と、「使」十四8－18で癒しを行ったバルナバがゼウス、パウロがヘルメスとして受けとられたという受容行為との間に類比を見出し、パウロもいわば霊能力者的な天の使いとしてガラテヤ人に受けとられた可能性を指摘する。これに対しパウロが「キリスト・イエスのように」受け容れられたのは、彼の福音宣教の実りであると解される。すなわち、ガラテヤ人はパウロの苦難にみちた「キリストへの信仰による救い」の宣教告知を通し、またその中に、受難の道行きを生きつつ「神の国の到来」を告げたイエスの生死を洞察しえたからである。

C・S・キーナー

キーナーの解釈も前三者と粗筋においてはそう違わない。パウロの病いについてキーナーは、「二コリ」十二7で語られる「一つの棘」、マラリア、悪霊に起因するてんかん、視覚障害、迫害による傷 (ガラ六17) などを列挙し、どれも推定の域を出ないことを認めている。われわれとしても、パウロの受難の諸相を想像し、イエスの受難と重ね合わせる以外にはあるまい。

1―6　「ロマ」八18‐30

「ロマ」の本テキストは先にも解釈・検討されたので本章の主題との連関で大略復習し、本論に採択できるテーマを示したい。

苦しみに関しては、まず被造的自然世界が虚無への隷属の下に呻き、わたしたち人間も被造物と共に「ソーマの贖い」を待ち焦がれて呻き、霊も人間のために執り成し呻く。このように被造物、人間、霊は「呻き」を通し苦しみを分かち合っているのである。

ソーマ、物体の視点からすると、人間はソーマの贖いを待望している。物体的自然界は腐敗から解放され、神の子の栄光の自由に参与する希望を与えられている。

同形化について言えば、人間は神の御子のエイコーンに同形化（symmorphous）されると述べられている。それは人間の賤しいソーマがキリストの栄光のソーマに同形化（フィリ三21）されることであり、被造物も先述の意味で神の子たちの栄光への同形化に与るといえるであろう。このように「呻き」つつ、人間も自然も神の子キリストにソーマ的に同形化される。

以上で第一節の諸テキストの解釈やコメントを終了し、最終的に本論の核心に迫る第二節のテキスト解釈に移りたい。

2――パウロ神秘論の基礎テキスト

2―1　卑しいソーマからの栄光のソーマへの変容　「フィリ」三12－21

12わたしは、そこへ、すでに到達したわけでも、自分がすでに完全なものになったわけ
でもないので、目指すものをしっかり捕らえようと、ひたすら努めています。このために、
わたしはキリスト・イエスに捕らえられたのです。13兄弟のみなさん、わたしは自分がそ
れをすでにしっかり捕らえているとは思っていません。ただ一つのこと、すなわち、後ろ
のことを忘れて前のことに全身を傾け（epekteinomenos）、14目標を目指してひたすら努
め、神が、キリスト・イエスに結ばせることによって、わたしたちを上へ招き、与えてく
ださる賞を得ようとしているのです。15ですから、わたしたちの中で信仰に成熟した者は
みな、このことを念頭におきましょう。もしあなたがたが、何か別なふうに考えているな
ら、きっと、神がそのことをも明らかにしてくださいます。16何はともあれ、ここまでた
どりついた道を歩み続けましょう。
17兄弟のみなさん、ともにわたしに倣う者となってください。あなたがたがわたしたち
を模範としているように、同じように生活している人たちに目を向けなさい。18というの

は、以前から繰り返して言い、今、また涙ながらに言いますが、多くの人はキリストの十字架の敵として生活しているからです。[19]彼らの行き着く所は滅びであり、彼らの神は自分たちの腹、その栄光は彼らの恥ずべきものです。彼らは地上のことしか考えていません。[20]しかし、わたしたちの本国は天にあり、わたしたちはそこから来られる救い主、主イエス・キリストを待ち望んでいるのです。[21]その時、主イエス・キリストは、すべてのものをご自分に従わせることさえできる力によって、わたしたちのみじめな体を変容させ、栄光に輝くご自分の体と同じようにしてくださいます。

われわれはこのテキストに関し三人の解釈者を参照したい。(1)F・B・クラドック(一九八五年)、(2)J-N・アレッチ(二〇〇五年)、(3)J・ロイマン(二〇〇八年)。

F・B・クラドック

三12-14は、競技で走るランナーの様にパウロが賞、つまり復活を得ようと(11)、信仰に成熟する道を走る(15-16)走行を生々と描いている。

クラドックはこの点を踏まえ、「神がわたしたちを上に招く」(14)を、回心と異邦人の使徒職への招きと解釈する(ガラ一13-17)。パウロはこのような自分の信仰者としての姿をフィリピの人々に示した後、一転して彼らに自分に倣うように勧告する(17)。というのも、今やフィリピの信徒の信仰を妨害しようとする十字架の敵対者が働いているからである。クラドックはこの敵対者を三１ｂ－16で描かれるユダヤ主義者ではなく、肉欲に放縦するある種の自由主義者であると解する。それはなぜか。

パウロたちはキリストにおける自由を説いた。それはユダヤ人には、あらゆる戒律のくびきから自由になり、放蕩な生き方を気ままに過ごしてもよいと響いた。他方で異邦人には、牢獄に等しい肉体的制約から脱し、精神の自由を以て肉体的には欲望の導くがまま生きてもよいと聞こえた。パウロが例示するこの自由主義者の姿は、一コリ五１－12に詳しい。

パウロはそうした十字架の敵対者に挑むかのように、ソーマの変容を説くのである。なぜなら、ソーマは神に向かう人間の全体的在り方として、現在は不完全で賤しいとしても、やがてキリストによってその栄光のソーマに同形化（symmorphon）される新しい創造の契機だからである（ガラ六15）。

J－N・アレッチ

アレッチは13における二つの分詞[147]、すなわち「後ろのことを忘れつつ、前のことに全身を傾けつつ（epekteinomenos）」によって、パウロのマラソンのイメージが強烈に印象づけられ、読者の注意を賞の獲得（14）に向けるとしている。われわれがアレッチの解釈を補足するとすれば、それは次のようになるだろう。先述のように7－11はパウロのダマスコ体験を背景とし、キリストの死をそのソーマに体現し、キリストの苦しみに与って復活する望みに満ちており、12以下はその望みの下に、パウロが自らを競技のランナーに擬え、みじめなソーマとキリストの栄光に輝くソーマとの同形化を目標とする表白だからである。キリストの栄光に輝くソーマとは、ダマスコで体験したソーマに他ならない。

問題は18の「キリストの十字架の敵」として生活している人々とは誰かということである。アレッチは、主に二つのグループを挙げている。第一グループ（イ）は、ユダヤ化主義者であり、第二のグループ（ロ）は、いわゆるエピクロス的享楽自由主義者である。彼ら享楽主義者の生活内容については、19にその在り方が語られている。一つ目（a）は、その生の行きつくところの滅び（apōleia）、二つ目（b）は、彼らの神である食の快楽を象徴する腹（koilia）、三つ目（c）は、彼らの酒神バッカス祭の恥ずべき乱痴気騒ぎである恥（aischynē）、四つ目（d）は、彼らが専心する（phronein）物欲・享楽などの地上的なもの（epigeia）である。

147 教父はこのパウロの語から、epektasis（エペクタシス）という霊性神学をゆるがす言葉と発想を得た。すなわち、それはキリストに聴従する者は、無限な存在に向けての無限な変容の道行きを辿ることを意味する。（雅）など参照。研究書としては次のものがある。J. Daniélou, *Platonisme et Théologie Mystique*, Paris, 1944.

表8-1　両キリスト賛歌における同形化

キリスト（二6–11）	キリスト者（三17–21）
条件、モルフェー（二5, 7）	同形化、シュン・モルフェー（三21）
形、スケーマ（二7）	同形化、メタ・スケーマチゾー（三21）
へり下る（二8）	へり下る（三21）
十字架（二8）	十字架の敵（三18）
すべてのひざがかがまる（二10）	すべてを服属さす（三21）
地上的なもの（二10）	地上的なもの（三19）
天上的なもの（二10）	天において（三20）
主イエス・キリスト（二11）	主イエス・キリスト（三21）
栄光（二11）	栄光（三19, 21）

われわれはここでアレッチの解釈を参考に（a）〜（d）が（イ）のユダヤ化主義者グループにも該当するかしないかを検討してみたい。

まず（a）は最後の審判を指すことは明らかで、（イ）もそこでの滅びを避けられない。

（b）の腹については、（イ）は清浄の食物規定を守るのに束縛されているので、パウロは皮肉を込めて彼らの至上価値は腹だと言っていると解釈できる。（c）の栄光における恥は、（イ）の場合、割礼や食物規定が彼らの栄光ではあるが、それへの執着はキリストへの信仰によるキリストの栄光のソーマに参与することに比すれば喪失でありくずのように誇りえない恥ずべきものである（三2–8）。（d）に関してアレッチによれば、動詞(phronein)は、人が全身全霊を以って思い意志するという意味である。これに従えば、（イ）にとってはトーラーによる義のみを求める生が地上的なものの熱望に当たるであろう。

このように解釈してくると「十字架の敵」とは、（イ）（ロ）どちらにも妥当し、どちらかに決定はできない。われわれはアレッチと共に、このようなあいまいなパウロの表現は、実に生の多様な状況や場所および生き方が、彼の敵対者に適合するという風に幅をもたせているると解釈できる。いずれにせよ、パウロは涙ながらにフィリピの人々に警告し、彼に倣って天の国籍を求めるよう勧める。その天から救い主、主イエス・キリストは来臨する。その時どのようなキリスト者の変容が生起するのであろうか。20－21はその神秘を開陳する。

アレッチは、20－21が、リズムに満ちた散文、新約の賛歌がもつ典礼的文、非常に稀な用語から構成され、賛歌的性格をもつとする。

それを証明すべく、三17－21と二6－11のキリスト賛歌とを大略表8－1で比較してみよう。

この両賛歌でわれわれは重要な二点に注目したい。その一つは、キリスト賛歌においては、イエス・キリストが神の「モルフェー」であるにも拘らず、自由に自己無化を経て奴隷の「モルフェー」をとったという点で、これは天から地へのモルフェー的変容といえよう。これに対し、三21ではわれわれの賤しいソーマがキリストの栄光に輝くソーマに同形化されるという仕方で、地から天へのモルフェー的変容を説いている点である。キリスト論的に言えば、キリストの天から地への自由な自己無化の力によって地から天へのわれわれのソーマの変容が生じると言いかえられよう。その二点目は、21には、同形化を表す二つの用語(metaschēmatizein, symmorphos)が強烈な変容用語として際立っているということである。この metaschēmatizein は、その変容的意味では新約にあってパウロにしか用いられていない[148]。従ってここで同形化を神秘とすれば、われわれは同形化をパウロ神秘論と呼びたいのである。以上のように本論に核心的な点を予め述べたので、次にロイマンの解釈をとり上げ、われわれのコメントに着手しよう。

J・ロイマン

われわれは前の二つの解釈で本テキストの粗筋と解釈を考察したので、今は本論に特に関わるロイマンの解釈に参究したい。

それは何よりも21aに現れる metaschēmatizein という同形化の表現である。パウロにあって変容という的確な意味では先述のようにここが唯一の用法である。七十人訳にあっても「第四マカ」九22においてのみ変容的に用いられる。すなわち、若者アブラミアイオスは呻き声も上げず、「火の中で不死へと変容していった(metaschēmatizomenos)かのようであった」と語られている。この21bの symmorphoushai の表現もやはり変容、同形化の意味に用いられている。他方で「フィリピ」とは別に動詞 metamorphein の用法を見てみよう。それは、変容の意味で四回用いられている。それは福音書で描かれるイエスの山上での変容

（マコ九2、マタ十七2）に二回、これまで検討した「栄光から栄光へと主と同じエイコーンに同形化する（metamorphoumetha）」表現で一回（二コリ三18）、そして「自分をこの世に同化させず（mē syschēmatizesthe）、むしろ、ヌース（精神）の新生へと同形化しなさい（metamorphousthe）」（ロマ十二2）のテキストで一回用いられている。特にロマでは、悪い意味でスケーマ（姿形）が、良い意味でモルフェー（形）が現れている。[149]

いずれにせよパウロにあって同形化を示す変容言語は顕著であり、「精神の新生」も含めて「キリストの栄光のソーマ」「主と同じエイコーン」への同形化は、パウロにおいて窮極的な信仰の目標、栄光のキリスト＝ソーマへの同形化に他ならないことが窺える。

ロイマンは、アレッチと異なり、20－21を賛歌とはとらずに、むしろ5－6と類似の賛辞（encomium）の文学類型に入れる。われわれとしては、それでもアレッチによるキリスト賛歌と20－21とのある比較が可能であり、そこに加えたわれわれの神学的解釈学的な示唆は本論の核心をなすと考える。すなわち、キリストは天のモルフェーから自己無化を通して地上の奴隷のモルフェーをとったのであり、それと逆対応するかのように、われわれの賤しい

148　（Phil. A）p. 277.

149　これらの変容用語については、*Concordance to the Greek Testament*, by Moulton and Geden, 4th Edition. EDINBURH, 1974.

地の塵から成るソーマが、彼の栄光のソーマに同形化（metaschēmatizein, symmorphos）する。如上の逆対応的な全プロセスに関わる解釈と神学こそ、われわれの言うパウロの神秘論なのである。

これまでの第一から第二節で本章の表題が表す諸概念・表象「パウロ、受難、ソーマ、同形化、神秘論」が解釈、説明され、大体本論の輪郭を読者に示しえたと思う。次は第二節の最終テキストとしてこれまでの解説コメントの画竜点睛の意を込めてガラテヤ書の参究に向かいたい。

2—2　キリストこそわたしのうちに生きる　「ガラ」二19-20、三13

二19わたしは律法によって律法に対して死に、神に対して生きるようになったのです。
もはやわたしはキリストとともに十字架につけられています。20生きているのは、もはや
わたしではなく、キリストこそわたしのうちに生きておられるのです。今わたしが肉にお
いて生きているのは、わたしを愛し、わたしのために身をささげられた、神の子に対する
信仰によって生きているのです。
三13キリストはわたしたちのために呪われた者となって、律法の呪いからわたしたちを
贖い出してくださいました。――「木に掛けられた者はすべて呪われた者」と書き記され

ているからです。――

われわれは如上のテキストをその文脈と共に解釈し参究していきたい。その際、参照する解釈者は次の順で参照される。（1）C・B・カウザー（一九八二年）、（2）R・N・ロングネッカー（一九九〇年）、（3）山内眞（二〇〇二年）、（4）浅野淳博（二〇一七年）、（5）D・A・デシルヴァ（二〇一八年）。

C・B・カウザー

同形化の極みを語る「キリストこそわたしの内に生きている」は、「ガラ」二15-21の余りに有名な信仰義認論の極みでもある。そこでわれわれはカウザーに従って、復習の意味も込めて信仰義認論を瞥見しておきたい。

サンダースやカウザーなど新しいパウロ解釈者によると、すでに確認されたように、キリストへの信仰による義化は、トーラーによる義化に代わって異邦人がユダヤ人との区別なく兄弟として教会に加入する条件を表明し弁証する論であって、個人の罪意識からの解放、つまり個人的意味での罪人が、個人の信仰に基づいて救いを与えられると確信する契機ではない。カウザーは、K・バルトなどに拠り、この個人化はアウグスティヌスに始まると述べる。なぜなら、アウグスティヌスは使徒時代の異邦人宣教という文脈から信仰義認の問題を切り離して、内的な罪意識の解決の次元においたからである。ルターの場合も、罪深い自己が、聖であり義である神にどのように受容されるかが根本問題であり、「ハバクク書」二4「正しい人は信仰によって生きる」から学んで信仰義認の確信を得た。そこには義認のいわば協働体的性格は窺えず、あくまで内的な道なのである。十六世紀以降のプロテスタント思想には、この個人主義的義認識の性格が色濃い。

カウザーはこの個人主義に反論する仕方で、二11-14のパウロによるペトロ非難を解釈する。すなわち、異邦人を兄弟としてキリスト者の協働体に迎え容れる具体は、共同の食事をすることである。ところが、ペトロはこの共同の食事から身を引くことによって、異邦人をいわば拒否した。それは他者拒否の業によるユダヤ的信仰の正当化、つまり自己義認の一形態であり、福音の否定であった。われわれはこれを旧いアイオーンの現出として理解する。要点はユダヤ人は異邦人と共に信仰義認されるべきだということであり、義認はこうして宣教時代にはまず何よりも神の恵みによる協働体への参加に他ならないという点である。その恵みはさらに持続して個人や協働体に働きかける。そこに今や本論と関わる新しいアイオーンにおける義認と聖化の問題、変容の道行きの問題が問われてきたわけであった。[150]

この問題を深めるためにカトリックとプロテスタントの義化論の相異に言及したい。

ローマ・カトリック神学では、神の助力の恩恵（motio）により開かれた自由意志をもつ人が義化され成聖の恩恵が注賦される。その恩恵は魂の本質に浸透し、人間本性を高め変容させつつ、能力（知性や意志）に溢れ行き、やがて身体をも浄化する。こうして義化・聖化された人は自から愛の業をなす。以上は神の恵みが義化と聖化を連続させ、愛の地平を披く力であることを証する。これに対して、唯名論的性格を帯びるプロテスタント神学はすでに指摘されたように義は神の属性であり、その義に拠りキリストを信じる者を義とみなす義認論をとる。その際、信仰者の本性の実在的変容は、当然唯名論に従って勘考しない。カウザーはこの両者のジレンマから脱出する方策として、旧約聖書以降の義認の法廷的側面を指摘する。つまり裁判官である神が、被告に無罪宣言を告げる。従って法廷において裁判官や被告がもつ本来の性格は度外視される。先述のライトなどがこの法的解釈をとっている。しかしこの法廷的解釈では、義化後も働き続ける神による変容的恵みに関するヴィジョンが欠落してくる。

　如上のジレンマと欠陥から脱け出すために、義認と聖化の関係の問題が登場する。カウザーは、その問題に深い示唆を与える次のようなケーゼマンの解釈を引用する。われわれもコメントを加えて大略紹介すると、その解釈は、「神の贈り物（神の義）は神が正にそれによってわたしたちを彼の主権（Macht）に服従させ、また、わたしたちを応答する存在にする（聖化）手段なのである」[151]ということになる（なお丸括弧内の注的語は、筆者子の解釈的注

150 以上の議論については（カウザ・ガラ）九九―一〇六頁。

である）。さらにカウザーは、11において「キリストと共に十字架に掛けられている」の完了動詞に注目し、そのパウロのキリストと共なる死が一回的な洗礼を示すというより、その十字架死の結果、パウロが新たにキリストへの信仰に生きる境涯を語っていると解釈する。むしろ「キリストが、わたしパウロの内に生きている」のである。こうして義化から聖化の極みへの地平が拓かれたといえよう。ここで聖化について付言するとすれば、それは聖霊の働きに拠る（二コリ三18）。その聖霊の結ぶ実は、いわゆる倫理を超える聖化の実であり印である。それは人を神の子とし、キリストと共に復活への初穂となる（ロマ八12-17）。

カウザーは、三13「キリストはわたしたちのために呪われた者となった」に関してわれわれが支持する大貫説と異なる解釈を示している。その鍵語は「呪い」である。パウロは「申」二十七26を引用し、律法の全体を守ることができないのでユダヤ人全体が呪いの下にあると語る（三10）。他方で異邦人も罪人であり（二15、ロマ三9-10）、その意味も含めカウザーは「律法はその独占的排他性の故に、異邦人が改宗者とならない限り、異邦人を呪う」[152]という。つまり、13の「わたしたち」には異邦人もユダヤ人も含まれ、キリストはその両者を十字架刑を通して贖うと解釈される。

以上のようなカウザーの解釈にわれわれなりの解釈を加えてきたが、本論の要諦に関わる点はやはり義化から聖化に続くキリスト者の道行きであり、その道行き全体は霊の働きに根拠づけられ聖化は実りを生み出す。その聖化の根底は、霊を授ける「キリストがわたしのうちに生きている」ことであり、言いかえればキリストへの同形化の極みである。しかしながら、この義化・聖化の道行きには、肉への復帰をしたペトロ（二11以下）や愚かなガラテヤ人（三1－6）の例が示すように、旧いアイオーンに由来する様々な誘惑と艱難が雌伏しており、その結果人は肉の業（五19以下）の只中におかれうる。そのことをパウロはその諸書簡において涙を以て警告するのである。

R・N・ロングネッカー

ロングネッカーの解釈に際し、特に本論と関わる点を二、三挙げてコメントしたい。まずその一点目は、二20「生きているのは最早わたしではなく、キリストこそわたしのうちに（en emoi）生きておられるのです」の解釈である。ロングネッカーは次の表現、「われわれまたはわたしが、キリスト・イエスまたはキュリオスの内に」（二4、三14、26、28、五6、10など）とあわせて20の表現内にキリスト教神秘主義（Christian mysticism）を見出している。神秘主義についてはわれわれも後に説明するとして、ロングネッカーに拠るとそれは、個的人格と絶対者との融合、客観的現実からの逃避（孤独な隠遁や瞑想など）、禁欲的

151（前掲）一〇六頁。加えてカトリックの恩寵論については、（宗・言）の第九章を参照されたい。

152（前掲）一三〇頁。

観想などとして一般に性格づけされている。しかし、聖書の神秘主義は、神の恩恵への応答であり、神の慈悲に出会った人々が自分の同一性を失うことなく神と交流するという性格をもつという。それは心理学的言語で表現できず、「キリストにおいてある」「霊においてある」(ロマ八9)と言われ、逆に「キリストや霊がわたし、われわれにおいてある」とも表現される(エフェ三16-17、ロマ八9-11など)。われわれは「キリストがわたしの内にある」の内容をロングネッカーよりもさらに深く考究する。それが本論の課題であり、後述したい。

第二にこの二18-22では、それ以前のテキストの「わたしたち」から「わたし」に人称が劇的にシフトする点が際立つ。これはパウロの宗教的実存の表白(20b)とも理解されるが、われわれの解釈では、この「わたし」は先述で検討した「ロマ」五12以下のアダム、七24の「わたし」と同様「集合人格」的意味をもつのではないかと考えられる。それはどういうことか。それは集合人格的アダムの罪業を負うて、「みじめなソーマ」からの救いを叫び求める「わたし」が、栄光のイエスとの出会いを通して救われ、福音宣教に生き「キリストの体」の内に神の子として様々な人々と一致していくとき、かつての「わたし」アダムから第二のアダム・キリストの内に生き得、そうした変容の全行程がそのまま「キリスト、わたしに在り」との個的にしてかつ協働体的な「わたし」告白となって迸り出たのであろう。

第三点は三13に関わる。キリストが十字架に掛けられた者として呪われ(申二十一23)、その代わりにわたしたちを律法の呪いから贖い出したという告白文である。キリストにかけられた呪いが、律法が下す呪い（三10）を引き取って一緒に、キリストの死を通して律法の外に放り捨てられた時、その呪いに代わってそこに信仰と霊が働く場と復活への道が拓けたのだといえる。これはわれわれの解釈であり、大貫説を基盤とする。この点をロングネッカーは「呪いの交換」（an exchange curse）と呼び、M・ルターを次のように大略引用して要点を示している。「あなたキリストは、わたしの罪、わたしの呪いです。むしろ、わたしは、あなたの罪、あなたの呪い、あなたの死、神のあなたへの怒りです。逆にあなたは、わたしの義、わたしの生命、神のわたしに対する恩恵です[153]」と。

以上のようにロングネッカーにあってわれわれは、神秘主義、集合人格的なわたし、呪いの交換という大逆転など本論の重要なテーマを見出し解釈した。後に再び参究したい。

山内 眞

山内の解釈の中で本論と深く関わる諸点を考究しよう。18でパウロは「わたしがこわしたもの（律法）を再び立てるならば、つまり律法に復帰するなら」背反者となると仮想現実を述べる。実際に背反者となったのは、直前のテキストでパウロが非難したペトロである（11－14）。彼は異邦人と食卓を共にせず、旧いアイオーンに返った。この点はすでに考究さ

153 （WBC, Gal, Long）pp. 121-123.

れた。われわれにとって興味深いのはキリストと生前新しく交わった第一の弟子（ペトロ）が、キリストを否み（マタ二十六69－75並行）、回心後もユダヤ人キリスト者の律法主義に譲歩したという迷妄の事実である。それは人間が回心したといっても依然旧いアイオーンの誘惑に屈しうるという範例であり、他方で神に生きるため旧いアイオーン・律法に死ななければならないというパウロの宣言である（19）。それはキリストと共に十字架に掛けられ（完了形）、今も十字架に掛けられていることを背景としたパウロの生の示しといえる。彼はその意味で全面的にキリストの支配下に生きる。それが山内によると二20aの意味であり、決してパウロ個人の神秘的体験の述懐ではないという。というのも、20bは、肉体をもって地上に生きる生が問題とされ、それは愛故にわたしパウロのために死んだ御子への信仰の生であり、それを支えるのが神の恵みに他ならない以上、神秘体験は問題にならないからであるという。ここで山内がどのような意味で神秘体験の表現を用いているか、よく理解できないが、われわれのいうパウロの神秘論とは全く異なることを一応指摘しておきたい。

われわれにとって山内の強調するキリストの死と愛および神の恵みという深いつながりが、三13の「律法の呪い」「木に掛けられた者の呪い」という、いわば凄惨なイメージの背景をなしていることを自覚し、愛と恵みの新しいアイオーンに感応するのである。

浅野淳博

浅野は、二19b－20を「参与」を軸に解釈していると思われる。彼は「わたしはキリストと共に十字架に掛けられてしまっている」（完了形）を、「ロマ」六を援用し、キリストへの参与として理解する。キリストへの参与は、本来の復活のみでなく、死の現在的現実（二コリ四10－11）の共有、北森流にいえば「神の痛みの中に融かされる」体験をも意味し[154]、さらに、ユダヤ教の排他的自同性の主張に反する、弱き人への寄り添いを意味する（一コリ四8－13）。20はこの19bの参与の深まりの極みである。ここで前節の「わたしの死」が「キリストの生」に大転換する。「わたしの内にキリストが生きている」のである。ただしキリスト者の内に「キリストあるいは聖霊が内在する」という表現の方が圧倒的に多く用いられている。われわれはこのキリストの内在に基づき、特に霊の内在がキリスト者を変容させていく（ロマ八10－11、二コリ三18）点を強調したい。

浅野は18－21において「わたし」（一人称単数）表現に注目する。浅野はこの「わたし」が、パウロの内に（en emoi）、神がその子を啓示した（ガラ一15－16）という非常に個人的な改宗体験に基づくとしている。われわれはその解釈に異存はないが、他方でその「わた

154 北森嘉蔵『神の痛みの神学』教文館、二〇〇九年を参照。本論の受難理解を深める一助となるはずである。

し」が集合人格的な意味をもつこともすでに究明した。

D・A・デシルヴァ

デシルヴァは、二15−21を全体として理解すると、信仰による義化か、あるいはキリストへの参与かと二者択一的に問うのは間違いだという。彼によると義化の本質は、大略「われわれがキリストに参与すること」、あるいは一層確かな良い意味で「キリストがわれわれの内に参与すること」、さらに言いかえれば、キリストがわれわれの内に形成されること（四19）であるという。[155] そしてキリストのわれわれにおける参与は、われわれの間と内における霊の働きに他ならない（四6−7、五16−25）。われわれは霊が、変容の原理であり力であることをすでに見た。だからデシルヴァの指摘するように、神の義化の先導的働きは、すでに極めて変容的な要素を含むといえよう。

3——むすび

以上これまでの解釈者は、20−21における「キリストこそ、わたしの内に生きている」という表現が、キリストとの一体性、一致を表すという解釈で合意している。ロングネッカーに至っては、神秘主義という言葉を用いている程である。しかしわれわれは、如上の一体的解釈が、さらに内容的に意味究明を追求していない点で不十分であると考える。この点はパウロの神秘論の考察において十分究明したい。

その一体的参与論が内容的に不十分であるのは多分もう一つ大きな理由があるのだろう。それはわれわれの分析したテキストを含む二15－23のペリコペーの性格の故である。

このペリコペーでは一方で歴史的に「ロマ書」と並んで信仰義認が主に議論される程、信仰義認が語られているが、他方でキリストのわたしパウロへの内在が語られている箇所である。このキリストのわたしへの内在は、またわたしのキリスト（霊）への内在としてよく語られ、それは「ロマ」五1－八39のように義化に引き続く聖化変容の極みとして表白されている。

しかしプロテスタント神学は一般に義化と聖化を切り離し、義認に集中するが、倫理でなくいわば人間存在の変容に関わる聖化の内容を余り究明しない。従って二20のキリスト参与やキリストとの一体化、キリストの支配下に生きる在り方のさらなる内実の検討が、パウロ書簡全体を用いて究明する程の検討に欠ける傾向があるように思われる。しかし、この義化と聖化との根源的な一体的連関こそ、本論の変容論神秘論に対し重大な筋道をなすので、こ

155 (NICNT, Gal, DS) pp. 249-50.

の点も後述したい。

「むすびとひらき」へ

われわれは、第八章でその副題が示す連鎖的表現、すなわち（a）ソーマ、（b）受難（ケノーシス）、（c）変容（聖霊による個から協働体の変容そして宇宙論的終末論的変容も含む）、（d）同形化、（e）神秘、（f）キリストの体、協働体、（g）宇宙的諸力・旧いアイオーンとの戦いを中心にこれまで第一章～第八章を通して解釈・参究、コメントなどを遂行してきた。そこで次の「むすびとひらき」において、如上の（a）～（g）を中心に第一章～第八章を総括反省しつつ、パウロの神秘論とその根拠であるエヒイェの思索を明らかにし、その上で彼の神秘論がエヒイェを通して現代の根源悪の現象をどのように超克するのか、加えて他の宗教的神秘伝承と対話しつつ、どのように相生とその物語りの地平を拓きうるのかを問い、さらなる本論の深化展開を期したい。

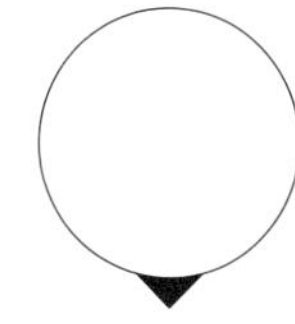

むすびとひらき

序

本「むすびとひらき」の結構は三部から成る。まず第一部は、第八章の末尾で示唆したように、（a）〜（g）を念頭においた第一〜八章の総括的むすびであり、次に第二部は、第一部をふまえて本論の神秘論の特徴と精華を示すべく、諸々のいわゆる神秘主義思想を大略示しつつパウロ的神秘論と対比する。そこでわれわれのいうパウロ的神秘論が明らかになってくるであろう。

この第一部と第二部は「むすびとひらき」のうち「むすび」の側面に傾斜した論説であるが、「ひらき」の側面は、第三部として「現代におけるパウロ神秘論がもつ問題性と展望および提案」を内容とする。それは三つに分かれて問われる。（1）は、われわれが直面している現代の根源悪的現象について考究する。（2）は、パウロ神秘論の聖書的根拠としての反実体論的脱在（エヒイェ）論について洞察する。（3）は、以上をふまえてパウロ的神秘論が現代に披く諸可能性（脱在論、実践論、物語り論、神秘的諸伝承との対話、根源悪的現象との対決、歴史的人格論、ソーマ論など）をいちいち考究踏破し、概略的ではあるがその諸可能性を現代へのメッセージとして提案したい。

このようにして筆者子が参究してきたパウロ的神秘論が秘める諸特徴と可能性とがいよいよ洞察されることが期待される。

第一部——神秘論を構成する諸テーマをめぐって——第一—八章の総括的ふり返り

「序」では本論が現代的危機を超克するための、パウロの神秘論への参究であることを開陳した。ここで客観的学的考察という表現でなく参究としたのは、今・ここに生きる筆者子の主体自身がパウロの生と思索に参与し変容するような探求であることを示したいためであった。

第一章は、パウロ解釈に関する近代の先行研究の検討であった。本論にとって重要な点は二点ある。一つ目は、A・シュヴァイツアーによるパウロの核心を神秘主義とする提案であり、対してそれを信仰義認論によって否定するプロテスタント神学の系譜である。二つ目は、伝統的ルター的ドイツ神学によるユダヤ教のペラギウス的解釈に反対する英米系研究者による「新しい眺め」の出現である。それはC・Nを提示するE・P・サンダースによって口火を切られ、様々な解釈学的変容や多様な提案を経て今日に至っている。

第二章は二節に分かれ、第一節は、ユダヤ教ファリサイ派の旗手としてイエスの徒を迫害した回心以前のパウロに関する考究である。ここで特筆すべきことは、パウロが回心前にユダヤ教徒中で熱烈な志士（zēlōtēs）で、「律法における義という点では、完全であった」と述懐している点で、われわれが「ロマ」七などから彼について抱く救い難い罪人というイメージが完全に払拭されることである。そこからわれわれは「ロマ」七24の「わたし」とは誰かという深刻な問いを課せられ、またその「わたし」とパウロ的神秘との関連が問われたのであった。次に彼がナザレ人の道に従う人々（キリスト教徒）を迫害したわけが問題となった。当時のユダヤ教のメシア観を支配していたのは、ダビデのような栄光のメシア像であった。これに対してイエスは「ガラ」三13が述べるように、律法によって呪われた者と理解された。この反律法的な受難のメシア・ナザレ人の輩は、律法と栄光のメシアに熱心なパウロの迫害の対象とならざるをえなかったわけである。この受難と栄光の両メシア観はユダヤ教的枠を超え、歴史を通し、現代においても国際関係、経済、政治、思想、巨大科学などに様相を変えて浮上し、パウロ的人間の現代における在り方を問う問いと共に深刻に問われてくると言える。

第二節は、パウロのいわゆるダマスコ体験に参究している。われわれは「使」九1－19が描くようなパウロと光輝くイエスとの出会いの現実に関する示唆を、彼の諸テキストの中に見出した。その出会いの内実は二点に絞られる。その一点は、神の栄光を映すイエスの体験はそれまで彼が至上とした律法をくそとみなす程の大転換・回心だったということである。今や十字架に掛けられた受難のイエスこそ、真のメシア・キュリオスであると自覚され、それが彼の福音の核心をなす。二点目は律法でなく、このイエスへの信仰による救いを福音として異邦人に宣べ伝える異邦人の使徒となったという点である。そこに救いの普遍的地平、今日的に言えばあらゆる人が隣人となりうる可能性が拓けた。

第三章は、パウロが出会ったイエス・キリストとは誰かを問うキリスト論である。われわれはキリストに関する全体的ヴィジョンを語っている「フィリ」二の「賛歌」と「一コリ」十五の復活論に参究した。またアダム・キリスト論（ロマ五12以下）については折にふれ言及した。このキリスト論が（a）～（g）を原型として含む。これをふまえて以降の章で、本論のテーマ（（a）～（g））が一層具体的に参究・解釈される次第となる。

それはさておき、第三章のパウロによる如上の全体的ヴィジョンをよく見ると、それは、天上的救済者（キリスト）がケノーシスの動態のうちに受肉し、つまり人間のモルフェー（形）をとり、十字架の受難に至るへり下り・聴従（hypakoē）を経て復活しキュリオスに上げられたこと、キリストが第二のアダムとして第一のアダムの罪とそれに起因する死を廃絶し、終末時に父なる神に自らの国を引き渡すという宇宙論的プロセスを含意する。以上のプロセスは、キリスト固有の（a）〜（g）を含み、パウロ神秘論の根源となる。

そこで今キリスト論における根源的な（a）〜（g）に大略参究してみたい。

（a）ソーマに関して。受肉や復活は、ヘレニズム的霊肉二元論、霊的エリート主義、グノーシス思想、あるいは人間の自然的発想や思想に対し、「さからいのしるし」となるばかりではなく、逆にわれわれの肉（サルクス）的、身体（ソーマ）的生にとっての希望と方向づけとなる。さらに「キリストのソーマ」は、他者との出会いと兄弟的相生の場である。しかもそれは、福音書でいう神の国、天の国の具現であり、黙示録的に語れば、新しい天のエルサレム（黙二十一）の先駆であろう。従ってわれわれのソーマも他者との出会いの場となる。

（b）受難について。十字架に掛けられたキリストは、律法に呪われた者として律法の外に棄てられた。それは神が律法の外に、このイエスへと我身を打ちまかせる者への新しいアイオーン・救いの地平を披いたことであった。しかもユダヤ人もギリシャ人もすべての人は実体として働く罪の下にある（ロマ三9－12）。だが一人の方（かた）がみなのために死んだ以上、みなが死んだのである（二コリ五14）。そのキリストの死に瀕した受難をそのソーマに帯びてこそ、人々のソーマにイエスの命が現れ、復活へのカイロス的契機となる。従ってパウロも含めあらゆる人々の苦難は、復活に向かいキリストの苦難をそのソーマに負う限り、イエスの道に参与してゆく道に他ならないと言える。その根源がキリストのケノーシス、へり下り、父なる神への聴従（hypakoē）という荊棘の道なのである。

（c）変容について。キリストが人間の変容の根拠だというのは、キリストのプネウマが、個々人の回心変容、協働体のカリスマ的変容および被造的宇宙の変容をうながす推進力だからである。特にわれわれがキリストと共に死に（義化）、キリストと共に生きること（聖化）を啐啄同時的に実現する恵みの力としてプネウマの変容力に今は注目しておきたい。

（d）同形化について。キリストが神の実子であること、神の本性的エイコーン（コロ一15）であることが、キリストにおける神との同形性と言えよう。このキリストという神の実子にわれわれが同形化するとは、彼を長子としてわれわれが神の養子となることであり、それは言いかえれば、神の栄光を映すキリストの姿（エイコーン）をわれわれが観て、栄光から栄光へとその姿と同じ姿へ変えられてゆく（metamorphoumetha）ことに他ならない。この同形化はまた言いかえれば、受難的変容の道である（二コリ三18）。

（e）神秘について。「一コリ」二2、7において「神秘」とは、律法に代わって十字架に掛けられたイエスをキュリオス（キリスト）と信じることに拠って救われるという神の隠された知恵を指す。この神秘を根拠として初めて、われわれの言う神秘、すなわち栄光のキリストへの個や協働体の同形化が可能となり、その同形化を通して終末論的に被造物全体が神の子の栄光に同形化しうるのである。

(f)協働体論に関して。「キリストの身体」(一コリ十二27)と喩えられるように、キリストは自らを人々が他者と出会い生きる場とした。その場には、霊のカリスマが働き人々は一体となる。従ってキリストと霊の協働が、キリスト教協働体、さらに愛の働く人間の協働体の根源的力となる。パウロはさらに父なる神の働きを協働体形成に加え(同6)、キリスト、霊、父の三一的な協働を示唆している。この協働が、三位一体的な定式表現に結晶してゆく(二コリ十三13)。

(g)他方でキリストは自ら協働体(キリストの国)を統治し、終末論的に宇宙的諸力(根源悪に通ずる力)および最後に死を滅ぼし、その国を父なる神に引き渡す(一コリ十五24)。このようにキリストの協働体は、一方で先駆的に人間の絆を断絶する根源悪の諸力を克服する地平を披くと同時に、他方でパウロが直面したローマ帝国やさらに地上の全体主義的権力の告発や突破に向けてその成員たちを促すのである。しかし、終末に至るまでの期間、霊に動かされる者は旧いアイオーンの力を自覚し、自らのソーマを新旧両アイオーンの場として戦い、霊の実を結ぶように召されている(ガラ五13–26)。

この第三章と連動して第四章ではキリストが廃絶あるいは止揚した律法が論究される。

律法に関し、ルター的伝統はユダヤ教が律法遵守を通して神に嘉され救われるという場合、そこに他者排除的な選民思想と律法による自己義化というペラギウス的な成義論を見た。他方「新しい眺め」の先駆的創成者のサンダースは、C・Nを提案し、律法授与の背景には、神の愛の恵みによるイスラエルの選びの保持および救いの約束とその恵みに応える民の側の律法への聴従とを要件とする契約関係があると解釈した。だから選びと律法遵守による救いは人の業に拠らず、神の憐れみによるのである。

そうとすればパウロが何故このC・N的な律法を棄てたのかが大きな問いとなり、第四章はこの問いに関わる。

ケーゼマンはパウロを解釈し、罪の力は掟、特に「貪るな」の掟を足がかりにして、人を惑わし、死をもたらすこと（ロマ七7-11）を強調する。その際、「貪り」とは、律法全体に抗する根源悪であり、それは「神と隣人に対する自己主張としての業績追求」、つまり律法の業の遂行による救い・自己義化の追求の中に現れるという。この救いを求める者は、罪人というよりも敬虔な人であって、敬虔な人こそ、ブルトマン的に言いかえれば生命という自己本来性を求め、掟を自力で完全遂行しようとする。その時彼は自らを神のようにし自己を喪い、代わって罪が彼の主体となる（ロマ七9-10）。われわれは神に対するアダムの非聴従（parakoē）について幾度も語ってきたのでこれ以上言及しないが、只一点想起すべきことは、アダムの不従順がソーマの死を人間に呼び込み、人は死に定められたソーマからの解放を求めて呻吟するということである（ロマ七24、五12以下）。

そうした律法に終止符を打ったのはキリストに他ならない（ロマ十4）。すなわち、モーセ律法以前にアブラハムの信仰に与えられた信仰による義化と全人類に対する救いの約束とを実現したのである。それがキリストの「神秘」であった。

この第四章では、律法の義、神の義、信仰による義化がテーマとして浮上してきたので、次に義化論の要諦に移りたい。

第五章における義化論は、まず罪・悪論から始まる。個人的実存的な罪悪の構造および原因については先にブルトマンの紹介で述べた通り、人が「神の如くなろうとする」傲慢に求められる。その「神の如くなろうとする」傲慢は、すでにアダムにおいて集合人格的全人類的なレヴェルで見出され、死をもたらしたのである。このレヴェルの罪・悪は人類史を通して働き続け、現代文明にあって危機的状況をもたらしつつあるといえる。パウロはこの宇宙論的終末論的な罪悪を、宇宙的諸霊諸勢力（ta stoicheia tou kosmou）の内に見出している。すなわち、旧いアイオーン（罪と死を含む宇宙的諸力）と新しいアイオーン（神・キリストの霊的力）とがこの世で戦争をしている。そして新しいアイオーンが到来しても（一コリ十五24‐26）、この戦争はパルーシアまで続く。そのサタン的現実性をわれわれは、第一次および第二次大戦、原爆投下、アウシュヴィッツ、難民、地球自然の破壊、巨大科学という新しい神話、エコノ＝テクノ＝ビューロクラシー（経済技術官僚制）の支配などに看取感得できよう。従ってパウロ的終末論的表現を、文学的修辞や隠喩、あるいは神話などと解説して済ませるわけにはいかないのである。むしろブルトマン流の非神話化もすててパウロ的表現の中に根源悪に通底する罪悪を洞察し、現代の根源悪的現象を考究し、それとキリストの義化から照射される地平とがどう関係してくるかを問わねばなるまい。

本論は以上の根源悪的現象とその文脈において神の義、義化を問い続けているのである。「神の義」については、われわれはケーゼマンがこの「の」属格を主格的属格とし、先述のような旧いアイオーンを克服し神の救いを実現さす力（マハト）と解釈したことを見た。しかし、この「力」論は、アブラハムなどに対する神の契約や約束にふれていないので支持できない。これに対しブルトマンは、この「の」を創始者を示す属格（Gen. auctoris）と見立て、信仰者に神から授与される賜物の意味にとる（フィリ三9）。彼はルターの義認論の系譜にあって、義化を人間が神の判決によって無罪と認められる法廷的宣言（logizesthai）と解釈する。これに対しサンダースは、パウロにあって法廷的な義化の外に、参与的な義化の用法を見出す。その一例を今想起するとすれば、「ロマ」六3－14のテキストが挙げられよう。その中でも六7を見ると、「（キリストと共に）死んだ者は、罪から義とされている（dedikaiōtai, 完了受動形）」とある。サンダースはこの句を文脈と共に解釈し、そこから義化とは、キリストと共に死んで旧いアイオーンから解放され、彼の生命に与ることだ（8）と解釈する。こうして義化の意味は法廷的でなく参与的となる。しかも本論との深い関連でいえば参与の典型は「同形化」（symmorphous, ロマ八29、symmorphon, フィリ三21など）なのである。

これに対しライトは、法廷・参与の二分的用語法を認めず、義を法廷的メタファーで解釈し通す。すなわち、神の義とはその契約への忠実を表す。神は裁判官となって被告である背教者、異教徒を裁き、律法を守り自らの義しさを訴える原告イスラエルに無罪宣言を下す。しかしこの契約の民が神を裏切り、自己の正義を追求した。しかもこのユダヤ人も加えて異邦人もみな義しくはない。そこで神の義、つまり約束への誠実は、イエスの十字架と復活を通して告知された。この告知を伝える福音を信ずる人々が義とされ救われる。義認とはこうして単に個人的なことではなく、キリストへの信仰者が真の契約の家族の成員であることを宣言することである。

こうして「新しい眺め」の世代は、様々な変奏をかなでつつも、信仰義認を旧いアイオーンから新しいアイオーンにおける新しく創造された生として示す。しかし、その新しさの根底を支える聖霊に関しては余り解釈を深めていない。われわれはその意味ですでに「ロマ」八で示された聖霊論の文脈でパウロの律法、義化、変容などを解釈するのである。

最後に以上の人類的視界で看取された罪悪とキリストの信仰に拠る義認とをふまえ、われわれは「ロマ」七24の悲痛な「わたし」の正体をわれわれ自らの在り方と重ねて究明した。ところで律法遵守において完全無欠と自認するパウロが、翻って自己も含め人間が罪の闇の只中に在ることを自覚できたのは光に照らされたからである。すなわち、その自覚は栄光のイエスに出会い回心したダマスコ体験を端緒・根拠とする。それは「ロマ」八2で語られる霊による「わたし」パウロの生命的解放の体験としても言いかえられよう。この解放はアダム以来罪悪に隷属する人間全体に及ぶ。従ってわれわれはこの「わたし」を、アダム以来罪の闇とキリストの栄光の光の狭間に生き、苦悶し希望しうる現在の「わたし」をも含みかつパウロの原体験をも反映する集合人格的な「わたし」と解釈したのである。このような文脈で参究すれば、義化は、われわれにも直結する個と人間全体を霊的生命に参与させうる神の恵みとして理解できよう。

次は義化を介し神的生命に人を招き入れる聖霊・プネウマについて概観したい。

第六章のプネウマトロギア（聖霊論）の核心をなすテキストは、全面的に対比的な「ロマ」七章と八章であった。七章はアダムの死をその身に蒙って、罪と死のノモスの下に絶叫する「わたし」の悲劇を語るのに対し、八章はプネウマによる終末論的黙示文学的な全被造物の救済の明るい地平を披いている。われわれは今日もこの闇・死と光・生命の狭間にあって様々なサタン的誘惑に陥りつつも愛に呼ばれ、復活を希望しうる途上にある。

すでに繰り返し述べたように、このわれわれの生の根源にキリストとそのプネウマが協働しているわけであるが、その洞察はパウロにあってダマスコ体験に由来し、またそれ故彼（の神学）において死と復活のキリスト論と義化、聖化を語るプネウマ論とが結びついている。実にわれわれはバートンと共に人が「神の子とする霊を受けた（アオリスト形）」（八15）時は洗礼時を超え、ダマスコ体験にまで溯源すると了解し、それをキリスト論と聖霊論結合の根拠と考えたわけである。このプネウマは、いわばキリストと共にその代理として歴史を通し持続的にキリスト教協働体を変容させつつ働く。

七のキリストなき「わたし」の絶望に対し、ソーマを変容させ、人を神の子とする神愛の贈りものがキリストのプネウマなのである。この神愛に応える生き方が、プネウマの実を生む生であり、この生を示すに当たりわれわれはアリストテレス倫理学を想起させる「倫理」を避け、「プネウマの実り」を採択した。

このプネウマの変容的エネルギーは、個々のキリスト者の実存とその協働体「キリストのソーマ」、さらに被造物全体を変容させる力であり、われわれは正に今日プネウマによる変容の終末論的予感とプロセスの只中に生きている。従ってわれわれは次章において変容をテーマとしたわけである。

第七章の変容論について、本論のテーマに従っていくつか核心的洞察を瞥見してみたい。その一つは変容が義化と聖化の二契機を不連続の連続として含むということである。この点に関しては義認と聖化とを区別するプロテスタントの伝統に比し、ケーゼマンも、復活の力が地上において放射される恵みの働きとしての義認とそれに拠る新しい生の歩み（聖化）とを連動一体化して捉えている。

二つ目はソーマに関わる。変容は自然のソーマがプネウマ的ソーマに復活してゆく転換であった。そのソーマ的変容についてパウロは、キリストの死相をそのソーマに蒙り、それは同時にキリストの生命がそのソーマに現成することだと明言する（フィリ三10、二コリ四10-11）。とすると、キリスト者にとって苦難とは復活への途上において正にキリストと共に葬られ死して甦るという道に他ならないと言える。これを普遍的に言いかえれば、異邦人であれ人はキリストが担った律法の呪いである十字架をその呪いと共に担って律法の外に復活を希望する信仰の地平に参入すべく招かれていると言える。これは「ガラ」三13の解釈において十分言及された。

三つ目に変容は、個人や人間協働体の変容だけでなく、宇宙的諸力・悪霊との戦いと克服も伴っている点に注目される。この点は、現代にあってわれわれが根源悪の現象とイデオロギーに対して、どのようにエヒイェロギアや他者の物語りに拠って挑戦しそれを克服するかという今日的問いと共に深刻に問われた。というのも、われわれの変容は決定的凱旋というより、旧いアイオーンの陰謀と誘惑に絶えず今日に至るまでさらされているからである。これは人類的なことである。そして最後に変容は、キリストの栄光のソーマ、そのエイコーンに同形化することとして、最終的に第七章で参究されたのである。

第八章は本論の「パウロの神秘論」を最重要なテーマと視点で参究したもので、筆者子は結局パウロ神秘論を同形化に求めた。それは主の姿、栄光のソーマと同じ形（モルフェー）に変容してゆくことであり、プネウマに霊発された、義化・聖化を含む動態と言える。われわれは、すでに究明したようにこの動態がソーマ、ケノーシス的受難、個および協働体そして全宇宙に関わる終末論的変容、同形化などの契機を含むことを見た。加えてわれわれの変容論は、その知性・感性、霊性を以て根源悪の現象と存在神論などのそのイデオロギーを克服しうる他者論、小さな物語り、エヒイェロギアをも提示すべく胎動している。それは、人間みながソーマである限り、あらゆる人々がソーマの栄光化に招かれていることを含意する。これは後述するように聖霊の働きと深く関わる。

今この同形化の本質をパウロの謙虚な表現を借りて示せば、「二コリ」十一の受難の生に続く、それこそ神秘主義的な第三天の体験の後に、彼が思い上がらないように送られたサタンの回し者に関する彼の述懐に見られる。すなわち「わたしは弱さにおいて強い」というささやかで重大な述壊である。これは「一コリ」一18－31に通ずるパウロ神秘論の精華ともいえるからである。

以上で第一部の総括的むすびを了え、次の第二部においてパウロ神秘論の洞察を深めるため、いわゆる神秘主義をジャンルに大別して諸特徴を考察し（2－1、2－2）、それとパウロ神秘論とを大略比較・検討したい（2－3）。この第二部の神秘主義、神秘論についでは細部にわたる議論は省略し、大摑みな特徴を示すことで読者に御寛恕を乞いたい。

第二部――諸々の神秘主義・神秘論の類型とパウロの神秘論

われわれは第一に（1）グノーシス主義的傾向を示す神秘主義を扱い、次に（2）ギリシャ教父とラテン教父の神秘論に参究し、（3）そして旧約の「雅歌」解釈に拠る神秘主義の系譜に大略言及して、各神秘主義の特徴を摑みたい。

2―1　グノーシス主義的神秘主義

（イ）プロティノス哲学

われわれはまず、プロティノス哲学を検討したい。彼の哲学は世界の成立を流出（emanatio）を通して説明する。まず窮極の一者（ト・ヘン）である善から、知性（ヌース）が、次に純粋霊魂（プシュケー）が発出する。この三者が非可感的な原理的な者である。この純粋霊魂から生じた世界霊魂に活性化されて、自然世界、質料的なものが流出する。その中で人間は知性（ヌース）、個別的霊魂とそれに拠って活性化される肉体から成る。その人間のヌースは、原理であるヌースと同本質的であり、彼のヌースは原理的ヌースを経て一者と合一する。その時、人間のヌースは、本来の自己に還帰・融合するわけである。プロティノスは、この合一について次の様に語っている。「もし君がそうなり（質料的なものからの完全な浄化、筆者子注）、それ（美のイデア、善の前なる幕）を見たとする。君は浄められて君自身と合一化したとする。そうなれば、その一体化を妨げるものは何もなく、君自身の内には、いかなる異質の混雑物もなく、君自身はあます所なく純粋な真の光である」（「美について」『エンネアデス』第一巻第六篇）と。また「二つのものがあるのではなく、見るもの自身は見られるものと一つであり、そして実際、ト・ヘンは見られるのではなく、見るものがそれに合一するのである。……言葉もなく何の思考もなく、さらに言うべきだとすれば、総じて彼自身もない」（『同』第六巻第九篇）と。このようにプロティノス哲学におけるト・ヘンとの合一は自己の本来性への回帰であり、神と自己との区別はない。そこに至る過程は非常に単独者的な精神への没入で、そこに他者性の影もない。[156]

（ロ）「真珠の歌」

プロティノスはグノーシス主義の特徴をよく示している。いわゆるグノーシス主義では、人間の本性は神起源であり、今は質料的現世で墓の様な肉体に閉じ込められ、自己の神性を忘れているが、神的圏域から届けられる手紙などで自己に目覚め、自己の神性を自覚認識

156　プロティノス哲学全体に関しては（プロ）を参照。

（グノーシス）することに拠って再び神性に回帰合一するという思想と実践が典型的である。そこでは精神・質料の二元論が支配し、この世界に対してはペシミズム的な態度でのぞむ。

グノーシス文書としては、一九四五年にエジプトで発見された「ナグ・ハマディ」や最近公刊された『ユダの福音書』[157]など解説すべき文書は余りに多いが、今は三世紀半ば頃までに成立した『トマス行伝』中の「真珠の歌」をとり上げよう。『トマス行伝』[158]「真珠の歌」は全くがグノーシス主義か否か多々論争はあるが、行伝以前の伝承素材であるについてはそれグノーシス的である。そのあらすじを述べると大略以下の様になる。ある王の王子が輝く衣（グノーシス）を着て育ったが、王に命じられてエジプトの地で竜に巻かれた一粒の真珠（グノーシス世界の宝・知）を奪い返すために旅に出た。その際、輝く神性の衣を脱ぎ、エジプトに着き、エジプト風の衣服を身につけ、そこの食事に狎れている内に自己の目的や本性を忘却してしまった。しかし王からの手紙で自己認識（グノーシス）をとりもどし、ついに真珠を奪って故郷に帰還し、再び輝く衣を着る。その衣にはグノーシスの運動が発散されており、若者と衣とは二つであったが今や同一の形（モルフェー）として一つとなり、ここにグノーシス的救済は完成した。

（ハ）新約聖書におけるグノーシス主義的傾向

われわれはまず「一ヨハ」に注目する。その五6－8では、「このイエス・キリストは水と血によって来られた方です。……証しするものが三つあります。すなわち、霊と水と血です。この三者は一致しています」とある。この水と血に関して二つの解釈がある。一つは、水が洗礼者ヨハネに拠るイエスの洗礼を指し、血は十字架上の死を意味するというものである。二つ目は、水と血が「ヨハ」十九34が描くイエスの脇腹から流れ出た血と水を指すというものである。何れにせよ、ヨハネはヨルダン川（水）での洗礼時にイエスに顕現した神の子の栄光の姿から、十字架上における人間イエスの死（血）を区別するグノーシス的仮現論者・反キリストの輩に対して、イエスの人間性を証する水と血の証しに拠って反論していると思われる。実際に「一ヨハ」四2-21「人となって来られたイエス・キリストを認める霊は皆、神から出たものです。…子たちよ、行いと真実をもって愛し合いましょう」という文脈では、歴史的イエスの救いと兄弟的愛を中核とする信仰協働体の生を扱っているからである。[159] そのイエスの歴史性から見れば、水はイエスに神の霊が下り、彼が神の子と宣言された洗礼（マタ三13以下並行）を示し、血は彼が十字架上で人間として流した血（ヨハ十七1）を示すと解釈した方がよいであろう。これは多くの釈義家の意見である。そうするとヨハネの言う反キ

157 （原ユダ）（解ユダ）を参照。
158 （トマ行）を参照。
159 （WBCI, 51, 一ヨハS）pp. 264-270.

リスト、偽りの証言者は、如上のキリスト論的核心、つまりイエスの先在と父からの派遣、神から授かった霊による信仰者の再生と、兄弟愛の掟の実行、パルーシアにおける救いを否定する者であることがわかる。こうした反キリストはまたイエスという人間を否定する。すなわち、彼の人間たることは見せかけ（dokein）であり、その実体は神性なのだというグノーシス的仮現論の立場に立つわけである。ヨハネはその仮現論を明確に「イエス・キリストは肉（サルクス）において来た（elēlythota, 完了分詞）」（一ヨハ四2）と言って否定し、イエスの歴史的到来と現在における信仰者と共なる現存を証言している。

新約において特にグノーシス的性格をもつ霊的熱狂主義とパウロとの対決は「一コリ」においてすでに検討された。パウロ時代のコリントは、ギリシャにおける豊かな大都市で、享楽、例えばポルネイア（娼婦などとの交わり）にふける自由市民も少なくなかったといわれる。今は回心したコリントの信徒もかつてそのような遊蕩の生活に陥っていた（一コリ六9-11）。しかも信徒の中には今も「すべてのことが、わたしに許されている」（六12）と言って娼婦と結ばれ一体となっている者がいる。彼らは恐らく自分を身体的レヴェルから切り離し霊的な者と見なす二元論的立場に立ち、ソーマを軽蔑し、逆にソーマ的行為（大食、ポルネイアなど）にふけっているわけである。[160] こうして彼らは主と結ばれ、主とひとつの霊になるという「霊が宿る神殿であるソーマ」に対し罪を犯すのである（六17-20）。またこの「すべては許されている」（十23）という主張に拠って、偶像に献げられた食物を自由に食べ、

「われわれみなが知識（グノーシス）をもっている」と思い上り、偶像に供えた肉を食べて、それを見る良心の病んでいる信徒を偶像に供えられた食事を食べるように力づけ、偶像崇拝へと引きずり込んでしまう。キリストはこのような知識もなく弱い人のために死んだのである（八11―12）。だから彼ら霊的エリート主義者はキリストに対して罪を犯すことになる。

以上の点はすでにわれわれが参究した点であるが、今は新約におけるグノーシス的傾向を証しするために、その具体を開陳したわけである。

2―2　ギリシア教父とラテン教父の神秘論

（イ）ギリシア教父の神秘論

表題で神秘主義の代わりに神秘論の表現を用いたのは、教父の神学・思想・実践が前述の神秘主義と対決するものであり、またその神秘思想および実践が、本論の神秘論と重なる点が多く、そこから多くの示唆をうることができるからである。この点を念頭において、次にギリシャ教父の中から神秘論の二巨頭ニュッサのグレゴリオス（三三〇頃～三九四年）と擬ディオニュシオス・アレオパギテース（六世紀頃）を中心にとり上げ、他の教父については

[160]（からだ）一七〇―七五頁参照。

大略補完的に瞥見したい。

ニュッサのグレゴリオス

ニュッサのグレゴリオスの神秘論的著作は『雅歌講話』と『モーセの生涯』に極まる。『雅歌講話』は旧約の「雅歌」に関する講話である。ところで「雅歌」は祝婚歌ともイスラエルの男女間の相聞歌ともいわれるが、その男女が互いに賛美する詩歌は恰もフィナーレがない無限の相聞歌であるかのように中断されている。従ってグレゴリオスの講話も組織的論理的に完結せず、将来の神学的霊性的展開の含みを残して中断されているといえる。それは何を意味しているのだろうか。それは男女の相聞が、無限な愛に向かって中断せずに高まっていく動態を示し、グレゴリオスはこの動態を神学的実践的に解釈し、無限なる神への人間の無限な向上の道行き（エペクタシス、フィリ三13を参照）と捉える。この神は形相的限定を超える「無限」であるから、人間は否定神学的にしか神に関し概念や表現を用いることができない。このエペクタシス的な神の探求は、モーセのシナイ山登攀をモデルとし、人の有徳化と観想の向上的道行きとなるが、やがて神の「暗黒」（グノポス、七十人訳出二十21）に直面しそこに跳入する。そこでは最早理性的観想を以て神に近づくことはできない。むしろ神の背に従って神の声に聴従（アコルーティア）する以外にない。グレゴリオスは、神への参究における理性的視覚的探求の転換をアコルーティアに求め、神秘論史上歴史的な言詮を発つ。

「何処に導かれようとも、そこへと神に聴従すること（akolouthein)、それこそが神を見ることなのである」（『モーセの生涯』観想、二五二）と。この背面聴従は理性に代わり愛が主導する神の善美への無限の与りの道行き、徳・霊の実の体現の途となる。その途上ではキリストと共に自己の情念や自我に死ぬ自己無化の苦難が待ちかまえているが、やがて人はそうした浄化を経て神の僕、神の友となる。それはモーセが天上の幕屋をモデルにして地上の幕屋を建設した様に、協働体の成立へとつながってゆく。

以上に加えグレゴリオスの神秘論で特記したいことが三点ある。一点目は『雅歌講話』における花婿キリストと対話する花嫁が、霊魂・個別者であると同時に教会協働体として解釈されている点である。この個と協働体が重なる解釈は、現代人にとって謎であるが、今は謎として残しておこう。次に、教父的神秘論の人間の有徳化にあっては、孤立した単独者だけの変容が提起されていないという点である。三点目は、テキストの読解解釈の道行き（アコルーティア）が即解釈者自身のキリストへの聴従による変容的道行き（アコルーティア）であるという点である。これは歴史批評的聖書解釈の客観的方法にはかなり欠如している点であり、グレゴリオスの用いる聖書のアレーゴリア的解釈が示す神秘論的地平といえよう。

フォーティケーのディアドコス

『フィロカリア』[161]にもとり上げられているディアドコスは、カルケドン公会議（四五一年）

においてキリストの神性だけを強調する単性説派に反対する一人として名を挙げられている外、その生涯は明らかでない。

今は彼の『百断章』に従ってその神秘論の粗筋を辿ろうと思う。人間の知性（ヌース）が諸情念に誘惑されると幻想に陥ってしまう。そのような危機にある時、知性がその内的神殿である心（心臓）の中で「イエスの御名」を絶えず唱えると、その祈りの火によって諸情念が焼かれ霊魂・知性が浄化される。

そうした浄化された知性は透明になってそこに神の光が反映し分有される。知性は自らに映るこの光を見ることを通して間接的に神の光を観想する（光の体験）。ただしその体験はメッサリア派の異端が主張するような肉眼で見る物的な光の感覚ではない。それは後述するような霊的感覚（sensus spiritualis）による霊的光の感受なのである。以上のような光の体験に至る霊魂の向上、つまりエイコーン（神の似像）からホモイオーシス（神との類似）に至るプロセスの根底には聖霊が働き、それによって神愛を味わい、隣人愛が横溢してくる。この点は驚く程パウロのダマスコ体験（光の体験）に発する変容の道行きと相似する（二コリ三18）。

ディアドコスの神秘論は光の体験と神愛に極まり、それは決してソーマを捨て神と精神のみが融合・合一する心身二元論的な神秘主義ではない。その光体験の伝統は新神学者のシメオン（十世紀頃）を経て後にタボル山上におけるキリストの変容の光（マコ九2－8、ルカ九

28‐36）の体験として神秘論を開花させる。また彼の語る「イエスの御名の祈り」「霊的感覚」「修徳論」などは、ソーマも含めた全的人間の霊的成熟の道行きの灯として後世に多大の影響を与えている。

擬ディオニュシオス

擬ディオニュシオス・アレオパギテースは謎に満ちた神秘家、神学者であるが、その後世への神秘論的影響は東西キリスト教圏に及び計り知れない。われわれとしては擬ディオニュシオスによるキリスト教に固有なサクラメント的神秘論を強調したい。『教会位階論』[162]にあってサクラメントは、可感的シンボル（洗礼なら水、エウカリスティアならパンとぶどう酒など）を用いてキリストの生の深い意味を示しつつ、ソーマを生きる人間を神化の変容（theōsis）に導くものである。洗礼は諸サクラメントの端緒であり根源である。擬ディオニュシオスは、まず洗礼に誕生・浄化および照明の働きを帰している。洗礼では三回にわたって水に沈み水から出る動作がある。それはキリスト論的に言えば、キリストの死と生に与る浄めや誕生を示す。また洗礼はわれわれを地上的な世界（闇）から再生の明るい世界へ転換

161　（フィロⅡ）における拙論「フォーティケーのディアドコス」を参照されたい。

162　（Diony）中の Band4に拠る *De Ecclesiastica Hierarchia* を参照。

さす意味で照明を示すとされる。そこには新プラトン主義的な光のテーマは見出しえない。さらにエウカリスティアは、キリストの血と肉の現存を示すパンとぶどう酒の拝領であるが、その拝領を通して神・キリストとの交わり（koinōnia）・一致を実現する。その意味でエウカリスティアはサクラメント中のサクラメントと呼ばれる。これと同時にサクラメントは、そこに与る会衆（synaxis）を相互に一致させる。だから一致・交わりがサクラメントの神秘論的意味内容になる。このように浄化・照明・全き一致という神化のプロセスは、サクラメントを通して次第に実現する。その意味で擬ディオニュシオスは、反新プラトン主義的な『教会位階論』において、ソーマ、可感的事物、死と再生、神・キリストへの参与的一致、教会会衆相互の一致などのテーマを語りつつサクラメント的神秘論を説いているわけである。

以上に加えてわれわれは、擬ディオニュシオスにおいて、特にその『神秘神学』において用いられる言語用法の特異性に注目したい。[163] まずそこで用いられる否定神学的用法は余りに有名であるので今は触れないでおこう。問題は『神秘神学』のテキストにおける言語用法である。このテキストを叙述文として読み進めると、離脱上昇を示す前置詞（apo, ana など）、mallon などの増大を示す副詞、「すべて」などの全称的表現、「〜でない」という否定詞が畳まり重なって論理的になかなか筋道が辿れない。たとえ、肯定神学から否定神学を経て神的暗黒（グノポス）に参入するという大筋を辿れたとしてもである。そのことは『神秘神学』が単に神を明かす叙述言語でないことを示そう。そこでこのテキストが三位一体への祈りから始まることに注目したい。第二章も祈りから始まるが、否定の言語用法を通して、神的暗黒を見る・知ることが「讃える」（ヒュムネイン）と連動してくる。第三章は、まだ未発見の擬ディオニュシオス文書の『神学綱要』や『象徴神学』の表現がヒュムネインとされ、加えて著名な『神名論』では、善、愛、義、存在、生命、平和などの神名の列挙が神に関する述語ではなく、ヒュムネインとされている。このような文脈で『神秘神学』をヒュムネインしつつ、神へ向上し行く一種の言語行為として読むと、読者はそのテキストと共に神を讃え、神に賛美を贈与し続けてゆくことになる。そのような贈与行為を通して賛美者は、神に自己中心的自我をあけ渡し、自己無化（ケノーシス）に跳入する。こうして擬ディオニュシオスにあっては、ヒュムネインという言語行為が、神的暗黒に参入する神秘的体験といえよう。

ギリシア教父の伝統において他に二点言及して了りたい。一点目は、旧約「雅歌」のアレゴリア的解釈の伝統が、花婿と花嫁あるいは若者と乙女との愛の交流をキリストと魂ないし

163 『神秘神学』（熊田陽一郎訳）キリスト教神秘主義著作集1、教文館、一九九二年。その言語用法に関しては、拙論「ディオニュシオス『神秘神学』におけるヒュムネイン（讃えること）」（テオーシス）に所収。

教会協働体との一致への交流として洞察し、その地平を披いたことである。この伝統は中世の花嫁（ミンネ）神秘論として多くの女性神秘家に継承され、その後十字架のヨハネ[164]やフランソワ・ド・サル（一五六七―一六二二年）などを経て、現代の多数の作家や思想家に影響を与え続けていることを指摘しておきたい。

もう一点は、グレゴリオス・パラマス（一二九六頃―一三五九年）による神の本質（ウーシア）と働き（エネルゲイア）の区別である。この区別によると、人間は神の本質を知解したりそれと一致できない。神は超越者として留まり、偶像化されない。他方で人間は神の働き（エネルゲイア）に参与してその善美に与り、神的光を体験したりしうる。さらにエネルゲイアは人が歴史の中で協働体を形成したり、創造的世界を開拓したりする働きの根拠となる。この神秘論は、融合合一的な神秘主義やグノーシス主義を否定する根拠になると共に、神と人間の協働（synergeia）の道行きの灯となっている。[165]

（ロ）アウグスティヌスの神秘論

アウグスティヌスは後の西欧思想や文化に、恩恵と自由意志、三位一体論、告白文学のジャンル、歴史神学『神の国』、記憶論などの遺産を残し、今日的にわれわれの思索と実践に刺激を与え続けている。しかしここでは彼の神秘論の中でも白眉といえるソーマ的回心だけに絞って参究したい。

本邦におけるアウグスティヌス研究の泰斗加藤信朗は、アウグスティヌスの回心を言（Verbum）であるキリストとソーマとの全き連動における精神身体的な変容として『告白』を分析しつつ示した。その粗筋を大略次に示したい[166]。

まずキリスト・言はパウロの言葉を読んだアウグスティヌスのはらわた（viscera）にしみ込んでいった（第七巻二十一章27節）。はらわたは人間の欲望の座であるので、言によるアウグスティヌスの欲望の浄化がなされていったわけである。次に言は彼の胸もと（praecordia, 情念の座）にへばりつき、アウグスティヌスの心臓（cor, 愛憎、意識の座）を、あたかも城を包囲するかのようにとり囲んだ（第八巻一章1節）。そして遂に言は愛の矢でその心を貫いた。アウグスティヌスの心の頑迷な城は落城した。つまり彼は回心したのである（第九巻二章3節）。彼は別の箇所で「主よ、あなたはわたしの心を御言をもって貫かれましたから、あなたを愛してしまった（amavi te）」と告白し、次のように書いている。「それにしても、あ

---

164 十字架のヨハネ研究の本邦第一人者である鶴岡賀雄氏は、神と人間の一致においてこそ神秘的合一でなく、「私たちふたり」が実現すると証言している。『十字架のヨハネ研究』創文社、二〇〇〇年、三〇八頁以下を参究されたし。

165 （パラマス）参照。

166 「Cor, praecordia, viscera —聖アウグスティヌスの『告白録』における psychologia, anthropologia に関する若干の考察—」（『中世思想研究』第九号、一九六七年に所収）。

なたを愛するとき、わたしは何を愛しているのか」（第十巻六章8節）と。彼が回心の時愛するものは、霊的な光、ひびき、香り、味わい、抱擁であると語り、その出来事を美しい詩に託して歌い上げている。「御身は呼ばわりさらに声高く叫びたまいて、わが聾せし耳をつらぬけり。ほのかに光りさらにまぶしく輝きて、わが盲目の闇をはらいたり。御身のよき香りをすいたれば、わが心は御身を求めてあえぐ。御身のよき味を味わいたれば、わが心は御身を求めて飢え渇く。御身はわれに触れたまいたれば、御身の平和を求めてわが心は燃ゆるなり」（第十巻二十七章38節）[167]と。

このようにアウグスティヌスが回心して愛した神は、御言として精神身体的に彼のはらわた、胸もと、心（臓）にしみわたり愛の矢で貫いた。そのソーマ的変容をもたらした御言・キリストは、いわゆる五感ではなく霊的感覚（sensus spiritualis）を通して感受された。御言キリストの到来は、アウグスティヌスの聴覚から始まり、視覚、嗅覚、味覚そして触覚を通して彼をつつむように遠くから近みに切迫する。その言の到来と到来の霊的感受が前述の歌に高らかに歌われている。一般に肉体を軽蔑し、精神のみを尊重したとされるアウグスティヌスは、逆にソーマ的神秘論の金字塔をうち建てた人だったのである。

以上でパウロ神秘論に近い時代の諸々の神秘主義、神秘論を大略考究してきたので、次はいよいよわれわれの言うパウロの神秘論の特徴や真髄を開陳したい。

2―3　パウロの神秘論

これまでの神秘主義との比較において、パウロは、神・キリストと人間・被造物を明白に区別し、異邦人を含むすべての人間の罪業がキリストの十字架を通して贖われ、そのキリストへの信仰によって新しいアイオーンに生き、義化・聖化の道を辿りつつ、やがて終末において復活に至るという希望の地平を開示した。しかしそれまで人間はアダムの子として旧いアイオーンたる罪の誘惑を蒙り、他方で聖霊に援けられつつも、受難と十字架の道行きを辿るという人類的眺めをも明確にした。こうした人類の救いへの地平の拓けの根拠は神の愛であり、その愛は御子の受肉と受難に具現されているというヴィジョンが決定的である。以上がパウロ神秘論の文脈と言える。従って彼の神秘論は、プロティノスやグノーシス主義のように、人間の本質・本来性を神性と考え、それが質料的世界や肉体（ソーマ）によってあたかも墓（セーマ）の中に閉じ込められているかのようにしてあるとは考えない。だから彼の神秘論は、身体の中で自己の神性を忘却した人間が、再度自己の本性の認識（グノーシス）によって神性へ回帰し、合一融合するという合一神秘主義（unio mystica）と全く相反する。この合一的神秘主義は、当然質料・肉体を軽蔑する二元論的でペシミズム的人間観世界観に拠って立つ。この

167 山田晶訳より引用。

立場は、新約聖書内にも仮現論的な傾向として現出している点が考察された。

ところでパウロ的神秘論の人間の側における変容の出発点は、キリストの到来による新しいアイオーンの地平の拓けとそこにおける義化と聖化であった。ただし伝統的なプロテスタントの信仰義認論は、罪業からの救いの個人的な確証を求める性格が強く、加えてそれは神が法廷的義化の宣言に似た仕方で罪人をそのまま義とみなす（impute）と主張する。その限り、人間は内在的実在的に変容を蒙るわけではない故、ルターが例えば『ローマ人への手紙講義』で力説したように、人は「同時に義人であり罪人である（justus et peccator）」としても表現される。この哲学的背景には唯名論が見出されよう。これに対してケーゼマンは、義化と聖化は神の恵みの二つの位相だと捉え、人間の奉仕への道行きを開示している。われわれもすでに義化と聖化を変容の道行きにおける不連続の連続として参究した。いずれにしても、人間の変容はキリストの死と復活への倣いである限り、人は受難と再生の道行きを辿るべく招かれている。

次にパウロ神秘論を表現する上での核心的用語とテーマについて順を追って究明したい。そのテーマは、八章ですでに示した通り、（a）ソーマ、（b）受難、（c）変容、（d）同形化、（e）神秘、（f）キリストの体、（g）終末論的な霊的諸力、つまり旧いアイオーンとの戦いであり、さらに神秘論の言語用法も問題としたい。

（a）ソーマに関しては、すでにわれわれはキリストの栄光のソーマに参与する同形化が根本であること、その同形化を言いかえれば自然的なソーマからプネウマ的なソーマへの変容止揚である点を解明した。この霊的ソーマの実在的根本的ヴィジョンをパウロはダマスコの体験において得たといえる。従ってこのソーマ的変容は誠に実在的であり、ヘレニズム的二元論、霊的エリート主義にとってはつまずきの石といえ、このヘレニズム的心性からキリスト仮現論が由来するわけである。さらに人間の回心や愛なる神の到来の感受において果たす霊的感覚や身体的精神的変容については、パウロを継承してアウグスティヌスが革命的な洞察と文学的表現をしている点はすでに明示された。本論の神秘論にとってもアウグスティヌスの洞察は核心をなすソーマ論となる。

（b）受難や苦しみに関しては、われわれは義人であるから苦しむわけではない。われわれは詩編で祈る苦しむ義人（二十二、二十六など）であるわけではない。すべての人は罪人なのだから（ガラ三22）。ところでユダヤ人は律法の支配下にあるが、パウロによれば異邦人の心にも律法が書き記されている（ロマ二15）。そしてイエス・キリストへの信仰に拠って、すべての人が律法の呪いから救われるという以上（ガラ三13－14、22）、すべての人が律法の下で罪人とされている（ロマ三9－19、五12－21）。つまり、パウロの救済のヴィジョンにあっては、それは罪が人類全体を普遍的に支配する現状況に他ならない。パウロは「罪が掟によって足がかりを得、わたしを殺した」（ロマ七9）と言う。「貪ってはならない」との律法の掟を利用して、あらゆる罪の根源である「貪り」が息を吹き返し「わたし」を殺したのである。それが「神のようになろう」とした第一のアダムの虚無的仕業であったし、この「神に代る」人間の自己主張は今日も密かに働いている。いずれにせよ、こうして虚無に服してい る被造物は救いを求めて呻き、体の贖いを待ち焦がれてわれわれ人間も呻き、聖霊さえ、われわれのために執りなして呻いているのである。このような苦しみに対比して、今やキリストに聴従する者の苦しみが際立つ（二コリ十一23以下）。神はキリストを律法の外に棄て去った。それによってキリストに拠る救いの普遍的人類的地平を律法の外に披いた（三13）。パウロはこの地平に出会って律法に生きたファリサイ的自己をくそと断じて、律法の外に自分の新生を生きたわけである。従って彼にとって律法の外に出るキリストの十字架、つまり律法の呪いを担うことは、そのまま新生の道を生きるいわば必然的契機となったわけである。それは正しくキリストに倣う受難の道行きであり、復活の光の中に照らされている希望、エペクタシス的道行きなのである（フィリ三13）。そこでは聖霊がパウロの変容的道行きの根源的エネルギーとなって彼を根底から支えている。彼はこの消息を表白する。「わたしたちは、いつもイエスの死に瀕した状態をソーマに帯びている。それはまた、イエスの命がこのソーマに現れるためである」（二コリ四10）と。ここで一言加えれば、愛する隣人のために受難する人々には聖霊が働いており、彼らは如上のパウロの新生と復活の内に含まれているということであり、次の変容と同形化に深く関わっているということである。このことは、聖霊、愛の実りの次元に立つ時に、よく了解される神秘なのである。

（c）次にこの苦しみ・受難に連動する変容について瞥見要約しよう。

もし人が主の方に向き直るなら、霊を与えられ栄光から栄光へと義化・聖化されていく（二コリ三6−8、ロマ八1−17）。従って変容は聖霊の力により、義化と聖化を不連続の連続として二つの契機にする。しかし最終的な変容はパルーシアにおける一瞬のうちなる復活の変化（allagēsometha）である（一コリ十五51−54）。従って変容は必ずやソーマ的変容であって、これがギリシャ的グノーシス的人間の神化と異なる点である。以上のことはすでに究明した点であるが、この変容聖化とは、霊の結ぶ実に溢れる道行きである（ガラ五22−24）。それを倫理的道行きという風に倫理という言葉を用いると、例えばアリストテレス『エチカ・ニコマケア』の倫理と混同され誤解を招きかねない。因みに霊の実に生きる人であれば、いわゆるクリスチャンでなくともすでに聖霊による変容の道行きにあるといえよう。いずれにせよ、霊の実は「キリストの体」を形成するカリスマとしても与えられ、ポリスとは異なるエクレーシア（教会協働体）を実現する。この点もすでに検討しておいた。

（f）、（g）さらにこの変容は、宇宙的レヴェルで実現し宇宙の霊的諸勢力の克服をも伴っていた。それは個人や協働体、宇宙自然を新しい被造物（kainē ktisis）に新生さす。[168]この

168 教父の中でこの宇宙論的変容を高らかに神学として告知したのは証聖者マクシモスである。その神学については次著を参究されたし。谷隆一郎『人間と宇宙的神化』知泉書館、二〇〇九年。

変容は、またカイロス的であり、新しいアイオーンおよび終末の迫りのヴィジョンにおいて実現されていく（一テサ五2、ロマ十三11、一コリ十五52）。しかし終末に至るまで、人は聖霊に支えられつつも、旧いアイオーンと新しいアイオーンの戦いをそのソーマにおいて、いわばソーマを戦場として戦い、罪と死のノモスから解放された自由に向けて生きるようながされている（ロマ八2）。

他方でこの変容は、A・シュヴァイツアーにおいて「キリストにおいて在ること」として、またキリスト教的神秘主義において人格的な人間と神との交わりとして表明されてきた。しかしその交わりや「キリストにおいて在ること」の意味内容が今ひとつ判然としない。

（d）われわれはそれをキリストのエイコーンとの同形化、さらにその栄光のソーマとの同形化として明確に表現したい。この同形化については、神が「前もって知っておられた者たちをその御子のエイコーンと同じ形（symmorphous）に」定めた（ロマ八29）とか、「主の霊によって栄光から栄光へと、主と同じエイコーンの形に変えられつつ（metamorphoumetha）」（二コリ三18）とか、「（キリストの）死と同じ形に変えられつつ（symmorphizomenos）」（フィリ三10）とか述べられている。そして誰でも、聖霊の実を結ぶ人はみなキリストに似るのであり、人類史上その例の枚挙にいとまがないことをわれわれはよく知っている。

（e）しかし本論の神秘論を示す典型的表現は次の句にある。「主イエス・キリストは、すべてのものをご自分に従わせることさえできる力（デュナミス）によって、わたしたちのみじめなソーマを、栄光に輝くご自分のソーマと同じ形に（symmorphon）、同形化させるであろう（metaschēmatisei）」（三21）。この変容は終末論的ヴィジョンで説かれている。核心はいやしいソーマが、キリストの栄光のソーマと同形化することで、この神秘論はヘレニズム的神秘主義が非時間的な神とのヌース的合一を説くのに対して、救済史的な歴史のヴィジョンにおけるソーマの同形化を説き勧めているのである。

以上の同形化的神秘論のヴィジョンを深めるため、次に二、三のテキストに参究したい。一つは、「ロマ」八14–17、29であり、このテキストは神の子キリストを長子としてわれわれが神の霊を受け、「アッバ、父よ」と叫び、長子の兄弟・神の養子と成るという変容を物語っている。

二つは、第三天まで挙げられたパウロが高ぶらないようにと神はサタンの回し者である一つの棘をパウロの体に与えた。パウロが三度も神にその棘を取り去るよう願った時、主は「お前はわたしの恵みで十分だ、弱さにおいてこそ、力は余すところなく発揮される」と答えた。われわれにおいてこの「弱さにおける強さ」（二コリ十二7–10）こそ、パウロ神秘論の核心であり、同形化のしるしに外ならないと解釈する。というのも、この弱さは神の弱さであり、神の知恵イエス・キリストであって、その知恵によって同形化が実現できるからである（一コリ一18–30）。

最後にわれわれはすでに検討参究した「ガラ」二20「キリストこそ、わたしの中に生きている」を引用して、愛する隣人のためソーマの受難を通しキリストに似てゆく人々が神秘に参与していくという神秘論を閉じたい。

第三部――パウロ神秘論が根源悪的現象に告知しうる思想と実践および諸々の宗教的神秘伝承との対話の可能性――根源悪、パウロ神秘論の根拠・エヒイェ、エヒイェ的人格と相生の地平

これまでパウロ神秘論について参究してきた。これからは根源悪の現象に満ちる現代とまた様々な宗教的神秘伝承を生きる諸民族・諸文化において、パウロの神秘論がどのような問題と限界を孕むか、その限界を超えうる展望とはどのようなものかを問いつつ、筆者子の思想・聖書神学上の提案を大略示したい。

この第三部は三つに分別される。第一に、現代と根源悪およびその諸現象に関わる問題について、第二に、パウロ神秘論の旧新約的思想的根拠としての反存在神論的な脱在（エヒイェ）論について、第三に、以上の一と二の文脈にあってパウロ的神秘論が根源悪の現象とそのイデオロギーを超克しつつ、披く相生への諸可能性（脱在論、実践論、物語り論、神秘的諸伝承、根源悪の克服に向かう語り部、歴史的人格、ソーマ論そして様々な言語用法など）

を考究踏破したい。

3—1　根源悪の現象する只中にて[169]

根源悪（das radikale Böse）とは、カントにおいて初めて提出された道徳哲学に関する表現である。カントの道徳律は、個人の意志の主観的な格率（マクシム、守則）が常に同時に道徳的立法の原理と合致するように行為せよという命法である。根源悪とは自分の利己的な自己愛を優先して、幸福や富、権力などを求め道徳律から逸脱してしまうことを意味する。しかしカントの道徳律は普遍的形式的であって、人間が今・ここで何を欲求しどのように行為するかについては何も示しえず、ただ「〜せよ」と命ずる義務論であり、現実世界がかかえ苦しむ具体的な諸悪や苦悩（戦争、難民、神経病、老い、抑圧など）を超克突破するために直接発言できないように思われる。

他方でわれわれは根源悪に関し自由意志をその一つの構成用件と考えるので、人間の自由を説明規定してしまうことができないのと同様に、根源悪を直接対象化できないと考える。実に人間の自由を社会心理学や政治経済論、抑圧の歴史、人間関係・発達論、脳機能への還

169（根源悪）参照。

元、文化的伝統、精神医学などによって全部説明把握できたとしたら、最早それは自由ではあるまい。このように自由は規定もできない。それ以前に遡れない底なしの人間の根底的在り様なのである。ただしわれわれは自由人のしるしをキャッチできる。同様にわれわれは底なしの根源悪を規定できないが、その現象（phainomena）に注目し分析究明し根源悪の性格特徴を窺うことはできよう。従って次に現代における根源悪の現象について二、三の事例を通して大略考究してみたい。

(イ) アウシュヴィッツ

ナチスから逃れてアメリカに亡命移住したユダヤ人政治思想家H・アーレントはその大作『全体主義の起原』において二十世紀の根源悪的現象・アウシュヴィッツ強制収容所（実際は、抹殺の檻・Vernichtungslager）の非人間性・虚無性を暴いている。そもそもナチス・ドイツは「生きるに値しない人間」というカテゴリーを生みだした。その典型的人間はユダヤ人であり、共産主義者スラヴ人であり、またドイツ人であっても優生学的に劣等とみなされた障害児などであった。これらの人々を「かつてこの世に生きていなかったかのように」生者の世界から抹殺する最も有効な手段が、彼らの生きていた事実に関わるあらゆる記憶を奪い去ることであった。それは当の本人を収容所の炉の煙にすることだけではなく、彼を知っている親族・友人をも抹殺し、さらに彼を想起さす写真や、芸術家なら作品などを灰にすることも含まれる。窮極的にはたとえ当の本人が奇蹟的に生き残っても、その死の体験を通して人格までも奪われる程のトラウマを負った結果、あらゆる自らの記憶を心の闇に閉じ込め、最早何も想起できず他者に語れない非人間を創造することであった。従って記憶を奪われ、自己の物語的同一性を剝奪された人は生ける屍となる。そこでは最早ハイデガー流の「死」に向かって本来性を求めて企投するという「死」の可能性も語りえない。人は無意味、無用となる。すなわち、他者の他者性の完全な埋葬機械がアウシュヴィッツなのである。アーレントはこの点について次のように述べている。「この根源的な悪が、その中ではすべての人間がひとしなみに無用となるような一つのシステムとの関係においてあらわれて来ることだけは、われわれも確認しうる」[170]と。われわれが生きる二十一世紀においてどのようにしてまたアウシュヴィッツがその不気味な再生を密かに実現しているのだろうか。

170 (全・悪) 二六六頁。アーレントは後に著した『エルサレムのアイヒマン』の中で、ユダヤ人絶滅に加担した一人アイヒマンの人物を分析している。彼女は彼が悪魔のような「悪を行う意図」をもってユダヤ人を迫害した人物ではなく、実は判断力を欠いた平凡などこにでもいる人物であることを指摘し、悪の陳腐さ (banality) を主張した。この悪の陳腐さは今日では『全体主義の起原』で描かれた根源悪と対比的な悪論として評価されている。しかし、アイヒマンの人格喪失・判断力なき陳腐さこそ、全体主義的根源悪の人間破壊、ロボット化の生み出したものに他なるまい。筆者子はアーレントの両著は根源悪の表と裏の洞察として通底していると考える。

(ロ) エコノ＝テクノ＝ビューロクラシー

われわれは次に根源悪の現象を「エコノ＝テクノ＝ビューロクラシー」に見出す。

科学哲学および地球環境倫理の泰斗伊東俊太郎は、人類の歴史を五つの大転換期に分別する。すなわち、第一の人類革命（人類の発祥）、第二の農業革命、第三の都市革命（農業を土台とした社会のピラミッド型階層化、前三五〇〇年頃）、第四の精神革命（前六世紀から開花するギリシャ哲学、仏教、儒教、ユダヤ・キリスト教）、第五の「科学革命」（呪術的世界を超克する理性世界の拓けに基づき十七世紀西欧に始まる）である。伊東はこの科学革命に引き続いて産業革命が起こり、帝国主義や資本主義が世界支配を狙い、そして現代の情報革命を通して地球化時代に突入すると語る。他方でこの大量消費文明と技術開発とが相乗して今や地球自然の危機的破壊をもたらすに至ったことを思い、彼は第六の「環境革命」を説くのである。筆者子は、伊東の世界史の見取り図を参考にしながら、かつての精神革命が現代の根源悪の現象である「エコノ＝テクノ＝ビューロクラシー」によって全く無力化されたのかを問いつつ、パウロの神秘論の今日的意義を究明していきたい。

それでは現代を暗雲のように覆うエコノ＝テクノ＝ビューロクラシーとはどのような全体主義的な支配権力なのであろうか。この点を大略考察しよう。

まず「エコノ」とは「エコノミー」を意味し、その典型は資本主義の諸類型に現れる。初期の生産と消費を通して資金を得、それを再投資しながら存続・自己拡大した資本主義は、やがて国家をも巻き込み、帝国主義としてアフリカ、アジアをも植民地化し、互いに覇権を競って第一次大戦などを起こし共倒れの危機に陥り、他方で国内では激烈な資本家と労働者階級との階級闘争が国家の土台をゆるがせた。ここに至り、社会主義の影響も受け、福祉国家が登場し、西欧的資本主義の安定期を迎えたが、今日では銀行資本と産業資本が結合し、コンピュータやＩＴ技術を活用して実質的商品生産やそれによる利潤追求に向かうことなく、何千億、何兆もの貨幣を動かし、金融取引をなす金融資本主義が金融市場や政治経済をも支配・席巻している。「エコノ」はこのような経済的全体主義を示す。

これと連動して「テクノ」はテクノクラート、すなわち政治経済のみならず、技術領域でもエキスパートであり、国家の運営支配にまで関わる官僚を表す。本論ではこのテクノクラートによる国家支配をテクノ＝ビューロクラシーと呼ぶ。他方で「テクノ」は、ハイデガーの語る「存在神論」的な技術（Technik）をも意味する。ハイデガーの技術を要約していえば、この世界のものは一切、役に立つ用材として技術世界にあって次から次へ駆り立てられ用いられる。このように一切を用材へと駆り立て、立て集めるため技術をも用立たせる力が働いていると考えられる。これが「総駆り立て体制」（Gestell）と呼ばれ、科学技術も、政治経済も、文化も人的資源もみなこの総駆り立て体制の全体主義的支配の下にある。だから用材とならぬものは、人間であっても無用者、廃材として棄てられてしまう。丁度アウシュヴィッツの囚人のように。[171] この思想に対し、例えばA・フィンバーグなどは、技術が用いる権力的へゲモニー（覇権）の民主化を主張し、その民主化に向けて技術への市民の理性的参加が必要だとする。しかし、彼のいう民主主義や理性的自律的市民像は、この根源悪の現象「エコノ＝テクノ＝ビューロクラシー」の只中でかなり破綻している凶相を示しているのではあるまいか。

この「エコノ＝テクノ＝ビューロクラシー」について別の思想的角度から考察しているのはJ・ハーバーマスである。彼はその主著『コミュニケーション的行為の理論』において現代の全体主義的性格について大略次のように述べている。すなわち、われわれの生がそこに根差している生活世界は、二つのシステムによって植民地化されているという。その一つは政治的システムで、権力（政治家、役人、テクノクラートなど）を媒介にして生活世界を支配する。二つ目は経済的システムで、今日では地球規模で貨幣やそれの代用としての記号の交換によって生活世界を支配する。この二つのシステムはその協働を通して、生活世界の生存基盤である自然そのものを、技術を通し収奪し、従って地球規模の破壊的危機を招いている。われわれはさらにIT産業の大発展を通して、デジタル化無機化された情報システムが、われわれの生々した文化的な言語用法を支配し、生活世界に仮想現実を浸透させている実態をも深刻に捉えたい。この環境で人間は顔と顔を合わせて交わる能力も失っていき、その結果神経症に悩まされるのである。こうした三つのシステムの一律な全体主義的支配の毒牙は、各少数民族の文化や伝統、その生活世界に侵入しようとし、様々な問題・紛争を引き起こしている（日本帝国のかつてのアイヌや沖縄文化の支配や韓国の植民地化など）。

こうして「エコノ＝テクノ＝ビューロクラシー」は人間や自然の他者性を抹殺していく。

（八）巨大科学の問題

最後にわれわれは巨大科学の問題を考究したい。その際、第二のプロメテウスの火である原子力の火に焦点を当てよう。ギリシャ神話を語るヘシオドスの『仕事と日々』によれば、ティタン神族のプロメテウスが敵神ゼウスの許から、火を盗んで人類に与え、さらにその利用法である技術を教えた。これに怒ったゼウスは、美しい女パンドラにつぼをもたせ人間の許に贈った。人間は開封を禁じられたつぼを開けてしまった。そこからペスト、戦争、飢餓などあらゆる災厄が人間界にまき散らされたという。いずれにせよ、技術を用い神に対抗・独立しようとする人間はヒュブリス（暴力、高慢）の権化に他ならない。以上がヘシオドスによる人間観、文明観といってもよいであろう。

第二のプロメテウスの火の創造は、神によらず全面的に人間の手でなされた。一九三八年末のナチス・ドイツにおいてウランの人工的な核分裂反応が発見された。この核分裂反応は

171　（甦り）中の第二章「存在神論」、特に第四節「技術学」を参照。

驚くべきエネルギー量を放つ現象で原子爆弾の製造に利用できた。当時の米国はナチス・ドイツの先手を打って、マンハッタン計画（一九四二年開始）という国家のあらゆる力を総駆り立てた体制を計画・実現し、やがて原爆製造に成功した。この国家的総駆り立て体制とは、政治経済、科学技術、官僚などの力を集中する「巨大科学」の成立でもあった。その結果、パンドラの災厄をも上回る広島・長崎の地獄が現出したわけである。こうした核爆弾の保有や開発はその後強国を中心として著しく強化された（核拡散）。加えて経済的に貧弱な小国家でも、全体主義的国家体制の下に、ミニ巨大科学を用いて核爆弾を製造し、国内では独裁を強め、国際的には外交的に恐喝の手段とする可能性も増してきている（北朝鮮など）。こうした核の脅威は、E・M・P（electoromagnetic pulse）などにも見出せる。E・M・Pとは、核爆弾を上空で爆発させると強い電磁放射が生じ、狙われた国や地域の電子機器や電気システムを無力にする。例えば、E・M・Pによってコンピューターが一斉に稼働しなくなると、コンピューターによって一切が機能しているその地域の生活は全面的に麻痺し破壊される。これは一例であって、根源悪の現象は人間性の抹殺をあらゆる手段で実現しうる。

またこの核エネルギーの平和利用の名の下に（一九五三年、十二月のアイゼンハワー米大統領の国連演説）、巨大科学は商業用原子炉、つまり原子力発電所を開発、建設した。この原子力発電の問題点は、一つにはそれが水素爆弾の原材料として不可欠なプルトニウムを産出するということであり、二つには放射性廃棄物を算出するということである。セシウム、ストロンチウム、プルトニウムなどの死の灰が生命にとって致死的な廃棄物となる。人類はこの廃棄物の処理技術や方法をまだ見出していない。

以上のような根源悪の現象の根底には、神の掟に背いたアダムの不聴従が今日まで働いているとパウロは洞察した（ロマ五12以下）。このアダムの不聴従がどのようにして生起したのかそれを語る典型的なテキストは[172]「創」二―三である。その仔細な分析考察を今はなしえないが、大略その消息を述べてみよう。神はアダムにエデンの園のどんな木の実も食べてよい。しかし善悪の木の実だけは食べてはならないと命じた。それを食べると必ず死ぬと言って（二17）。ところが狡猾な蛇は女に尋ねて言った。「神は園のどんな木の実も食べてはならないと言ったのか」と。ここにはすでに蛇が神の言葉を逆に言いかえているというずらしが見られる。さらに蛇は女に「この善悪の木の実を食べても、あなたがたは死なないどころか、目が開かれて、神の様になることを神は知っている」と言って神の言葉を全否定する。そこには蛇による神の文法の否定、ずらしが見られ、それは神言語の虚無化とも言える。しかも、人間が神のようになるという蛇のささやきは、人間の神否定だけでなく、人間の自己否定に他ならないのである。それは人間のヒュブリスにつながる。

172 （木の実）参照。

パウロが「彼ら（イスラエル）は、神の義を悟らず、自分の義を立てようとして、その神の義に従わなかった」（ロマ十3）と語るのもユダヤ人の自己義化というヒュブリスを衝いているのである。また先に紹介したようにブルトマンは、人間が自己の本来性を追求しているうちに、神にその遂行をゆだねる代わりに自らの手で実現しようとする。それは正に「神の如くなる」という誘惑であることを暴いている。

以上根源悪の現象の性格を究明してきた。その性格は詰まるところ神をも含めた他者の他者性の剝奪に存するといえよう。それは同時に自己を神的権力者とするヒュブリスなのであり、ギリシャ神話も旧約「創世記」も見事にヒュブリスの真相をあばき示している。

われわれはこの3－1の究明をふまえ、次にパウロ神秘論の根拠（3－2）に関してしばらくパウロを離れて、旧約の脱在（ハーヤー、エヒイェ）や新約ヨハネに現れるイエスの自己開示（egō eimi, わたしはある）および存在神論などをいささか考究してみたい。それに続いてパウロ神秘論とその根拠エヒイェが上に述べてきた根源悪をどのように超克し、相生の可能性をどう披くかについて究明を深める（3－3）。

3―2　パウロ神秘論の根拠の系譜

――ヘブライ的エヒイェ、anî hû'、七十人訳 egō eimi、キリスト教的 egō eimi

すでに何度も考究・言及してきたので、これからの究明で用いるテキストに関し、いちいちその引用や引用箇所の指示は省かせていただきたい。ことはアダムの非聴従（parakoē）から罪と死が世界に侵入し、そこからの救いのため神がイスラエルを選び、律法を授けた。こうして旧いアイオーンが成立した。しかし神はアブラハムとの約束を果たすべく、自らの子を派遣し、律法の呪いである磔刑に渡した。神は律法の外に子を棄て去った。そのことは、律法の外にこの棄てられた子を信ずるすべての人が救いを得る地平が拓かれたことを意味する。パウロはその出来事を「ピスティスが到来した」（ガラ三25）と表現している。そこに聖霊が授けられ、義化と聖化が復活に向けて実現してゆく。旧いアイオーンの誘惑を超えつつ。それはパウロのいうソーマ的な受難の道行きによるキリストへの同形化に他ならなかった。それは個的にして協働体的さらに宇宙論的変容である。

こうした新しいアイオーンの救いの道行きの根拠は、アブラハムの信仰である。パウロによれば、その信とは「神は死んだ者を生き返らせ、まだ存在しないものを存在するものとして呼び出す（kalountos ta mē onta hōs onta）方であると信じた」（ロマ四17、一コリ一26-29

参照）その信である。すなわち、その信は、律法を利用した罪（貪り）に死んだ者が信仰において生き返り、旧いアイオーンが新しいアイオーンに転換され、新しい創造が生起する根拠が神・キリストに他ならないことを示す。われわれは非存在から存在を創造するこの神の在り様を「出」、殊に「出」三14の神名に洞察するのである。というのも「出」（エクソダス）は、神が窮極的な他者であり非存在とも言える「奴隷」として抑圧された民をエジプト帝国の支配から解放し、預言者モーセを通して民と共に砂漠をあゆみ、民と契約を結び、十戒を授け、こうして奴隷を神の民として育み在らしめながら、乳と蜜の流れる約束の地に導くという物語りであった。そしてその奴隷的無を神と共に在る民とする神の創造的在り様が、正に神名（エヒイェ、アシェル、エヒイェ）に現れているからである。今はこの神名の分析に立ち入ることはできないが、エヒイェは他者との相生に向かう自己超出の動態を表現すると理解される。実際に、出エジプトに働くヤハウェは、語源的にハーヤー、エヒイェなどの脱在動詞と同じ根に根差すのである[173]。このエヒイェの意味については、すでに有賀のハヤトロギア論解説の際に紹介したのでここでは繰り返さない（第六章）。

このエヒイェ（一人称単数脱在動詞）は、「第二イザヤ」の「われはそれなり」（anî hû）（四十一4、四十三10、四十六4、四十八12、五十二6など）に継承される。すなわち、「第二イザヤ」の主「われはそれなり」は、バビロニア帝国の捕囚にあったイスラエルの民に「主の僕」「苦難の僕」を派遣して民を解放する。一般的な意味で捕囚とは強大帝国による被征服弱小民族の全面的強制的な帝国内への移住・植民を言う。イスラエル史では、このバビロニア帝国によるユダヤ民族の捕囚が名高い（前五八六年）。バビロニア捕囚からの解放は第二の出エジプトと言われる。というのも、解放の指導者「主の僕」の背後にモーセと共に働いた同じエヒイェ的アニー・フーが働いているからである。このエヒイェ、アニー・フーはさらにヨハネ福音書におけるイエスの「わたしはある（egō eimi）」（八24、28、58、十三19）に通底してゆく。因みにヘブライ語の ahî hū は七十人訳ではやはり、egō eimi と訳され、ヨハネ福音書の egō eimi の根拠となっていることがわかる。今この「エゴー・エイミ」の具体的な働きを知るために「ヨハネ福音書」から一つのエピソードを（八1-11）を引用してみたい。

八[1]イエスはオリーブ山に行かれた。[2]朝早く、再び神殿の境内にお入りになった。すると、民衆がこぞっておそばに寄ってきたので、腰を下ろして、教え始められた。[3]律法学者とファリサイ派の人々が、姦通の現場で捕えられた女を連れてきて、真ん中に立たせ、[4]イエスに言った、「先生、この女は姦通をしている時に捕まったのです。[5]モーセは律法の中で、このような女は石を投げつけて殺すようにと、わたしたちに命じています。とこ

173（ハヤト）（エヒ）を参照。

ろで、あなたはどう考えますか」。6こう言ったのは、イエスを試みて、訴え出る口実を
得るためであった。イエスは身をかがめて、地面に指で何かを書き始められた。7しかし、
彼らが執拗に問い続けるので、イエスは身を起こして仰せになった、「あなたがたのうち
罪を犯したことのない人が、まずこの女に石を投げなさい」。8そして、再び身をかがめて、
地面に何か書いておられた。9これを聞くと、人々は年長者から始まって、一人、また一
人と去っていった。そして、イエス一人が、真ん中にいた女とともに残られた。10イエス
は身を起こして仰せになった、「婦人よ、あの人たちはどこにいるのか。誰もあなたを罪
に定めなかったのか」。11彼女は、「主よ、誰も」と答えた。イエスは仰せになった、「わ
たしもあなたを罪に定めない。行きなさい。そしてこれからは、もう罪を犯してはならな
い」。

このテキストが示すように、イエスの「エゴー・エイミ」とは、人を罪から自由とする赦しと愛に外ならない。それは人々の絆をむすび、兄弟的協働体創成の霊的契機として働く。このように考究して見ると、イエスの受肉、受難、磔刑、復活などの他者救済の現在的動態（egō eimi）はまさにエクソダスのエヒイェ（脱在）と通底していることが理解できよう。そしてさらにイエスの「わたしはある」は受肉、磔刑、復活において旧約的エヒイェを含み超え、特に身体的「ある」がそこに際立っている。ルカがエルサレムにおいてイエスが蒙る

苦難、十字架刑、復活、人々の救いの道行きを「エクソダス」と表現しているのも、イエスの脱在とエクソダスにおけるエヒイェの重なりおよびイエスの「ある」の新しきアイオーン性を示すためであろう（ルカ九31）。

以上のように究明してくると、パウロの神秘論、個と協働体そして被造物の神・キリストの栄光のソーマへの同形化、神の養子化、被造物の神の子の栄光への参与などを核心とする神秘論の根拠には、奴隷を解放し変容させる脱在としてのエヒイェ、ヤハウェ、アニー・フー、「わたしはある」が洞察されるのである。こうしたエヒイェが全体主義とそのイデオロギーである存在神論とどう対峙するのかという問題は、次の3－3で問いたい。

3―3　パウロ神秘論が披く他者との相生への途と根源悪の現象超克の諸可能性

(イ)　キリスト論における二面性——受肉と復活・聖霊受容

ことはすべてパウロ神秘論のアルケー（根底かつ端緒）であるエヒイェ、「わたしはある」を核心とするキリスト論から始まる。われわれはキリスト論における二側面に着目する。

その一つは、神の子が人間となる脱在、つまり受肉である。すでに述べたようにキリストはピスティスとして到来し、旧いアイオーンに隷属していた人間のピスティスを呼び起こし、義化と聖化という変容に招くべく聖霊を授けた。この受肉は律法に代わって人間を救う歴史的地理的に一回限りの出来事であった。その二つ目は、パウロが栄光のイエスに出会ったことである。キリスト教徒の迫害者であり、生前のイエスとの親交さえない彼にとって、この出会いは青天の霹靂であった。これはいわば栄光のキリストが歴史へ垂直的超越的に介入した出来事であり、パウロの回心と異邦人への使徒職を決定づけた意味では歴史的一回的といえるが、この栄光のキリストはパルーシアまで歴史を貫いて人間を導き、さらに天の父のふところに現存している意味では超越的普遍的側面を示すといえる。

前者のキリストの受肉は贖罪の死および復活を通して、人に聖霊を与え（ロマ五5、六1-14、八1-17）、実質的に後者の超歴史的キリストと一体となる。そして信徒と共に「キリストのソーマ」を形成し愛による相生の地平を切り拓く（一コリ十二―十四）働きをパルーシアまで絶え間なく続ける。

この歴史的でありかつ歴史超越的なキリストと共に聖霊は働いて人間において霊の実・愛を結実させる（ガラ五22-25）。これは単に倫理的レヴェルでの人間の生き方でなく、聖霊論的レヴェルのことである。逆に言うと、真に愛の働きあるところに、つまり赦し和解そして相生が現成しているところに聖霊が現存しているのであると言えよう。そして前述のように霊の実りを結実させつつ生きる人は、いわゆるクリスチャン、非クリスチャンの区別なく聖霊の現存に生きる人なのである。ここに唐突であるが、ルカが語る罪深い女の赦しのエピソードにあって、同じ精神が語られていると思われる。すなわち、「あなたに言っておく。彼女の多くの罪がすでに赦されている（神的受動形）のは、彼女が多くの愛を示したことでわかる。少しだけ赦される者は、少ししか愛さない」（ルカ七36－50）。そこにすでに聖霊は、罪深い女の愛のうちに、聖霊のカイロスに従って働いているわけである。次の（ロ）を参照されたい。

キリスト論を考究し始めるとこのようにエヒイェ・「わたしはある」が聖霊の働きとして現実世界に現成することが自覚される。ここでわれわれはそうした聖霊論を「時間」において参究しよう。

（ロ）聖霊の時間

そこで今聖霊の働きの広さ深さ高さを自覚するために聖霊の時間論とでも言うべきことに言及したい。[174]

一般にわれわれが暦を作り、時計で測る時間は、われわれの生活や意識を支配する。それはクロノス的な線状的時間で、過去から現在を通って未来に向かうと言える。そこでは現在が過去を、また未来が現在を変容さすことは考え難い。こうした日常的世界時間の水平的線状的展開において、実証的歴史観が成立し、われわれのものごとの理解や学的探求を規定す

174 ギリシア的時間とヘブライ的カイロスについては（エヒ）中、一〇五―一〇八頁を参照。

る一つの時間的パラダイムとなっている。これに対し、如上の線状的時間を垂直的に断ち切って突如としてこと（言即事）が出来する時（カイロス）が啓示される。例えばパウロにダマスコ途上で復活した栄光のイエスが突如現れ語りかけたことである。それはファリサイ人として律法を完全に遵守し、キャリアを積んでユダヤ教内で成功者と成ったパウロにとって、それまでのキャリアを「くそ」と言わせる程の突然のカイロス的異変であった（フィリ三4－11）。こうした線状的世界時間で計ることができないことは、われわれの実存のレヴェルで言えば、キルケゴールの言う同時代人性である。すなわち、それはどの時代の人も信仰を通してキリストと対面する時においてキリストの弟子に成り、キリストと同時代人になることである。従ってこうした同時代人性は、線状的時間のどこかの点に位置づけられることではない。

キリストの磔刑死、復活を通して授与された聖霊の働きも、クロノス的物理的線状的時間内に閉じこめられず、それ固有のカイロス的働きをもつ。例えば教会協働体を突如として創造する端緒となった聖霊降臨がそれである（使二）。またヨハネの聖霊論的なヴィジョンによれば、御父の許にいる栄光のキリストは「パラクレートス」（弁護者）である（一ヨハ二1）。他方でヨハネは福音書におけるイエスの告別説教（十三―十七）の核心に聖霊を置き、聖霊をパラクレートスと呼んでいる。すなわち、イエスは「わたしが去って行けば、代わりに弁護者（パラクレートス）をあなたがたの許に遣わす」と述べる（十六7）。このパラクレートスである聖霊は、天上のキリストと共に働き、原パラクレートスであるイエスに代わって働く。その働きは弟子たちを慰め、イエスの言行を今に想起させ、その言行を今日において解釈する力を与え、イエスの弟子たちを一致させ協働するように促し、イエスの真実を世に証ししつつ、その栄光を現わす（十六14）[175]。これらが大略聖霊の働きであるが、われわれの如上のカイロス的時間性のヴィジョンにおいては、イエス・キリストによる聖霊の授与は、カイロス的時間の仕方で語れば、受肉・磔刑死・復活の時からそれ以前へとおよび、釈迦や孔子、ソクラテスなどの上に息吹くといえる。当然それ以降の時へ及び、ガンジー、マザー・テレサ、アッシジのフランチェスコ、親鸞[176]、良寛などの上にも息吹く。また地理的には、アフリカ、アジア、新大陸などの各民族、各宗教的伝承にもそれに生きる人々を通じて息吹く。こうして参究してみると、聖霊はいずれにおいても真の愛を生きる人々に霊の実を実らせ、各宗教の聖者や無名の人々を生かし続けるエネルギーと言える。これはクロノス的線状的時間で一切のことを計測し思惟し実証する歴史的ヴィジョンでは看取観想できないカイロス的レヴェルのこと（言即事）であると言えよう。

175（風来）一三二―一六八頁。
176（たんに）

（ハ）エヒイェおよび聖霊の体現者

われわれは以上をふまえてパウロ的神秘論の体現者についても参究したい。具体的に言えば、その人々は聖霊に衝き動かされ、霊の実である愛を体現している人々であり、如上のガンジーやインドの聖者、[177]マザー・テレサ、[178]あるいはシエナのカタリナ、ナチス全体主義に抗した神学者D・ボンヘッファー（ボン一、ボン二）、また飢餓の人に自ら飲むための水を一杯与える老婆など無数の無告の民のことである。この人々はベルクソンがその『道徳と宗教の二源泉』の中で語る、「愛の跳躍」（élan d'amour）によって衝き動かされ、自己閉鎖的で全体主義的な社会を突破し、生命的躍動（élan vital）の世界に他者と共に跳入するとも言える。実にパウロこそ、聖霊に衝き動かされユダヤ教的自閉社会を超克し、異邦人もユダヤ人も、自由人も奴隷も、男と女もみな一致して相生できるメッセージを伝えて旅をしつつ様々な協働体を創成した「愛の躍動」の人だったのである。

（二）体現者と他者の物語りについて

このような人々は、イエスが弱く小さな人々に福音と譬え話を物語って神の国の相生的希望と現存を与え示したように、他者の物語りを様々に創り、生きる力の原動力となった。そこでわれわれは物語り論について多少言及するのも意味があると考える。一般的学知の探求法は「それはなんであるか」との問いを中心に、ものごとを「何であるか」（何性、

whatness）の束として定義付け、さらに理論化法則化して学的システムを形成し、展開する。これに対して、「物語り」（narrative）は「誰であるか」を常に中心として物語りを続け、そこにこの人は誰々であるという風な仕方で物語り的人格・同一性（narrative identity）を形成する働きをなす。こうした物語りは小さく貧しい人々の他者性を一層尊重し、その人々の自己の自覚と自律を形成して相生の契機になりえよう。あるいは歴史に埋没しつつあるアイヌや沖縄、シンガポールやマレーシアの日本統治時代の暴虐、水俣や暴力にさらされている女性たち、朝鮮の東学党運動[179]、カタリ派など、それらに関する物語りを探査・発掘し、他者の物語り群の地平を披くことも重要である。なぜならそれらの小さき物語りには、抑圧された人々の恨（ハーン）や恨晴らし（ハン）の願い、和解と相生のエネルギーが秘められ、小さき人々を抑圧して生きてきた「大きな物語」の突破口・転換の機になりうるからだ[180]。ここでいう「大きな物語」とは、例えばイエスの時代に罪人、異邦人などを排斥したユダヤ選民思想、ナチス・ドイツによるアーリア人種を最優良民族とする優生学的人種思想、古事記や

---

177 （クリシュナ）

178 （テレサ）のエヒイェ体現を参究。

179 （東学）

180 （物語り）における多様な小さな物語り群に注目されたし。また自閉的他者排斥的「物語」に代えて「物語り」と表現する意図の説明も参考にされたい。

日本書記を土台とした明治期の絶対主義的な天皇の物語など枚挙に遑がない。こうした大きな物語群を研究し、それがどのように人間の他者性を奪うのかを分析・洞察して明示しつつ告発することは、根源悪から生ずる言語表現や、イデオロギーそして物語を無力化し破綻に導き、そして人間の他者性を奪い返す強い霊機になりうると思われる。

小さな物語りの発掘や創成に加えて、パウロ神秘論を端緒とする諸神秘論がどのような物語りや言語用法を示しているかを参究することも他者の復活を期すわれわれにとって持続すべき課題となる。われわれはすでに、相聞的な愛の呼び交わし、交わりと相生（世界の語り方2、中動態）、賛美の言語用法（ヒュムネイン）、否定神学、エクソダスに働くエヒイェ（脱在）[181]、加えて律法、罪、死、全体主義、エコノ＝テクノ＝ビューロクラシー、そして巨大科学からのエクソダスなどの言語用法に参究したのであった。

パウロにあっては少し思うだけでも、ソーマ、十字架のメシア、受難、カリスマ、霊の実、アガペー、プネウマ、義化・聖化、ピスティス、第二のアダム、聴従、使徒、弱さにおける強さ、神の子、宇宙的諸霊の克服などが物語りと結びついて怒濤のように押し寄せ、われわれを死と律法、頑迷な心および全体主義から解き放つ。

（ホ）エヒイェ（egō eimi）による根源悪への挑み

最後にわれわれは全体主義のイデオロギーの一つである存在神論に対するパウロ神秘論の

根拠エヒイェによる挑戦にいささかふれてみたい。ハヤトロギアを提唱した有賀博士も指摘しているように、ヘブライ的ハヤトロギアは、その後ギリシャ教父の時代を通してギリシャ哲学の実体論的存在論の影響を受け、そこにハヤ・オントロギアというキリスト教神学が成立してくる。そしてそこで次第に神は概念化神学化され、その前で人は賛美し祈ることも喜びに踊ることもできなくなってしまった。ニーチェが「神は死んだ」と宣言した通り。このいわば死んだハヤ・オントロギアの神の代わりに、われわれは「生ける神」を求め、そのためパウロ神秘論を参究してきたのであった。

ところで今日は、キリスト教的ハヤ・オントロギアに代わって全体主義の思想として「存在神論」が一層話題となって、主に哲学的領域から「生ける神」を求め様々な言説と批判が相次いでいる（ハイデガー、E・レヴィナス、J-L・マリオン、現象学の神学的転回など）。

われわれがすでに技術学の考察において見たように、存在神論はもっとも普遍的な概念とその普遍を支配・統括する神のような第一原因の概念とを立て、その概念領域における第一原因からもっとも個物的なものに至る因果関係や影響関係のシステムを構築する。そのシス

181 因みにわれわれがエヒイェを「脱在」と訳したのも、自己実体に一切を解消し支配する存在論（存在神論）における「存在」を絶えず超出突破する動態を、すなわち実体から在郷・辺境へ脱してゆくエクソダス的動態を表すためであった。

テムから逸脱する異物や異端は当然無意味なものとして抹消される。技術学の場合では最普遍的領域の支配者は、「総駆り立て体制」であり、支配・統括される個別的なものは用材であり、その体制にとって無意味なもの、特に異端的人材は廃材にされた。われわれは現在の歴史意識に多大な影響を与えた巨大な哲学者ヘーゲルを存在神論的に考察することができる。

彼はフィヒテ、シェリング的な「正→反→合、テーゼ、アンチテーゼ、ジンテーゼ」の三肢的構造を、否定を媒介に同一性（の論理）に組み込み、いわゆる弁証法的な歴史観を樹立した。その核心的論理は、「否定の否定は肯定である」つまり、「Aの否定である非Aの否定は再び新しくA′に回帰し止揚される」という命題に求められる。従ってヘーゲル的な歴史にあって、支配国家Aを否定する事件非A（例えば社会革命など）は絶対目的・共産主義の実現に向かって自同的弁証法的に展開する歴史に再びA′として止揚・吸収される。そこに貫徹するのは自同性の論理（A→非A→A′）に他ならない。つまりそれは歴史的全体主義とも言いかえられよう。これに対しアドルノは、「否定の否定は肯定ではない」と言う。というのも、この二番目の否定（非A）は、非同一的なもの、理解しえないもの、他者の抵抗としてA′への回帰止揚を許さないからである。アドルノは、この二番目の否定に他者の声を聞きとる否定弁証法を推進するわけである。

以上のような存在神論に抗してエヒイェロギアにおけるエヒイェ（脱在）は、常に自己の実体的同一性に他者の声を聞く自己否定、自己超出のエネルギーを宿し、他者と共に相生に向けて自己展開してゆく。[182] パウロの神秘論も、このエヒイェを根拠としてユダヤ教的全体主義を否定超出するソーマ的受難の歩みであった。その際同形化の相手パートナーは、受難死と復活をかけて他者の国現成に働いたエヒイェ的・エゴー・エイミである人間キリストだったわけである。

以上のようにわれわれは根源悪のイデオロギーに挑戦し、相生の地平を披いたパウロ的神秘論を、さらに現代における存在神論の超克に挑戦するエヒイェロギアと重ねて論じ、参究した。このエヒイェロギアを現代においてさらに深化し練り上げて現代的エコノ＝テクノ＝ビューロクラシーを告発する思索と実践へ創成することが本論の狙いともいえる。

放てば満つる

歴史的キリスト教は聖書を啓示の書として解釈しながら、異端論争を通じて教義を確定してきた。パウロに関して、その神学的核心を偏（ひとえ）に信仰義認に見定めたプロテスタントの伝

182 このエヒイェ的な他者への脱在の根拠としてわれわれはエヒイェ的三一論を構想しつつある。（エヒ）中、特に一〇八―一一三頁を参照されたい。

統もその一例である。これに対し、われわれはこれまでに歴史的キリスト教の教説や伝統に定位されたパウロをいわばそこから解放して彼が現代の根源悪や世界の諸宗教や諸心性に対してどのようなメッセージを告知しうるかを問題とした。そのためパウロのメッセージを神秘論に求めて、その神秘論の参究に努めたのであった。その神秘とは霊に息吹かれ、ソーマ的に受難の道行きを辿りつつも集合人格的宇宙論的に変容を遂げつつ、栄光のキリストのソーマと同形化すること（言即事）であり、そこには宇宙的諸勢力の克服と罪業からの解放（義化・聖化）が含蓄されていたのである。このパウロの神秘を総括的に語れば、次の二方向の道が窺えよう。その一つは、いわゆる歴史的方位である。すなわち、パウロはダマスコ体験の回心によりイエスをメシアと信じ、原始キリスト教のケリュグマを承け、イエスが律法の外で、彼を信ずる人々にプネウマを授け、義化・聖化の途に導き、その人々が旧いアイオーンの誘惑を克服しつつ、パルーシアの復活に至る方位である。その二つ目は、いわばプネウマ的カイロス的な道行きと言える。すなわち、全人類のために磔刑死したイエスがプネウマを霊発し、そのプネウマは時と処を超えて人々の心に働き、霊の実を結ばせ、愛の協働体を創成し、「小さき物語り」を語り、根源悪の現象を超克しつつ、復活に至る方位と言える。これはいわゆるキリスト教の枠を超えた人類的な地平と言える。

ところでもしわれわれが、パウロを西欧的キリスト教の枠内で絶対化して告知すれば、現代の非クリスチャンや他の宗教の歴史的伝統との対話は成立しないであろう。われわれがパウロの神秘論の根拠にエヒイェを見出し、根源悪のイデオロギーである存在神論に挑戦しようとしたり、又聖霊のカイロス的時間性を基に、クロノス的線状的時間性を超えて過去や未来および他の地域における他者（他の宗教的伝統、小さき物語りを担う人々、異質な文化、民族、生活など）と対話しようとしたりしたのも、いわゆるパウロの思想と実践の深さ、広さ、高さの参究を一層深め、エヒイェ的に自己超出しつつ他者との相生を目指したからであった。そこには筆者子の思索と実践の営為を同時に深める意図もあった。そして以上の開陳が満たされうるのは、根源的に自我を放つことによるのである。放てば満つる。止まれ、われわれの究明した以上の第三部3－1、3－2、3－3は、そうしたエヒイェと聖霊のカイロス時を念頭においたエヒイェロギア構築と相生実現の試みであり、そのため筆者子はひき続きパウロの神秘論とその根拠の参究をおし進めてゆきたい。それがエヒイェへの応答でありうることを祈念しつつ。

鬼哭と恩愛の秋(とき)

筆者はこれまで「エヒイェロギア」という新造語（neologism）を用いて根源悪的現象を考察し、それを通して他者との相生の地平を拓こうと試みてきた。ここでいう根源悪の現象とは、本論中でもとり上げられたアウシュヴィッツ強制収容所（「絶滅の檻」Vernichtungs-lager）、原子力を核とする巨大科学、「経済＝技術＝官僚機構」を典型とする。他方で他者とはまず人格的個から始めて神や自然にまで及ぶ、自己に還元不可能で自己を変容させうる、相生のパートナーを表す。

それではなぜ今パウロをとり上げ参究するのか。しかも「パウロの神秘論」と仰々しく銘うってである。それは本論でも語られたように、この神秘論に拠って根源悪を超克し、他者との相生を実現しようとする筆者子の問題意識と考究に沿うてのことである。そのためにはパウロをヨーロッパ・キリスト教的解釈（特にルター的信仰義認論）の枠から解放して解釈する必要があろう。われわれはその解釈を神秘論に求めるわけである。神秘論は本論でも示した通り、唯一エヒイェを根拠とし他者のモデルとしてのキリストとの身体的同形化を通して自らもキリストの身体的な受難の道行きと仕えの生に聴従してゆくこと（事即言）に他ならなかった。そしてその聴従のエネルギーはプネウマ（霊）から受けるのであり、そのプネウマ的道行きの動力因こそエヒイェ（他者に向けて不断に自己贈与する愛による、我意からの超出）であり、イエス・キリストこそエヒイェの体現者であった。従ってわれわれはこのエヒイェを自らも体現し相生に生きるようにエヒイェ（アニー・フー、エゴー・エイミ）論に参究する課題を担ったわけである。

そういうわけでパウロのエヒイェ的神秘論を通してわれわれは現代における先述のような根源悪の現象とそのイデオロギーに挑もうとする。その際、根源悪的現象の一典型アウシュヴィッツの考察は、H・アーレントを参照しつつ進められたが、しかし同時にわれわれは自らのうちに他者の抹殺に及ぶ虚無化の傾動を判然と自覚しなければ、「エヒイェ」論さえ「機械仕掛けの神」（Deus ex machina）と成り果ててしまい、真の根源悪へ挑むことはできまい。この自己の虚無化の代わりに愛のエネルギーに満つるように働きかけるのがエヒイェであり、その息吹きであるプネウマであり、そこに神秘論が披く地平が望見できるのである。

これまで語ったことをふまえ次に筆者子の言及しておきたい実存的なことがある。筆者子にとってアウシュヴィッツのテーマも単に抽象的な歴史的政治的な概念ではない。このテーマ探求の重い動機となったのは、終戦後BC級戦犯としてシンガポール・チャンギ刑務所で刑死した叔父の存在である。日本の軍人であり市民であり、加害者であり被害者であるという苦難の生を生き、異国の露と消えた。今日もシンガポール日本人墓地の片隅に、「殉難者納骨百三十五柱」と記された三十センチ位の墓柱の下に名もなく眠っている。また亜熱帯の白い花びらが落ちているその墓地には、親兄弟のため異国で身を売った「カラユキさん」の墓標としてあちらこちらにひっそりと石ころが点在している。悲劇的なアジア戦争が引き裂いた人間の絆が、戦後どのように和解を経て結び直されたのだろうか。そう思うと日本よりドイツの方が和解への議論がつみ重ねられ人々の間に深い反省が根差しているように思える。われわれがまずアーレントなどの全体主義に関する議論に目を向け、そこから学びとる所以である。どうもアジアでは感情論が先行しているようである。以上の言挙げは個人的な表白とみえるかも知れないが、本論のいわば分析的思想的表現にはこのような筆者子のレアルな実存が伏在していることを知っていただきたかったわけである。

ひるがえってこのパウロの神秘論が今日の宗教的思想的神学的領野に対して、しかも危機的歴史状況においてどのようなインパクトをもちうるのかに応えるのも本書の課題である。もしインパクトがあるとすれば、それは大略以下のように語ることができよう。

一つには、最近盛り上がりを見せる本邦の教父、殊にギリシア教父に関する研究は「テオーシス」（人間神化）を主要なテーマとし『テオーシス』という浩瀚（こうかん）な書物が刊行されている程である。このテオーシス研究にとってパウロの神秘論は根本的な神化のヴィジョンを提供しうると思われる。

二つには、グノーシスあるいは新プラトン主義的な教父や世界と人間に関わる解釈に対してパウロのヘブライ的視点やキリスト論は格別に学ぶに価すると思われる。加えて近・現代の機械的心身二元論や物理的世界像にとっても霊による変容を説くパウロの人間論、宇宙論は異質なヴィジョンや思想を提案している。その意味でパウロの神秘論は貴重である。

三つには、この神秘論を通してわれわれは他の宗教的神秘伝承（ヒンズー教、仏教、スーフィズムなど）と対話・協働しながら、分裂敵対し合う現代世界と歴史の終末論的ゆきづまりに対し、共同の戦線を組み、いやしと和解のメッセージを発信しうるであろう。特に全体主義やそのイデオロギーである存在神論に対しエヒイェロギアは相生の地平に向けて突破力および挑戦として働きうるに違いない。

四つには、今日神学や思想などの場において聖霊論が重要な意義を示しつつある。パウロが語る聖霊や復活などのテーマはわれわれの言語の限界の彼方でわれわれに何とかして語り出すように呼びかけている。しかしわれわれはその超越的なことを語り出す直接的言語用法をもたない。プネウマ的次元は倫理や規範を超えて人間を根底から生かすが、その次元に直接ふれあるいは理論化することはできない。かつては否定神学的用法も開拓されたが、それも十分とはいえまい。こうしてプネウマ言説への問いは、われわれに言葉・小さき物語りへの探求を求め続けさせ、しかもプネウマから新たなヴィジョンを汲み出すように促がす意味で、われわれの思索の足下にある審問に他なるまい。

五つには、このプネウマ言語用法と共に本書で考究されたプネウマの時間論は、暦や時計などの世界時間内に捕らわれたわれわれの精神を解放し、歴史の彼方、世界の辺境における他者（ソクラテス、孔子、仏陀、将来する人々など）との出会いや対話、祈りの地平を披き、相生の可能性を無限にひろげうると言える。

ここで本論の「あとがき」の代わりに「鬼哭と恩愛の秋」と記したことにはわけがある。一言弁明を許されたい。すなわち、その意は、われわれが自己中心の我意を放下し去る時こそ、エヒイェは自他の間（あわい）に満ち、その霊力を以て根源悪の現象克服と兄弟的相生との実現に向けて横溢するということである。だからわれわれはまず何よりも足下に目を向け、自らの利己を鬼哭し、エヒイェの恩愛に向けて祈る。そして今こそ、その秋だという自覚を深めるのである。

思い返せば筆者子がパウロのテキスト解釈に難渋している時、様々な人々からの励ましをいただいたことに感謝したい。

今、何十年もの生を共にした親友たち、学びを分かち合った学生諸君、カナダや韓国やフランスの師と友人たちなどが眼交（まなかい）に浮かんでくる。また本書成立に向け、パソコン打ちや修正、索引作成など具体的で必須な作業に寄与していただいた東京大学大学院山根息吹さん、上智大学大学院石田寛子さんにお礼申し上げたい。最後に稚拙な本論全体の結構や表現などに貴重なサジェスチョンをいただいた、東京大学出版会専務理事兼編集者黒田拓也氏には深甚な謝意を表したい。

宮本久雄

梅華の時節いまだ遠し
　鬼哭と恩愛に生きつつ

文献表

一　聖書一般

1　旧約

原典

Biblia Hebraica Stuttgartensia. Ediderunt K. Elliger et W. Rudolph. Stuttgart: Deutsche Bibelgesellschaft, 1997.（**BHS**）

Septuaginta: Id est Vetus Testamentum Graece Juxta LXX Interpretes. edidit A. Rahlfs. Stuttgart: Deutsche Bibelgesellschaft, 1979.（**七十人訳**）

研究書

以下の研究書、注釈書は、邦文のもの、あるいは邦訳の文献を主に掲げた。細かい文献表ではない。

Celui qui est : interprétations juives et chrétiennes d'Exode 3·14. Édité par Alain de Libera et E. Z. Brunn. Les Éditions du Cerf, 1986.（**Celui qui est**）

Dieu et l'Être : exégèses d'Exode 3, 14 et de Coran 20, 11–24. Etudes Augustiniennes, 1978.（**Dieu et l'Être**）

Robinson, H. Wheeler, *Corporate Personality in Ancient Israel*. Fortress Press, 1964.（『旧約聖書における集団と個』、船水衛司訳、教文館、一九七二年）。（**集団と個**）

市川 裕『ユダヤ教の精神構造』、東京大学出版会、二〇〇四年。

関根正雄『古代イスラエルの思想家』（人類の知的遺産1）、講談社、一九八二年。（**古代イ**）

宮本久雄『聖書と愛智――ケノーシス（無化）をめぐって』、新世社、一九九一年。（**聖愛**）

米田彰男『神と人との記憶――ミサの根源』、知泉書館、二〇〇三年。（**記憶**）

2　新約

原典

Novum Testamentum Graece. Nestle-Aland, 26th Edition. Stuttgart: Deutsche Bibelgesellschaft, 1979.（**NTG**）

The Greek New Testament. Edited by K. Aland, M. Black, C. M. Martini, B. M. Metzger, and A. Wikgren. Third Edition (Corrected). United Bible Societies, 1983.（**GNT**）

翻訳

Nouveau Testament. Traduction Œcuménique de la Bible. Cerf, 1972. **(TOB)**

La Sainte Bible. Traduite en français sous la direction de l'Ecole Biblique de Jerusalem. Cerf, 1956. **(EBJ)**

フランシスコ会聖書研究所訳注『新約聖書』、サンパウロ、二〇一一年。**(フ・聖)**

二　パウロ

1　研究書および論文（本書第一章で紹介した研究者の順番に従って提示）

Schweitzer, A. *The Mysticism of Paul the Apostle*. Trans. W. Montgomery with a New Foreword by Pelikan. The Johns Hopkins University Press, 1998. **(MP)**

R・ブルトマン「ローマ人への手紙七章とパウロの人間論」**(ブル著8ロマ七)**、「コリント人への第二の手紙の釈義上の諸問題」（杉原助訳『ブルトマン著作集8』、新教出版社、一九八五年に所収）。「ガラテヤ人への手紙二・一五―一八の解釈について」、「ローマ人への手紙第五章によるアダムとキリスト」**(ブル著9アダム)**、「神の義」**(ブル著9義)**（片山寛・青野太潮訳『ブルトマン著作集9』、新教出版社、一九九四年に所収）。

――『イエス』、川端純四郎・八木誠一訳、未來社、一九六三年。

Bornkamm, G. *PAULUS*. W. Kohlhammer Verlag Stuttgart, 1969.（『パウロ』、佐竹明訳、新教出版社、一九七〇年）。

Käsemann, *E. An die Römer*. 3rd ed. B. Mohr. Tübingen, 1974.（『ローマ人への手紙』、岩本修一訳、日本キリスト教団出版局、一九八〇年。）**（ケ・ロマ訳）**

Davies, W. D. *Jewish and Pauline Studies*. SPCK, 1984 . **（JPS）**

Sanders, E. P. *Paul*. Oxford University Press, 1991.（『パウロ』、土岐健治・太田修司訳、教文館、一九九四年)。**（パウロ）**

——. *Paul and Palestinian Judaism*. Fortress Press, 1977. **（PPJ）**

——. *Paul, the Law and Jewish People*. Fortress Press, 1983.

——. *Paul the Apostle's Life, Letters and Thought*. Fortress Press, 2015. **（Paul）**

Dunn, James D. G. *Jesus, Paul and the Law, Studies in Mark and Galatians*. SPCK, 1990. **（D, JPL）**

Wright, N. T. *What St Paul Really Said*. A Lion Book, 1997.（『使徒パウロは何を語ったのか』、岩上敬人訳、いのちのことば社、二〇一七年)。**（何を）**

——. *Paul*. Fortress Press, 2009.

——. *Paul and His Recent Interpreters*. SPCK, 2015. **（PrI）**

——. *Justification, God's Plan & Paul's Vision*. IVP Academic, 2009 **（Just）**.

The Cambridge Companion to St Paul. Ed. James D. G. Dunn. 7th ed. Cambridge University Press, 2008.

2　パウロに関するその他の研究書および論文

Bertone, John. A. *The Law of the Spirit: Experience of the Spirit and Displacement of the Law in Romans 8: 1–16*. Peter Lang, 2005. **(L of S)**

Crossan, J. D. *Jesus: A Revolutionary Biography*, Harper San Francisco, 1994.（『イエス――あるユダヤ人貧農の革命的生涯』、太田修司訳、新教出版社、一九九八年、二〇九―二一〇頁、二八七―二八八頁）。**（クロッサン）**

Dunn, James D. G. *The Theology of Paul the Apostle*. Cambridge University Press, 1998.

——. *The Acts of the Apostles*. Wm. B. Eerdmans, 1996. **(D, Acts)**

Furnish, V. P. *Jesus According to Paul*, Cambridge University Press, 1993.（『パウロから見たイエス』、徳田亮訳、新教出版社、一九九七年）。**（パ・イエス）**

Hafemann, Scott J. *Paul's Message and Ministry in Covenant Perspective Selected Essays*. James Clarke & Co, 2015.

Hengel, M. *Der vorchristriche Paulus*, in: M. Hengel / U. Heckel (Hg.), Paulus und das antike Jedentum, Tübingen, 1991.（『サウロ　キリスト教回心以前のパウロ』、梅本直人訳、日本キリスト教団出版局、二〇一一年）。**（回心以前）**

Paul de Tarse. Lectio Divina 165, Congrès de L'ACFEB (Strasbourg, 1995). Publié sous la direction de J. Schlosser, Cerf, 1996.

Wenham, David. *Paul Follower of Jesus or Founder of Christianity?*, Cambridge University Press, 1995.

Where Christology Began, Essays on Philippians 2. Ed. R. P. Martin& B. J. Dodd. WJN, 1998. **（W. Ch）**

G・タイセン『イエスとパウロ、キリスト教の土台と建築家』、日本新約学会編訳、教文館、二〇一二年。

M・ヘンゲル『イエスとパウロの間』、土岐健治訳、教文館、二〇〇五年。**（イとパの間）**

大貫 隆「苦難を〈用いる〉」（『受難の意味　アブラハム・イエス・パウロ』、宮本久雄・大貫隆・山本巍著、東京大学出版会、二〇〇六年）。**（受難の意味）**

加山久夫「パウロの回心物語（使徒行伝九・一―一九上ａ）」「使徒行伝のパウロ像」（『使徒行伝の歴史と文学』、ヨルダン社、一九八六年に所収）。

八木誠一『パウロ』、清水書院、二〇一五年。

3　コメンタリィ（注解書）

⑴テサロニケの人々への第一と第二の手紙

Bruce, F. F. *1&2 Thessalonians*. Word Biblical Commentary 45. Nelson Reference &

Electronic, 1982. **(WBC, 1Th or 2Th)**
Fee, Gordon D. *The First and Second Letters to the Thessalonians*. NICNT. W. B. Eerdmans, 2009. **(NICNT, 1Th or 2Th)**
レオン・モリス『テサロニケ人への手紙』、村瀬俊夫訳、ティンデル聖書注解、いのちのことば社、二〇〇四年。

⑵ガラテヤの人々への手紙

Desilva, David A. *The Letter to the Galatians*. NICNT. Eerdmans, 2018. **(NICNT, Gal, DS)**
Dunn, James D. G. *Jesus, Paul and the Law Studies in Mark and Galatians*. John Knox Press, 1990.
Keener, Craig S. *Galatians*. Cambridge University Press, 2018. **(Gal, K)**
Lémonon, J.-P. *L' épître aux Galates*. Commentaire biblique: Nouveau Testament 9. Cerf, 2008.
Longenecher, R. N. *Galatians*. WBC 41. N. Reference& Electronic, 1990. **(WBC, Gal, Long)**
Meynet, R. *La lettre aux Galates*. Rhétorique sémitique X. Gabalda, 2012.
Ridderbos, H. N. *The Epistle of Paul to the Churches of Galatia*. NICNT. Eerdmans, 1953. **(NICNT, Gal, Rid)**
C・B・カウザー『ガラテヤの信徒への手紙』、現代聖書注解、扇田幹夫訳、日本キリスト

教団出版局、一九八七年。（カウザ・ガ）
浅野淳博『ガラテヤ書簡』、NTJ新約聖書注解、日本キリスト教団出版局、二〇一七年。（浅・ガ）
山内 眞『ガラテア人への手紙』、日本キリスト教団出版局、二〇〇二年。（山内・ガ）

(3)コリントの人々への第一の手紙

Collins, Raymond F. *First Corinthians*. Sacra Pagina Series 7. Michael Glazier Book, 1999. **（SP, 1C, C）**
Fee, Gordon D. *The First Epistle to the Corinthians*, NICNT. Eerdmans, 1987. **（NICNT, 1C, F）**
Fitzmyer, J. A. *First Corinthians*. AYB. Yale University Press, 2008. **（AYB, 一コリF）**
R・B・ヘイズ『コリントの信徒への手紙一』、現代聖書注解、焼山満里子訳、日本キリスト教団出版局、二〇〇二年。**（一コリ・ヘ）**
「第一コリント」（インタープリテイション、第六号、一九九〇年）。**（インター六）**

(4)コリントの人々への第二の手紙

Barnett, P. *The Second Epistle to the Corinthians*. NICNT. Eerdmans, 1997. **（NICNT, 二コリB）**
Hafemann, S. "Paul's Use of the Old testament in 2 Corinthians" in *Interpretation*, 1998, 52/3:

「コリントの信徒への手紙二におけるパウロの旧約聖書利用」佐藤全弘訳（インタープリテイション、第五一号、一九九九年）。（インター五一）
Hughes, P. E. *The Second Epistle to the Corinthians*. NICNT. Eerdmans, 1962.
Martin, R. P. *2 Corinthians*. WBC 40. Th. N. Publishers, 1986.（WBC，ニコリM）
コリン・G・クルーズ『コリント人への手紙第二』、ティンデル聖書注解、橋本昭夫訳、いのちのことば社、二〇〇五年。（ク・ニコリ）
E・ベスト『コリントの信徒への手紙二』、現代聖書注解、山田耕太訳、日本キリスト教団出版局、一九八九年。（ベ・ニコリ）

(5)フィリピの人々への手紙

Focant, Camille. *Les lettres aux Philippiens et à Philémon*. Commentaire Biblique: Nouveau Testament 11. Cerf, 2015.（フィリ、Fo）
Käsemann, Ernst. "Kritische Analyse von Phil. 2; 5–11." *ZTK*. 47（1950）: ss. 313~60.（KE. Ph. 2）
Legasse, S. *L' épître aux philippiens・L' épître à Philémon*. Cahiers Evangile 33, Cerf, 1980.
Lohmeyer, Ernst. *Kyrios Jesus: Eine Untersuchung zu Phil. 2, 5–11*. 4. Abhandlung. Heidelberg: Carl Winter, Universitätsverlag. Zweite Auflage, 1961.（LE. Ph. Z）

Saint Paul, Épître aux philippiens. Introduction, traduction et commentaire de J. N. Aletti, S. J. Gabalda, 2005. (**Phil, A**)

Reumann, J. *Philippians*. The Anchor Yale Bible: A New Translation with Introduction and Commentary by J. Reumann. Yale University Press, 2008. (**AYB33B, フィリ、R**)

F・B・クラドック『フィリピの信徒への手紙』、現代聖書注解、古川修平訳、日本キリスト教団出版局、一九八八年。(**クラ・フィリ**)

『フィリピの信徒への手紙』、日本版インタープリテイション87号、聖公会出版、二〇一四年。

(6)ローマの人々への手紙

Dunn, J. D. G. *Romans 1–8*. WBC 38A. NELSON, 1988. (**WBC, ローマAダン**)

——. *Romans 9–16*. WBC 38B. NELSON, 1988. (**WBC, ローマBダン**)

Gignac, Alain. *L' épître aux Romains*. Commentaire biblique: Nouvau Testament 6. Cerf, 2014. (**ローマGi**)

Hodge, Charles. *L' Épître aux Romains*, Tome 2. Éditions Impact, 1998.

Moo, D. J. *The Epistle to the Romans*. NICNT. Eerdmans, 1996. (**NICNT, ローマMo**)

P・アクティマイヤー『ローマの信徒への手紙』、現代聖書注解、村上実基訳、日本キリスト教団出版局、二〇一四年。(**ア・ロ**)

U・ヴィルケンス『ローマ人への手紙（六～十一章）』、岩本修一・朴憲郁訳、EKK新約聖書注解Ⅵ2、教文館、一九九八年。（U・ロ）
『ローマの信徒への手紙』、日本版インタープリテイション75号、ATD・NTD聖書注解刊行会、二〇〇六年。（インター75）
川島重成『ロマ書講義』、教文館、二〇一〇年。（川・ロ）

(7)その他　新約聖書注解

Brown, R. E. *John 1–12*. AYB 29. Yale University Press, 1966.（AYB29, ヨハB）
——. *John 13–21*. AYB 29A. Yale University Press , 1966.（AYB 29A, ヨハB）
Smalley, S. *1, 2, 3 John Revised*. WBC 51. NELSON, 2007.（WBC, 51, Ⅰヨハ S）

三「むすびとひらき」に関わる文献

1　神秘論理解のための研究書一般（基礎的資料）

Dionysiaca. Band 1~4. frommann-holzboog.（Diony）
Lévinas, E. *Quatre lectures talmudiques*. Minuit, 1968.（内田樹訳『タルムード四講話』、国文社、一九八七年）。

——. *Du sacré au saint: Cinq nouvelles lectures talmudiques*. Minuit, 1977.（内田樹訳『タルムード［新五講話］神聖から聖潔へ』、人文書院、二〇一五年）。

——. *L'au-delà du verset*. Minuit, 1982.（『聖句の彼方』、合田正人訳、法政大学出版局、一九九六年）。

——. *Nouvelles lectures talmudiques*. Minuit, 1996.

Le Cantique des Cantiques, Du Roi Solomon à Umberto Eco Anthologie. Par Anne Mars, Cerf, 2003.

Marion, J.-L. *L'Idle et la distance*, Grasset, 1977. **(Idole)**

『原典　ユダの福音書』、高橋栄監修、藤井留美他訳、日経ナショナルジオグラフィック社、二〇〇六年。**（原ユダ）**

J・ファン・デル・フリート『解読　ユダの福音書』、戸田聡訳、教文館、二〇〇七年。

『テオーシス——東方・西方教会における人間神化思想の伝統』、田島照久・阿部善彦編、教友社、二〇一八年。**（テオーシス）**

「トマス行伝」（荒井献・柴田善家訳『聖書外典偽典7　新約聖書外典Ⅱ』）、教文館、一九七六年。**（トマ行）**

『フィロカリアⅡ』、宮本久雄他訳、新世社、二〇一三年。**（フィロⅡ）**

『プロティノス全集』、田中美知太郎監修、第一〜第四巻・別巻、中央公論社、一九八六年〜

一九八八年。（プロ）
『モーセの生涯』、谷隆一郎訳、「キリスト教神秘主義著作集Ⅰ」、教文館、一九九二年。（モーセ）
『ルター著作集』、ルター著作集編集委員会編、聖文舎。
ニュッサのグレゴリオス『雅歌講話』、大森正樹他訳、新世社、一九九一年。（雅）
G・パラマス『東方教会の精髄　人間の神化論　論攷　聖なるヘシュカストたちのための弁護』、大森正樹訳、知泉書館、二〇一八年。（パラマス）
E・ベートゲ／R・ベートゲ『ディートリッヒ・ボンヘッファー』、宮田光雄・山崎和明訳、新教出版社、一九九二年。（ボンニ）
V・ロースキィ『キリスト教東方の神秘思想』、宮本久雄訳、勁草書房、一九八六年。（ロースキィ）
荒井献『イエスとその時代』、岩波新書　九〇九、一九七四年。
今井晋『ルター』、「人類の知的遺産26」、講談社、一九八二年。（ルター）
大貫隆訳・著『グノーシスの神話』、岩波書店、一九九九年。（解ユダ）
金子晴勇『ルターの霊性思想』、教文館、二〇〇九年。
徳善義和『マルチン・ルター――原典による信仰と思想』、リトン、二〇〇四年。
堀江聡「『カルデア神託』と神働術（theourgia）」、（新プラトン主義協会編、『ネオプラト

ニカ――新プラトン主義の影響史』、昭和堂、一九九八年に所収）
宮田光雄『ボンヘッファーを読む』、岩波書店、一九九五年。**（ボンヘ）**
宮本久雄『他者の甦り――アウシュヴィッツからのエクソダス』、創文社、二〇〇八年。**（甦り）**
宮本久雄『他者の風来――ルーアッハ・プネウマ・気をめぐる思索』、日本キリスト教団出版局、二〇一二年**（風来）**。
宮本久雄・山本 巍・大貫 隆『聖書の言語を超えて』、東京大学出版会、一九九七年**（超えて）**。

2　本論理解のためテーマ別に推薦される書

⑴ソーマについて
松永晋一『からだの救い　第一コリント書を中心にして』、新教出版社、二〇〇一年。**（からだ）**
宮本久雄「身体を張る（extendere）アウグスティヌス――『告白』における distendere, continere, extendere をめぐって」（『パトリスティカ』、第十三号、新世社、二〇〇九年に所収）。**（extendere）**

(2)根源悪について

Arendt, H. *The Origins of Totalitarianism*. Harcourt Brace, 1951.（『全体主義の起原3』、大久保和郎・大島かおり訳、みすず書房、一九八一年）。**（全・原）**

H・アーレント『イェルサレムのアイヒマン——悪の陳腐さについての報告』、大久保和郎訳、みすず書房、一九六九年。

R・J・バーンスタイン『根源悪の系譜——カントからアーレントまで』、阿部他訳、法政大学出版局、二〇一三年。**（根源悪）**

宮本久雄『ヘブライ的脱在論——アウシュヴィッツから他者との共生へ』、東京大学出版会、二〇一一年。

宮本久雄『出会いの他者性——プロメテウスの火（暴力）から愛智の炎へ』、知泉書館、二〇一四年。

宮本久雄「木の実の誘惑と根源悪——「創世記」と『告白』の物語りに拠る」（『中世思想研究』、第六十号、知泉書館、二〇一八年に所収）。**（木の実）**

(3)エヒイェロギアについて

『キリスト教思想における存在論の問題』、「有賀鐵太郎著作集4」、創文社、一九八一年。**（ハヤト）**

伊吹雄『ヨハネ福音書注解』、全三巻、知泉書館、二〇〇四〜二〇〇九年。**（ヨハ）**

宮本久雄『存在の季節　ハヤトロギア（ヘブライ的存在論）の誕生』、知泉書館、二〇〇二年。**（季節）**

宮本久雄編『ハヤトロギアとエヒイェロギア――「アウシュヴィッツ」「FUKUSHIMA」以降の思想の可能性』、教友社、二〇一五年。**（エヒ）**

⑷反存在神論と現代フランス哲学

Marion, J.-L. *Dieu sans l'être*, Quadrige/PUF,（『存在なき神』、永井晋・中島盛夫訳、法政大学出版局、二〇一〇年。）**（sans l'être）**

E・レヴィナス『われわれのあいだで』、合田他訳、法政大学出版局、一九九三年。**（あいだで）**

⑸神秘論の体現者

The Gospel of SRI RAMAKRISHNA. Trans. Swami Nikhilananda. MADRAS-4. India, 1969. **（クリシュナ）**

親鸞『歎異抄』、金子大栄校注、岩波文庫、一九八一年。**（たんに）**

マザー・テレサ『来て、わたしの光になりなさい』、里見貞代訳、女子パウロ会、二〇一四

年。（テレサ）
宮本久雄『旅人の脱在論』、創文社、二〇一一年。
宮本久雄「水崔済愚（スウンチエジエウ）の神秘体験——東学農民運動の根源（至気・侍天主）から現代の共生へ」（『風来』に所収）。（東学）

(6)物語り論および言語論

上田閑照『禅仏教——根源的人間論』、同時代人ライブラリー142、岩波書店、一九九三年。
宮本久雄『宗教言語の可能性』、勁草書房、一九九二年。（宗・言）
宮本久雄「ディオニュシオス『神秘神学』におけるヒュムネイン（讃えること）」『テオーシス』に所収。
宮本久雄「全体主義の危機を超出するために」（『世界の語り方2　言語と倫理』東大EMP・中島隆博編、東京大学出版会、二〇一八年に所収）（世界の語り方2）、「前掲書」八七―一〇八頁。（中動態）
宮本久雄・金泰昌編『他者との出会い』、『原初のことば』、『彼方からの声』（シリーズ「物語り論」）東京大学出版会、二〇〇七年。（物語り）

[マ 行]

[ヤ 行]

[ラ 行]

[タ 行]

[ナ 行]

[ハ 行]

[カ 行]

[サ 行]

索 引

[アルファベット]

[ア 行]

著者略歴

1945年生まれ．新潟県生まれ．東京大学文学部卒．同大学大学院人文科学研究科を経て，カナダ，エルサレム，パリなどに遊学．東京大学大学院総合文化研究科教授，上智大学神学部教授を経て，現在，東京純心大学看護学部教授，同大学カトリック文化センター所長．東京大学名誉教授．2015年にSacrae Theologiae Magister 日本人初の名誉称号を授与される．

主要著書

『福音書の言語宇宙　他者・イエス・全体主義』（岩波書店，1999年），『他者の原トポス』（創文社，2000年），『ヘブライ的脱在論』（東京大学出版会，2011年），『出会いの他者性　プロメテウスの火（暴力）から愛智の炎へ』（知泉書館，2014年），*La Résurrection de l'autre: L'exode d'Auschwitz*（ATF Press，France，2018年）等がある．

パウロの神秘論
他者との相生の地平をひらく

2019年12月20日　初　版

［検印廃止］

著　者　宮本久雄（みやもとひさお）

発行所　一般財団法人　東京大学出版会
代表者　吉見俊哉
153-0041 東京都目黒区駒場4-5-29
http://www.utp.or.jp/
電話　03-6407-1069　Fax 03-6407-1991
振替　00160-6-59964

組　版　有限会社プログレス
印刷所　株式会社ヒライ
製本所　誠製本印刷株式会社

© 2019 Hisao Miyamoto
ISBN 978-4-13-010414-2　Printed in Japan

JCOPY〈出版者著作権管理機構　委託出版物〉
本書の無断複写は著作権法上での例外を除き禁じられています．複写される場合は，そのつど事前に，出版者著作権管理機構（電話 03-5244-5088，FAX 03-5244-5089，e-mail: info@jcopy.or.jp）の許諾を得てください．

宮本久雄 著　ヘブライ的脱在論　アウシュヴィッツから他者との共生へ　A5　五〇〇〇円

宮本久雄・大貫隆・山本巍 編著　受難の意味　アブラハム・イエス・パウロ　四六　三四〇〇円

宮本久雄・金泰昌 編　シリーズ物語り論1　他者との出会い　A5　四八〇〇円

宮本久雄・金泰昌 編　シリーズ物語り論2　原初のことば　A5　四八〇〇円

宮本久雄・金泰昌 編　シリーズ物語り論3　彼方からの声　A5　四八〇〇円

大貫隆・金泰昌・黒住真ほか 編　一神教とは何か　公共哲学からの問い　A5　五七〇〇円

関根清三 著　ギリシア・ヘブライの倫理思想　A5　三八〇〇円

柴田寿子 著　リベラル・デモクラシーと神権政治　スピノザからレオ・シュトラウスまで　四六　三五〇〇円

ここに表示された価格は本体価格です．御購入の
際には消費税が加算されますので御了承下さい．